Inhalt

„Ich gehe durch Städte und Landschaften, durch Gespräche und Bücher. Alles, was sich in der Zeit und im Raum abspielt, fasse ich als Weg auf. Den Zeitraum stelle ich als realen Raum dar. Der Weg wird so zum zentralen Medium der Welterfahrung und damit zum Synonym für Leben. Die sichtbare Landschaft und die geistige Landschaft des Denkbaren sind überzogen mit Wegen und Straßen: Straßenkarten und Bücher.“

(Hans-Dieter Schaal, in: Wege und Wegräume)

Jungfernstieg

•

Rathausmarkt

•

Speicherstadt

Begegnung mit: Matthias Claudius, Friedrich Christoph Perthes, Peter Rühm-
korf, Ernst Barlach, Heinrich Heine, Julius Campe, Joachim Ringelnatz, Bart-
hold Hinrich Brockes, Arthur Schopenhauer, Gotthold Ephraim Lessing, Moses
Mendelssohn, Helmut Heißenbüttel, Edgar Maass und vielen anderen.

Der Weg ist kurz: hundert Minuten; schlendernd zu gehen, ohne Pause. Es ist
ein spannender, anregender Pfad durch die Hamburger Stadt- und Literaturge-
schichte. Und natürlich bieten sich hundert Aufenthalte an. Austernkeller oder
Steh-Cafés, historische Brücken oder Kirchenbänke, Speicher- oder Kontorhäuser. Überall kann man den Spuren der Dichter nachgehen. Ein literarischer Weg
rund um den Mittelpunkt der Stadt: das Rathaus.

Phantasie muß die Brücke bauen! Am Jungfernstieg vor der Dresdner Bank zu
stehen und sich an Matthias Claudius zu erinnern, das ist nicht ganz einfach. In
dem Eckhaus zur Straße Große Bleichen, Nr. 22, ist dieser liebenswürdige Dichter 1815 gestorben. Beweint von Frau Rebecca, mit der er 33 Jahre in geradezu
beneidenswert glücklicher Ehe gelebt hatte und die ihm zwölf Kinder gebar. „Da
stimmte eben alles: Bett und Küche, der liebe Gott im Herzen und die Kuh im
Garten, Kindergewimmel, Hausmusik und die Freude über den unerwarteten
Braten und die Träne beim Tod eines Lieben. Was die körperlichen Reize, die
Fähigkeit zum ‚Betthäsgen‘, das gute Herz und die Lebenstüchtigkeit Rebeccas
betrifft, so denkt man unwillkürlich an Goethes Christiane.“[1]
Diese Idylle wurde vor den Toren von Hamburg im damals wunderschönen grü-
nen Wandsbek gelebt, wo sich Claudius 1771 mit 31 Jahren als Redakteur des
„Wandsbecker Bothen“ niedergelassen hatte und wo auch die Gräber von Mat-
thias und Rebecca Claudius zu finden sind. Am Wandsbeker Markt, neben dem
Mausoleum des Grafen Heinrich Carl von Schimmelmann, dem Wandsbek damals gehörte.
Für seinen „Wandsbecker Bothen“ hatte Claudius bedeutende Mitarbeiter ge-

wonnen: Goethe, Herder, Lessing, Voß, Klopstock. Sein bis heute bekanntestes Gedicht erschien 1779 im „Vossischen Musenalmanach", das sein Freund Johann Heinrich Voß in Wandsbek redigierte. Zweihundert Jahre später sang der Dresdner Kreuzchor dieses „Abendlied" von Claudius bei seinem ersten Konzert nach dem Krieg in der Michaeliskirche. Eine Reverenz an Hamburg, das heute Partnerstadt von Dresden ist.

Ein Lied am Jungfernstieg zu singen? Es geht! Zum Beispiel bei Vollmond. Die Bank im Rücken, mit Blick auf die schimmernde Alster.

Der Mond ist aufgegangen,
Die goldnen Sternlein prangen
Am Himmel hell und klar
Der Wald steht schwarz und schweiget,
Und aus den Wiesen steiget
Der weiße Nebel wunderbar.

Wie ist die Welt so stille,
Und in der Dämmrung Hülle
So traulich und so hold!
Als eine stille Kammer,
Wo ihr des Tages Jammer
Verschlafen und vergessen sollt.

Seht ihr den Mond dort stehen? –
Er ist nur halb zu sehen,
Und ist doch rund und schön!
So sind wohl manche Sachen,
Die wir getrost belachen,
Weil unsre Augen sie nicht sehn.

Wir stolze Menschenkinder
Sind eitel arme Sünder
Und wissen gar nicht viel;
Wir spinnen Luftgespinste
Und suchen viele Künste
Und kommen weiter von dem Ziel.

Gott, laß uns dein Heil schauen,
Auf nichts Vergänglichs trauen
Nicht Eitelkeit uns freun!

Laß uns einfältig werden
Und vor dir hier auf Erden
Wie Kinder fromm und fröhlich sein!

Wollst endlich sonder Grämen
Aus dieser Welt uns nehmen
Durch einen sanften Tod!
Und wenn du uns genommen,
Laß uns in Himmel kommen,
Du unser Herr und unser Gott!

So legt euch denn, ihr Brüder,
In Gottes Namen nieder;
Kalt ist der Abendhauch.
Verschon uns Gott! mit Strafen,
Und laß uns ruhig schlafen!
Und unsren kranken Nachbarn auch![2]

Das Haus, in dem Matthias Claudius starb, gehörte seinem Schwiegersohn Friedrich Christoph Perthes (1772–1843), der am Jungfernstieg eine Buchhandlung führte. Claudius hatte sich, vor den Verwüstungen der Franzosen im Hamburger Umland flüchtend, dorthin gerettet.

Perthes war einer der bedeutendsten deutschen Buchhändler zu Beginn des 19. Jahrhunderts. In seinem Laden traf sich die Hamburger Gesellschaft zum Lesen und Reden, um sich zu informieren und sich zu unterhalten. Im „Hamburgischen Correspondenten" preist Perthes seine Bücher an: „Auf meinem Lager befinden sich die besten älteren und neueren in Deutschland herausgekommenen Bücher, und ich darf versprechen, jedes Buch, das überhaupt noch irgendwo zu bekommen ist, verschaffen zu können. Einen Teil meines Sortiments habe ich einbinden lassen, um so den Wünschen des lesenden Publikums noch geschwinder zu entsprechen, die Kenntnis von dem, was man kauft, zu erleichtern und den Bedürfnissen der hier durchreisenden Ausländer mehr entgegenzukommen. (...) Aufmerksamkeit, Pünktlichkeit und Gefälligkeit mache ich mir in jeder Hinsicht zur Pflicht."[3]

Auf dem Jungfernstieg überlagern sich die Zeiten. 150 Jahre später ging dort der Dichter Peter Rühmkorf auf und ab. Bei einem seiner Jobs, mit denen er sich über Wasser hielt:

„Als ich am 4. August '52 als Kaffeetürke für ,Walter Mesmer mein Bester' auf dem Jungfernstieg Reklame lief, begegnete uns der Lyriker und Lektor Wolfgang Weyrauch, den ich bereits flüchtig kannte. Ich zog artig meinen Fez, und

Die Alsterarkaden wurden 1844–1846 errichtet. Um die Ecke, am Jungfernstieg, starb Matthias Claudius. Er war vor den Franzosen aus Wandsbek in das Haus seines Schwiegersohns, des Buchhändlers Friedrich Christoph Perthes, geflüchtet.

Weyrauch schleppte mich in meinem exotischen Aufzug mit zu Rowohlt, wo gerade ein urlaubsbraun gebrannter Hans Werner Richter nach neuen Lesekandidaten Ausschau hielt. In meiner unschuldigen Ansprüchlichkeit machte ich aber mein Auftreten vor der Gruppe von einer Miteinladung meines Freundes Röhl abhängig. Die Sache verlief sich, wie rückblickend vorhersehbar, im Sande (von Niendorf an der Ostsee), und ich kehrte gewissermaßen erleichtert zurück zu meinen polemischen Dreschflegeln."[4]

Auch wir gehen weiter. Zu den Alsterarkaden. Ein blaues Schild informiert: „Der Bogengang wurde, zusammen mit den dahinterliegenden Bürgerhäusern, 1844–1846 als ein Teil der Gesamtanlage des Stadtzentrums erbaut." Ganz früher hatte sich hier ein Apothekergarten befunden, der dann einer Schanzenbefestigung weichen mußte.

Mozarts Flötenkonzert, gespielt von einem Straßenmusikanten, der mit den Groschen der Passanten ans Mittelmeer zu kommen hofft, führt weiter auf den Rathausmarkt. Zu Ernst Barlach und Heinrich Heine. Wo? Man muß ein bißchen suchen, um die Spuren der Dichter hier zu finden. Das Mahnmal zum Frieden, das an der kleinen Alster steht, zeigt das Relief einer schwangeren Frau mit Kind. Der Schriftsteller und Bildhauer Ernst Barlach schuf es 1930 im Auftrag der Stadt. Im Vorfeld der Naziherrschaft war der Künstler damals schon heftigen Angriffen ausgesetzt. „Barlach hat seinen Auftrag beinahe heimlich hinter einem Verschlag ausgeführt. Bürgermeister Ross besuchte ihn einmal dabei. Von Barlach ging auch die Vorstellung aus, daß das Denkmal heimlich enthüllt werde: ‚Der Bürgermeister sagt leise, denn es braucht ja niemand zu hören: ‚Ich übernehme dieses Mal für die Stadt Hamburg!', und dann fällt die Hülle. Nur keine Reden, bloß keine Reden.'"[5]

Und so geschah es dann auch. Während der Nazizeit wurde das Mutter-und-Kind-Bild durch einen kriegerischen Adler ersetzt, den man 1949 wieder wegrestaurierte.

An der Einweihung des auf der anderen Seite des Platzes stehenden Denkmals für Heinrich Heine nahmen 1982 Tausende von Menschen teil. Der Bildhauer Waldemar Otto hat es geschaffen nach dem Vorbild einer Skulptur von Hugo Lederer. Zu Füßen des in nachdenklicher Pose stehenden Dichters erinnern Bronzereliefs an die Bücherverbrennung und die Zerstörung des Heine-Denkmals von Lederer während der Nazizeit.

„Libertatem quam peperere maiores digne studeat servare posteritas" (Die Freiheit, die die Väter erwarben, möge die Nachwelt würdig zu erhalten trachten). Das steht in Goldbuchstaben über dem Eingang zum Hamburger Rathaus, das 1886–1897 unter der Leitung des Hamburger Baumeisters Martin Haller im prunkvollen Stil des Historismus dort errichtet wurde, wo früher einmal das berühmte Johanniskloster gestanden hatte.

Zu gewissen Zeiten wird auch das Rathaus zum literarischen Ort. Zum Beispiel immer dann, wenn dort wichtige Literaturpreise verliehen werden. 1929 stiftete der Senat den heute mit 30.000 DM dotierten Lessing-Preis. Preisträger sind so bedeutende Schriftsteller wie Hans Henny Jahnn, Peter Weiss, Walter Jens, Max Horkheimer, Rolf Hochhuth, Alexander Kluge, Raymond Klibarsky. Der seit 1963 an Schriftsteller und Journalisten vergebene und mit 15.000 DM dotierte Alexander-Zinn-Preis, benannt nach dem Schriftsteller und Senatssprecher Alexander Zinn (1880–1941), ging unter anderem an Axel Eggebrecht, Peter Rühmkorf, Luc Jochimsen, Hubert Fichte, Helmut Heißenbüttel und Geno Hartlaub. Außerdem verleiht die Hamburger F.V.S.-Stiftung seit 1967 den mit 25.000 DM bemessenen Shakespeare-Preis an Schriftsteller und bildende Künstler aus dem englischsprachigen Raum und den 1950 geschaffenen, mit 40.000 DM dotierten Hansischen Goethe-Preis an Literaten und Künstler. Weniger feierlich und sehr viel volksnaher als bei den Preisverleihungen im Rathaus war man Mitte der sechziger Jahre ein paar Schritte weiter, auf dem Adolphsplatz. Dichter trugen ihre Gedichte zu Markte. Lyrik open air. Verse im Schatten von Rathaus, Börse und Bankenviertel. Das war neu und hatte Erfolg. Peter Rühmkorf erinnert sich: „Dreitausend relativ enthusiasmierter Leute auf einem Haufen und Verkauf von achthundert Büchern auf einen Schlag. Trotzdem Nichtfettmachung Kohls, da Institutionen für aufgemachte Rechnung selbstverständlich nicht aufkommen. Zwei Sternstunden vergleichsweise neuer deutscher Literatur werden abgeflimmert und aufgenommen und als sogenannter unbezahlter Mitschnitt ausgestrahlt. Davon kann ein deutscher Schriftsteller dann allerdings unter allgemein freundlicher Anteilnahme verhungern. Umweht von Magisterdiplomen und Semesterabschlußarbeiten und mit Rezensionsfahnen als Kranzschleifen."[6]
Der Dichter und kein Geld. Das paßt als Leidlied zum Gang am Rathaus vorbei. Große Johannisstraße. Rechts geht die Schauenburger Straße ab. Hier erwarb der Verleger Julius Campe (1792–1867) nach dem großen Brand von 1842 das Haus Nr. 59, das bis um die Jahrhundertwende Verlagssitz blieb. Julius Campe war Heinrich Heines Verleger. Sie haben sich oft und leidenschaftlich um Geld gestritten. Daß sie zueinander gekommen waren, war aber sicher für beide ein wahrer Glücksfall. Campe zählt zu den bedeutenden Verlegern des 19. Jahrhunderts, Heine zu den großen Dichtern. Der Buchhändler und Verleger hat das erste Zusammentreffen mit Heine, der sein wichtigster Autor werden sollte, beschrieben:
„Mein erstes Zusammentreffen (mit Heine) war folgendermaßen: ich stand in meinem Laden und verkaufte, da trat ein junger Mann herein und forderte Heine's Tragödien. Ich reichte ihm ein sauber gebundenes Exemplar. ‚Ach, das ist mir lieb, daß das Buch gebunden ist.' Während er das Exemplar besah, ging ich nach der Seite, wo die Dichter aufgestellt waren, brachte ihm die Gedichte des-

selben Verfassers. ‚Lieber Herr', fiel er mir hastig in das empfehlende Wort, ‚die mag ich nicht - ich verachte sie!' - ‚Wie, sagte ich, Sie verachten sie? dann haben Sie es mit mir zu thun!' - ‚Lieber Herr, ich kenne sie besser als Sie, denn ich habe sie geschrieben!' - ‚Nun, mein Herr Doctor, wenn Sie wieder ein Mal so etwas Werthloses produciren, und Sie haben gerade keinen bessern Verleger, so bringen Sie es mir und ich werde mir eine Ehre daraus machen, meine Firma darauf zu setzen.' ... Am anderen Tage kam Heine, bezog sich auf jenes Gespräch und sagte: ‚Sie waren gestern so freundlich, sich zu meinem Verleger anzubieten, in der That habe ich etwas druckfertig...Es sind Reisebilder, Harzreise, 77 Gedichte.' - ‚Es ist gut: Sie geben mir ein Buch, auf dessen Titel Ihr Name steht, und das 25 Bogen füllt. Wie viel Honorar nehmen Sie in Anspruch?' - ‚30 Louisdor.' - ‚Gut!'... Seit diesem Tag war Heine jeden Tag in meinem Laden und wir wurden intime Freunde."[7]

Von Heinrich Heine führt ein Abstecher zu Joachim Ringelnatz. Links über die Börsenbrücke, Neß, zur Großen Reichenstraße Nr. 49. Am Neß eine kurze Rückblende ins 18. Jahrhundert: „Um die silbernen Tischleuchter des Kaffeehauses am Neß bildete sich die erste Hamburger Tafelrunde von literarischer Bedeutung. Hier saßen um 1740 Hagedorn und Brockes mit dem Arzte Carpser und anderen Männern von Verstand und Gemüt bei einem ‚Köpken Martiniquer und einer Pfeife Kanaster Tobak'."[8]

Hans Bötticher aus dem sächsischen Wurzen, der sich später Ringelnatz nannte, war als Matrose zur See gefahren. Als er 1905, mit 22 Jahren, seine Kaufmannslehre bei der Hamburger Dachpappenfabrik Ruberoid fortsetzte, wohnte er in der Großen Reichenstraße Nr. 49 bei dem „Speisewirth" J. F. Blome. Tagsüber hackte er auf der Schreibmaschine. Abends ging er mit den anderen Angestellten bei „Sagebiel's" auf der Drehbahn zum Tanzen. Er freundete sich mit Malern an, die sich als Anstreicher Geld verdienten, und durfte einmal helfen, den Schrank einer Bordellwirtin anzustreichen. Ringelnatz malte seine ersten Bilder und schrieb seine ersten Gedichte, die er versuchte, in den „Fliegenden Blättern", der „Jugend" oder dem „Kladderadatsch" unterzubringen.

Der Dichter wohnte eben da, wo heute nur noch ein Straßenname an Hamburgs älteste Kirche erinnert: in der Domstraße. In dem gotischen Mariendom, der von 1804–1807 wegen Baufälligkeit abgebrochen wurde, muß es einmal putzmunter zugegangen sein. In den Seitenschiffen hatten nicht nur Buchhändler ihre Stände, sondern auch Kunsthandwerker und Trödler. Gebetet wurde im Mittelschiff.

Einen Sprung zur Trostbrücke. Als hier im 15. Jahrhundert ein Steg über das Fleet geschlagen wurde, führte damals der letzte Weg für Verurteilte über diese Brücke zum Galgen. Heute stehen dort rechts der Erzbischof St. Ansgar, der Hamburg von 834 bis 865 regierte, und links Adolf III., Graf von Schauenburg, Stormarn und Holstein, der von 1164 bis 1203 Herr der Stadt war.

Folgende Doppelseite: Die Türme von St. Jacobi und St. Petri zeichnen den Horizont hinter der Binnenalster. Die berühmte Arp-Schnitger-Orgel in der Jacobi-Kirche wurde von dem Dichter Hans Henny Jahnn restauriert.

Trostbrücke Nr. 1. Das schöne Gebäude des Laeiszhof, 1898 gebaut, ist Domizil der F. Laeisz Schiffahrtsgesellschaft. Die 1824 von Ferdinand Laeisz gegründete Reederei war die bedeutendste Segelschifffreederei des 19. Jahrhunderts. Ihre P-Liners waren bekannt in aller Welt. Pamir, Passat, Potosi, Preußen... Ein Aperçu: der Gründer, Ferdinand Laeisz, hatte durchaus auch mit Büchern zu tun. Er war gelernter Buchbinder.

Trostbrücke Nr. 6. Das von 1844–1847 errichtete Backsteinhaus ist Domizil der Patriotischen Gesellschaft, der Hamburgischen Gesellschaft zur Beförderung der Künste und Nützlichen Gewerbe. Ihr Wahrzeichen ist ein offener Bienenkorb. Viele tragen Honig hinein; zum Wohle von allen. Diese noble hanseatische Institution wurde 1765 aus dem Geist der Aufklärung heraus gegründet. Ein Bürgerclub, der seine humanitären Ziele mit imponierendem Realitätssinn verfolgt. Die Patriotische Gesellschaft initiierte Schulen, Bibliotheken, Badeanstalten, Armenhilfswerke, Kinderlesestuben. Ihre Mitglieder riefen den Kunstverein ins Leben, aus dem die Kunsthalle hervorging. Der Pragmatismus, die Lebensnähe dieser gar nicht genug zu rühmenden Gesellschaft zeigt sich an einer kleinen Geschichte aus dem Jahr 1770. Damals erhielt der Turm der St. Jacobikirche auf ihr Betreiben hin einen Blitzableiter. Den ersten auf dem Kontinent.

Die Ruine der Nikolaikirche in der Nachbarschaft der Patriotischen Gesellschaft mahnt an eine weit schlimmere Katastrophe. Das um 1200 errichtete Gotteshaus war 1842 ausgebrannt und in den folgenden 30 Jahren groß und mächtig wiederaufgebaut worden. 1943 wurde das Kirchenschiff durch Bomben zerstört. Der ausgebrannte Turm – nach dem Ulmer Münster und dem Kölner Dom mit 147 Metern der dritthöchste Kirchturm Deutschlands – ist heute Mahnmal für die Verfolgten und die Opfer des Krieges.

In der Nikolaikirche war 1747 der Dichter und Ratsherr Barthold Hinrich Brockes beerdigt worden. Die Naturlyrik dieses gebildeten und wohlhabenden Kaufmannssohnes liest man noch heute gern. „Irdisches Vergnügen in Gott" heißt seine Gedichtsammlung in neun dicken Bänden. Viel von dem, was Brockes in seinen Reimen wiedergibt, hatte er in seinem schönen Garten zusammengetragen, der ihm vor den Toren der Stadt gehörte, nämlich dort, wo heute der Besenbinderhof mitten im Autoverkehr liegt.

Brockes Gedicht „Der weiße Schmetterling" ist zu lesen auf einer Bank am Hopfenmarkt, im Schatten des Turms der Nikolaikirche. Vielleicht an die Hand genommen von Eduard Mörike, der Brockes im 19. Jahrhundert die Zeilen widmete: „Führe mich, Alter, nur immer in Deinen geschnörkelten Frühlings-Garten! – Noch duftet & taut frisch & gewürzig sein Flor." Diese Mörike-Sätze wählte dann wiederum 1955 Arno Schmidt für einen Essay im Norddeutschen Rundfunk als Motto. Titel des Essays war „Barthold Hinrich Brockes oder Nichts ist mir zu klein".

Der weiße Schmetterling
Im Garten saß ich jüngst zur schwülen Mittagszeit
In einem dicht verwachsnen Bogen
Voll angenehm begrünter Dunkelheit
Und sah, wie voller Munterkeit
Viel weiße Schmetterlinge flogen,
Die durch die grüne Nacht mit zarten Schwingen eilten
Und die beschatteten, gekühlten Lüfte teilten;
Da sie denn in dem dunklen Grünen
Wie weiße Rosenblätter schienen.
Bald sah ich sie, vom Schwärmen gleichsam matt,
Als wie ein von der Luft getragnes welkes Blatt,
Schnell, doch gerade nicht zur Erde sinken,
Bis ich sie allgemach bald hie, bald da
Schnell flatternd wieder steigen sah,
Da sie, vom Sonnenstrahl gerührt, wie Funken blinken.

Trifft einer denn sein längst gesuchtes Weibchen an,
Sieht man sie voller Brunst und voll Vergnügen
Bald auf-, bald niederwärts in regen Kreisen fliegen.
Es scheint, ob suchten sie durch ihrer Flügel Spielen,
Als mit zwei Fächtelchen, der Liebe Brand zu kühlen
Und Luft sich zuzuwehn, der andre, Wind zu machen
Und immer mehr und mehr die Flammen anzufachen
Von ihrer süßen Brunst, durch welche die Natur
Zur Fruchtbarkeit sie reizt.

Hierüber fiel mir ein,
Daß noch vor kurzer Zeit dies kleine Vögelein
Ein langsam kriechender, verworfner Wurm gewesen.
Ists möglich, dacht ich alsobald,
Dies Tierchen ändert ganz Natur, Farb und Gestalt,
Und Menschen glauben wohl, daß Menschen bloß erlesen,
ohn Änderung nur Wust und Kot zu sein?
Ein Sommervögelchen, wenn es die morschen Schalen
Des Dattelkerns zertrennt,
Bricht aus der Finsternis, genießt der Sonne Strahlen,
Verläßt den Schlamm, erwählt ein neues Element,
Fliegt in die warme Luft - und du sollst in der Erden
Zu Staub, zu Moder, Schlamm, zu Wust, zu nichtes werden;

15

Stimmt dieses wohl mit unsers Schöpfers Liebe,
Die einzig ihn, die Welt so schön zu machen, triebe,
Mit seiner Majestät und Weisheit überein;
Wie leicht ists dem der so mit Raupen handelt,
Daß er auch unsern Staub, (da ohnedem bekannt,
Daß nichts zu nichtes wird), zu seinem Ruhm verwandelt,
Verherrlicht und verklärt?
Wär nun dein Herz so sehr verkehrt
Und streute Dir vielleicht hierüber Zweifel ein:
So laß den Schmetterling dein lehrend Vorbild sein.
Sprich nicht: es stirbt jedoch der Schmetterling zuletzt,
So wird er nicht mit Recht uns zum Beweis gesetzt,
Und kann er würklich nicht von einem ewgen Leben
Ein richtiges Exempel geben,
Denn, Lieber, denke doch hiebei,
Wie sehr die Redlichkeit in deinem Einwurf fehle,
Und was doch für ein Abstand sei
Von eines Schmetterlings zu eines Menschen Seele.[9]

Erinnerungen an Brockes gab es noch 1988, als im Deutschen Schauspielhaus das Drama „Korbes" von Tankred Dorst uraufgeführt wurde. In das Märchen vom bösen Herrn Korbes ist eine Passionsdichtung des barocken Lyrikers verwoben, die zu ihrer Zeit den Hamburger Bürgern in der Karwoche eine „erlaubte Belustigung" sein sollte. Damals gab es „kaum ein Bürgerhaus, in dem nicht die exaltierten Verse in kleinen Zirkeln vorgetragen wurden. Brockes selber veranstaltete 1712 eine Aufführung des Werkes in seinem Hause, bei der über 500 Personen anwesend waren. Die Dichtung erlebte zahlreiche Druckauflagen und Übersetzungen."[10]

Brockes' Haus, das in der Nachbarschaft der Nikolaikirche lag, muß auf jeden Fall geräumiger gewesen sein als die Speicherhäuser in der Deichstraße, zu denen wir über die Cremonbrücke kommen. In dieser schönen alten Straße ist neben einer Reihe alter Kaufmannshäuser aus dem 17. und 18. Jahrhundert auch ein Warenspeicher von 1780 erhalten (Nr. 27). Im Haus Nr. 42 war 1842 der große Brand ausgebrochen.

„Von Speicher zu Speicher sprangen die Flammen, und überall fanden sie frische Nahrung. Lumpen und Holz, Sammelpapier, Knochen, Getreide und Zucker. Das Feuer war nicht wählerisch. Hier steckte es sich hundert Fässer Smyrna-Rosinen in den glühenden Rachen, dort unter sprühendem Knacken zwei Millionen Pfund Kaffeebohnen. Hundert Kisten Souchong-Tee verschlang es mit demselben Genuß wie dreihundertvierzig Sack Pfeffer. Und es machte

Das 1930 errichtete Mahnmal von Ernst Barlach auf dem Rathausmarkt steht nicht weit von dem Denkmal für Heinrich Heine (1982). Im Rathaus, das 1897 eingeweiht wurde, geht es literarisch zu, wenn die drei Hamburger Auszeichnungen an Schriftsteller oder Journalisten verliehen werden: der Lessing-, der Alexander-Zinn- und der Hansische Goethe-Preis.

Vorhergehende
Doppelseite:
In der Deichstraße am
Nikolaifleet brach der
verheerende Brand von
1842 aus. Edgar Maass
hat diese Zeit in seinem
Roman „Das große
Feuer" beschrieben. Am
Haus Nr. 27, einem
Speicher von 1780, ist
zu sehen, wie es
früher war.

nicht Halt vor Häuten und Leder, geteerten Tauen und Schellack. Dazu rauchte
es ungeheure Mengen von Tabak. Vierhundert Fässer Kentucky waren das Werk
von fünf Minuten. Aber erregt wurde es erst und tanzte wie ein heulender Der-
wisch, als es an die Weinvorräte geriet. Achttausend Oxhoft Wein gingen in einer einzigen gigantischen Flamme in die Luft, die spielend das Dach des
Speichers abhob, und die Bouteillen edler Weine sausten wie Granaten in die
Höhe und zerschellten an den brennenden Mauern. Dann kam es an die Rum-
und Arrakfässer, die im schönsten Blau zu leuchten begannen, polternd durch-
einanderfielen und wie Feuerräder zur Sonnenwende zu laufen begannen,
auf die schreienden Männer an den Spritzen zu."[11]

Kajen, Hohe Brücke, Bei dem Neuen Kran, Bei den Mühren. Dieser schöne
Promenadenweg längs der backsteinroten Speicherstadt, parallel zum Binnenha-
fen bzw. Zollkanal, ist selbst ein Gedicht von elbischer Größe. Links vorbei an
Cremon und Mattenwiete (siehe Spaziergang VI, Seite 125 f.: „Die Weihnachtsfeier des Seemanns Kuttel Daddeldu") zur St. Katharinenkirche. 1350
wurde der Grundstein gelegt, 1957 der im Stil des 17. Jahrhunderts wiederaufge-
baute 115 Meter hohe Turm eingeweiht. In St. Katharinen war Philipp Nicolai
(1556–1608) Hauptpastor und schrieb hier die Lieder, die heute noch gesungen
werden: „Wie schön leucht' uns der Morgenstern" und „Wachet auf, ruft uns
die Stimme". Auch Pastor Johann Melchior Goeze predigte hier von 1755 bis
1786 und ging durch seinen Streit mit Lessing („Anti-Goeze") in die Literaturge-
schichte ein. „Überschreien können Sie mich alle acht Tage, Sie wissen wo.
Überschreiben sollen Sie mich aber gewiß nicht", schrieb Lessing. Und auch,
daß der Herr Pastor nicht so in den Tag hineinpoltern solle.

Mit Gewißheit ist Lessing in den drei Jahren seines Hamburger Aufenthaltes
häufig über die Jungfernbrücke gegangen, über die wir nun in die Speicherstadt
kommen. Es riecht nach Curry, Kaffee, Dieselöl. In den roten Speichern lagert
Unverzolltes, von Schuten zu Wasser herangefahren. Seit 1888 ist die Wand-
rahmsinsel Freihafengebiet. Jeder darf es betreten. Nur bitte mit gläsernen Taschen. Als Lessing hier wohnte – im Holländischen Brook – sah alles noch ganz
anders aus. 20.000 Bewohner wurden umgesiedelt, als die Speicherstadt gebaut
wurde. Wie es vorher war, schildert Edgar Maass in seinem Roman „Das Große
Feuer". Er beschreibt Lessings Wohnhaus am Holländischen Brook, den wir
über Kannengießerort und St. Annenufer erreichen.

„Das Haus war sehr alt, aber um die Mitte des achtzehnten Jahrhunderts im
Geschmack jener Zeit neu ausgeschmückt worden. Die weiße Stuckdecke der
großen Diele war mit weitgeschwungenen Muschelbogen verziert, von denen der
goldene Anstrich schon lange abgebröckelt war. In der Mitte der Decke sah man
eine chinesische Landschaft mit Pagoden und Zwergbäumen, mit einem Teiche,
einer Schilfhütte und einer lustigen Barke, und in dieser Landschaft spielten, ar-

beiteten und ergingen sich viele kleine Figuren, Bauern und Fischer und Gärtner, mit spitzen Strohhüten, die Geräte ihres Handwerks in der Hand, Mandarinen und Fürsten, allerliebste Schäferinnen mit breiten bebänderten Hüten und vornehme Damen auf Stöckelschuhen."[12]

Lessing hatte in Hamburg endlich noch eine Frau gefunden. Mit 47 Jahren heiratete er Eva König. Sein gleichaltriger Freund aus Berlin, der große jüdische Philosoph Moses Mendelssohn, war in der Hansestadt schon früher seinem Glück begegnet. Der kleine, bucklige, so unendlich kluge Mann hatte sich mit 32 Jahren in die Kaufmannstochter Fromet Gugenheim verliebt, die ihm versprochen worden war. Die Liebesgeschichte begann wie ein Wunder. Als der Philosoph zum erstenmal seiner zukünftigen Braut begegnete, erschrak diese über seine bucklige Gestalt. Da erzählte ihr Mendelssohn eine Geschichte: „Als im Himmel die Ehen ausgerufen worden seien, sei ihm mitgeteilt worden, daß seine Frau einen Buckel haben werde. Er sei darüber sehr bestürzt gewesen, weil Frauen doch schön sein sollten, und habe gebeten, ihm den Buckel zu geben." Fromet verstand und fing an zu weinen. Das war der Anfang einer glücklichen Ehe.[13]

Durch die Dienerreihe zum Alten und Neuen Wandrahm. In das Haus Nr. 92, Neuer Wandrahm, war anno 1796 Arthur Schopenhauer mit seiner Familie eingezogen. Der Kaufmannssohn war damals neun Jahre alt. Er sollte mit seinen Büchern „Die Welt als Wille und Vorstellung" (Quintessenz: Der Inhalt von Geschichte ist überall und immer derselbe; in immer neuen Kostümierungen fügen sich die Menschen dieselben alten Leiden zu) in der zweiten Hälfte des 19. Jahrhunderts das Denken stark beeinflussen. Schopenhauer hatte keine glückliche Kindheit in Hamburg. Sein Vater litt unter Depressionen. 1805 stürzte er vom Speicher seines Hauses in den Fleet und ertrank. Seine Mutter Johanna, die später in Weimar einen angesehenen literarischen Salon führte und selber mehrere Bücher schrieb, ließ ihn viel allein. Mutter und Sohn schrieben sich später viele Briefe. Im Jahre 1811 schickte Schopenhauer seiner Mutter folgende Zeilen: „Die Philosophie ist eine hohe Alpenstraße, zu ihr führt nur ein steiler Pfad über spitze Steine und stechende Dornen: er ist einsam und wird immer öder je höher man kommt, und wer ihn geht, darf kein Grausen kennen, sondern muß alles hinter sich lassen, und sich getrost im kalten Schnee seinen Weg selbst bahnen. Oft steht er plötzlich am Abgrund und sieht unten das grüne Tal: dahin zieht ihn der Schwindel gewaltsam hinab; aber er muß sich halten und sollte er mit dem eigenen Blut die Sohlen an den Felsen kleben. Dafür sieht er bald die Welt unter sich, ihre Sandwüsten und Moräste verschwinden, ihre Unebenheiten gleichen sich aus, ihre Mißtöne dringen nicht hinauf, ihre Rundung offenbart sich. Er selbst steht immer in reiner, kühler Alpenluft und sieht schon die Sonne, wenn unten noch schwarze Nacht liegt."[14]

Uns hält die Welt fest. „Der Spiegel" mit seinen journalistischen Kapazitäten

Folgende Doppelseite:
Dort, wo heute die 1888 errichtete Speicherstadt steht, befanden sich vorher Wohn- und Kontorhäuser. Am Holländischen Brook hatte Lessing gewohnt, am Neuen Wandrahm Schopenhauer. Die Speicherstadt mit ihren schönen roten Backsteinhäusern gehört zum Freihafen. Dieses „Zollausland" darf jeder betreten. Verboten ist nur, Unverzolltes mitzunehmen.

21

Das 1924 eingeweihte Chilehaus wurde von Hamburgs „Klinkerfürsten" Fritz Höger entworfen. Heinrich Heine schrieb: „Die Stadt Hamburg ist eine gute Stadt; lauter solide Häuser. Hier herrscht nicht der schändliche Macbeth, sondern hier herrscht Banko." Vielleicht ließ sich Höger von der Hafennähe inspirieren. Das Chilehaus sieht aus wie ein Schiff.

„Die ausgewählte Stelle ist in keinem Wort von mir. Es ist eine Montage aus Heine, Lichtenberg und einer Werbeschrift für Hamburg. Damals lag mein Interesse darin, durch eine solche Mischung in etwa ein Äquivalent für die raum- und zeitübergreifende Rolle Hamburgs zu finden."
(Helmut Heißenbüttel, 22. März 1989)

zwischen Dovenfleet und Ost-West-Straße. In der obersten Etage des zwölfgeschossigen Verlagshauses sitzt Rudolf Augstein, der mit seinem 1947 gegründeten Blatt Zeitungsgeschichte gemacht hat und auch noch dicke Bücher schrieb („Preussens Friedrich und die Deutschen", Frankfurt/M. 1970, „Jesus Menschensohn", Gütersloh 1972).

Am Ende des Dovenfleet (dov heißt taub, ohne Abfluß) gilt es, dic Ost-West-Straße von Süd nach Nord zu überspringen. Wir stehen vor dem tausendfenstrigen Chilehaus. „Von Süden her bildet seine weit geschwungene Fassade mit dem überbauten Durchgang der Fischertwiete gleichsam ein Stück moderner Stadtmauer." [15]

Das 1924 eingeweihte Kontor-Schiff des Architekten Fritz Höger, der seinerzeit der „Klinkerfürst von Hamburg" genannt wurde, steht heute unter Denkmalschutz. Bauherr war der Salpeterimporteur, Reeder und Bankier Henry Brarens Sloman, der viele Jahre in Chile verbracht hatte.

Wer im obersten Stock des Chilehauses aus dem Fenster schaut, dem liegt Hamburg, wenn nicht gar die Welt, zu Füßen. Den Text zu dieser Tour d'horizon finden wir in Helmut Heißenbüttels Roman „D'Alemberts Ende". Der Schriftsteller beschreibt einen Tag in der Hansestadt, den 26. Juli 1968:

„Die Stadt Hamburg ist eine gute Stadt; lauter solide Häuser. Hier herrscht nicht der schändliche Macbeth, sondern hier herrscht Banko. Der Geist Bankos herrscht überall in diesem kleinen Freistaate, dessen sichtbares Oberhaupt ein hoch- und wohlweiser Senat. Hamburg ist die beste Republik. Seine Sitten sind englisch und sein Essen ist himmlisch. Wahrlich, es gibt Gerichte zwischen dem Wandrahmen und dem Dreckwall, wovon unsere Philosophen keine Ahnung haben. Die Advokaten, die Bratenwender der Gesetze, die so lange die Gesetze wenden und anwenden, bis ein Braten für sie dabei abfällt, diese mögen noch so sehr streiten, ob die Gerichte öffentlich sein sollen oder nicht; darüber sind sie einig, daß alle Gerichte gut sein müssen, und jeder hat sein Leibgericht. Am Hafen liegt ein Gebäude, das das Baumhaus genannt wird, mit einer Galerie oben auf dem Dache, worauf zuverlässig einer der schönsten Prospekte in Deutschland ist. Ich erwähne nur dies, daß man Hunderte von dreimastigen Schiffen auf einmal übersieht. Alles lebt und wimmelt, da wird repariert, gebaut, aus- und eingepackt, und alles wacht, ist geschäftig. Auf einmal sieht man die Segel von einem solchen Gebäude voll werden und unter dem Freudengeschrei der Matrosen von den anderen Schiffen geht es mit einem Zuge, dessen Majestät nichts auf der Erde gleich kommt, den prächtigen Strom hinunter. Die Hamburger Innenstadt liegt zwischen dem Wallring und der Ost-West-Straße. Die Innenstadt hat funktional längst die Grenzen des historischen Hamburg gesprengt und umfaßt beträchtliche Teile rechts und links der Alster und an der Elbe. Die City hat sich zu einer in Deutschland einmaligen Konzentration von Geschäften, Wa-

renhäusern, Banken und Büropalästen entwickelt. Die Tagesbevölkerung dieses nur rund vier Quadratkilometer großen Areals beträgt wochentags zwischen 8 und 18 Uhr schätzungsweise eine halbe Million Menschen.“[16]

In diesem Stadtquartier gewaltiger Kontorhäuser – etwa gleichzeitig mit dem Chilehaus wurden der Sprinkenhof, der Meßberg- und der Mohlenhof gebaut – nach Literatur zu fahnden, ist sehr optimistisch. Aber siehe da, es gibt Ansätze. Burchardstraße Nr.16. Hier bezog 1945 der 15jährige Horst Janssen Quartier bei seiner Tante Anna, die als „Tantchen“ den Verehrern des Zeichners und Schreibers Janssen heute in aller Welt ein Begriff ist. Blicken wir weiter zum Turm der St. Jacobikirche an der Steinstraße. Die Zifferblätter der Uhr entwarf nach dem Zweiten Weltkrieg Horst Janssens verehrter Lehrer Alfred Mahlau. In der Jacobikirche ertönt die 300 Jahre alte Arp-Schnitger-Orgel, die von dem Hamburger Schriftsteller und Orgelbauer Hans Henny Jahnn nach dem Krieg restauriert wurde.

In seinem Buch „Die unaufhörliche Gartenlust“ wirft der Schriftsteller Hans Leip an dieser Stelle einen Blick zurück in Hamburgs Geschichte: „Der erste Baumgarten zu Hamburg wird in einer Urkunde des Jahres 1331 erwähnt. Da schenkte der Graf von Holstein-Stormarn den Blauen Schwestern, den Beginen in der Steinstraße gegenüber St. Jacobi, ein Pomarium, einen Apfelgarten.“[17]

Mönckebergstraße. Kaufhäuser. Kaufrausch und eine einzige Buchhandlung. Das spitze Dreieck Spitalerstraße/Mönckebergstraße, der Barkhof, birgt immerhin eine von den bemerkenswerten, zeittypischen Heine-Erinnerungen in dieser Stadt. Hier, im Hof des Kontorhauses, saß der Dichter zu Beginn dieses Jahrhunderts als Denkmal. In seiner Hand eine Schriftrolle mit der Inschrift: „Was will die einsame Träne, sie trübt mir ja den Blick.“ Die Skulptur, nach einem Entwurf des dänischen Bildhauers Louis Hasselrijs, hatte die Kaiserin Elisabeth von Österreich („Sissi“) für den Park ihres Schlosses auf Korfu in Auftrag gegeben. Sie war eine große Verehrerin Heines. Als Wilhelm II. das Schloß kaufte, ließ er den Dichter entfernen. Julius Campe jun. erwarb die Marmorstatue und stellte sie im Barkhof auf. 1939 wurde das Abbild des leidenden Heine, das immer öfter Zielscheibe politischer Bilderstürmer geworden war, nach Toulon in Sicherheit gebracht.

Auf dem Gerhart-Hauptmann-Platz startete man in den späten siebziger Jahren unseres Jahrhunderts nochmal den Versuch, die Literatur zu Markte zu tragen. Beim Literatrubel lasen die Dichter und Schriftsteller um die Wette. Doch dann wurde es immer mehr Trubel und irgendwann kam das Aus.

Das gelbe Haus am Gerhart-Hauptmann-Platz: Thalia Theater. Diese Schaubühne am Alstertor hat eine fast ebenso lange Tradition wie das Deutsche Schauspielhaus. Und fast ebenso lange kämpft sie gegen das eingefahrene Vorurteil, das zweite Theater am Platz zu sein. Häufig mit der heimlichen Genugtuung, dafür in der Publikumsgunst vorne zu liegen. Bei dem Vorurteil wirft die leichte Muse lange Schatten. Denn das Thalia Theater hat seinen Anfang im Tivoli, einem Vergnügungsetablissement, das es in den zwanziger Jahren des 19. Jahrhunderts am Besenbinderhof gab. Dort, wo der Dichter Brockes hundert Jahre vorher in seinem Garten spazierengegangen war. Chéri Maurice machte aus dem Tivoli ein Theater, in dem sich die bessere Gesellschaft Hamburgs vergnügte. So sollte es lange bleiben. Wobei später häufig übersehen wurde, daß Boy Gobert als Intendant in den siebziger Jahren zum Beispiel mit Uraufführungen von Harold Pinter und Rainer Werner Fassbinder durchaus mehr als nur Leichtgewichtiges auf dem Spielplan hatte und daß Jürgen Flimm, als er 1985 Goberts Nachfolge antrat, geradezu mit Inbrunst Klassikerpflege betrieb.

„Die ganze Welt ist Bühne / Und alle Fraun und Männer bloße Spieler. / Sie treten auf und gehen wieder ab, / Sein Leben lang spielt einer manche Rollen, / Durch sieben Akte hin …"[18], sagt der große Klassiker Shakespeare in der Komödie „Wie es Euch gefällt".

Zurück zu einer der schönsten Bühnen, die Hamburg hat, die Promenaden rund um die Binnenalster. Vom Ballindamm, der vor Seriosität fast stirbt, zurück zum Jungfernstieg. In Gedanken verloren an ein kleines Prosastück der Hamburger Autorin Eva-Maria Alves, eine „Nachtarbeit": „Alsterglacis. Schneeverzweifelt hat der Schwan mit seinem Bänderhals den Himmel zu halten versucht, der hinter Jacobi und Atlantic durchbrennen wollte im Winter.

Uns anschauend, die wir uns spiegeln gegangen waren schon wieder zum letzten Mal, hat der vom Tode betrunkene Vogel sich einen Knoten in den weißen Hals gedreht."[19]

Darüber hätten wir fast etwas Weltbewegendes vergessen. Am Ende des Ballindamms geht es links in die Bergstraße. Dort, im Haus Nr. 26, hatte einmal der Verlag Otto Meißners sein Domizil. 1867 unterschrieb hier Karl Marx einen Vertrag. Otto Meißners verlegte sein Buch „Das Kapital. Kritik der politischen Ökonomie".

Anmerkung zu den Karten:
Alle Routen enden an Stationen öffentlicher Verkehrsmittel.

27

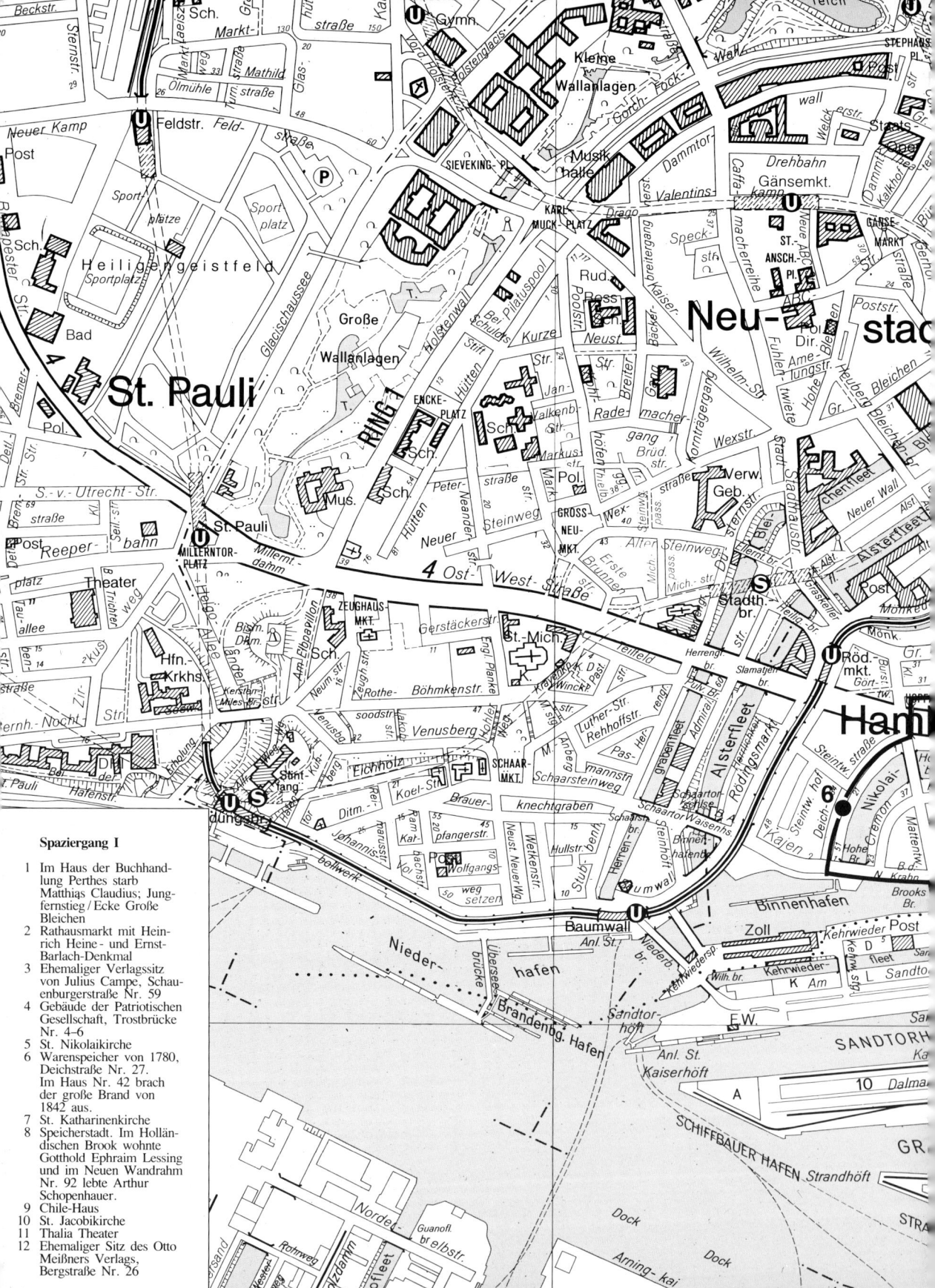

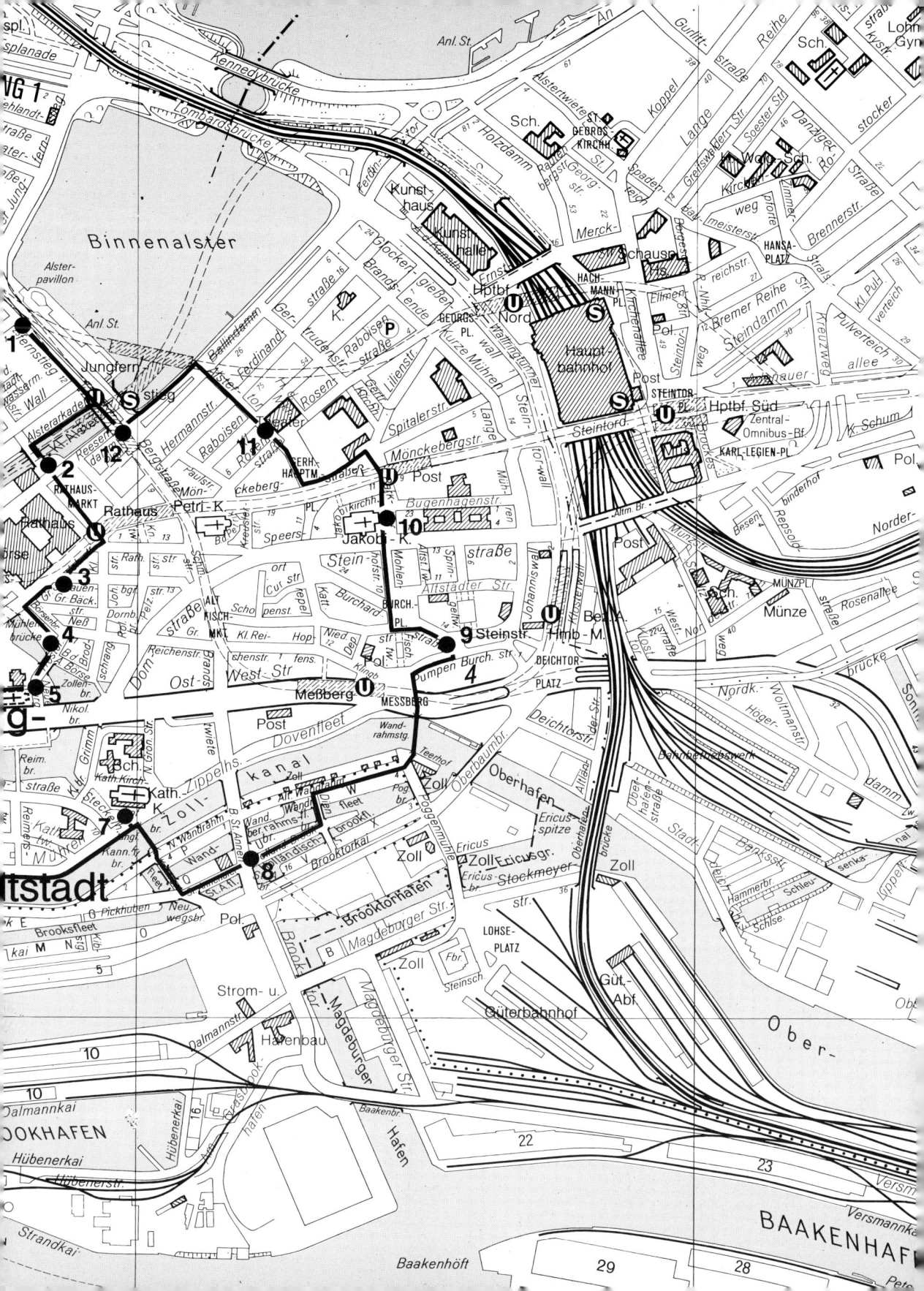

Dammtor

Gänsemarkt

•

Landungsbrücken

Begegnung mit: Friedrich von Schiller, Thomas Mann, Edgar Maass, Joachim Maass, Heinrich Heine, Hubert Fichte, Gotthold Ephraim Lessing, Friedrich Gottlieb Klopstock, Joachim Ringelnatz, Ernst Rowohlt, C.W. Ceram, Barthold Hinrich Brockes und vielen anderen.

Wer schnell geht, schafft diesen Spaziergang in 90 Minuten. So lange dauert ein Fußballspiel. Wer nicht nur seine Beine, sondern auch seine Augen und Gedanken spazierengehen läßt, erreicht die Landungsbrücken am Ende eines ausgedehnten Vormittags. Wer zum literarischen und sonstigen Bummeln hochbegabt ist, läßt die am Samstag morgen begonnene Tour sonntags in Herrgottsfrühe auf dem Fischmarkt enden.

Wer hätte das gedacht? Hamburgs erste große Plastik im öffentlichen Raum wurde zu Ehren eines Dichters errichtet. Während Goethe Mitte des 19. Jahrhunderts ziemlich unpopulär geworden war, wurde der hundertste Geburtstag Friedrich von Schillers am 10. November 1859 in Hamburg groß mit einem Festzug gefeiert. Kleine Porträts aus Marzipan warben für ein geplantes Denkmal. 1866 wurde die Gestalt des Dichters, überlebensgroß und aus Bronze gegossen, auf den Sockel gehoben. Das Denkmal steht in dem kleinen Park östlich der Fußgängerbrücke, die am Dammtorbahnhof beginnt. Wir lassen diese schönste Zugstation Hamburgs, die 1903 in elegantem Jugendstil aus Glas und Stahl errichtet wurde, hinter uns. In der Ferne erkennen wir die pompöse alte Oberpostdirektion, die 1886 an der Ecke Gorch-Fock-Wall / Dammtorstraße errichtet wurde. (Hier ist heute unter anderem ein Postmuseum untergebracht.) Auf dem Turm des Gebäudes balanciert auf einem Bein, wie ein schlankes Ausrufezeichen, Hermes, der Gott der Kaufleute, Diebe und Huren.
Über die Fußgängerbrücke und dann links geht es in die Dammtor-Anlagen zu Schiller. Die Enthüllung des Denkmals hatte vor der damals gerade neueröffneten Kunsthalle am Glockengießerwall stattgefunden.

Nach dem Zweiten Weltkrieg, als an der Kunsthalle aus Grünflächen Parkplätze geworden waren, und – wie der damalige Bundespräsident Theodor Heuss spitz bemerkt haben soll – Schiller in die Rolle eines Parkplatzwärters geraten schien, versetzte man den Dichter in den kleinen Park nördlich der Esplanade. Eine heimliche Idylle zwischen Hochhäusern und Bahngleisen.

Der heute grünspanüberzogene Schiller imponiert durch Herrscherpose. Standbein, Spielbein. Locker im Frack. Den Blick in die Weite gerichtet und die Rechte segnend ausgestreckt. Zu seinen Füßen vier griechisch gewandete Bronzemusen: die Dramatische Poesie mit Dolch in der Hand, die Lyrische Poesie mit der Leier, die Philosophie mit Feder und Buch, die Geschichte mit Schreibtafeln. Ist es nicht bemerkenswert? Die erste wetterfeste Huldigung der Hanseaten galt nicht einem Staatsmann und nicht einem Kaufmann, sondern einem Dichterfürsten!

Von anderer Ewigkeit ist das Haus in der Esplanade Nr. 37. Thomas Mann beschreibt es in seinem Roman „Der Zauberberg" als Domizil des Großvaters von Hans Castorp, in dem der verwaiste Hans für einige Zeit unterkommt: „... einem zu Anfang des abgelaufenen Jahrhunderts auf schmalem Grundstück im Stile des nordischen Klassizismus erbauten, in einer trüben Wetterfarbe gestrichenen Haus an der Esplanade, mit Halbsäulen zu beiden Seiten der Eingangstür, in der Mitte des um fünf Stufen aufgetreppten Erdgeschosses, und zwei Obergeschossen außer der Beletage, wo die Fenster bis zu den Fußböden hinuntergezogen und mit gegossenen Eisengittern versehen waren. Hier lagen ausschließlich Repräsentationsräume, eingerechnet das helle, mit Stuck verzierte Eßzimmer, dessen drei weinrot verhangene Fenster auf das rückwärtige Gärtchen blickten."[1]

Thomas Mann hatte das Gebäude aus der Zeit, als Hamburg nobel war, für seinen Roman passend gefunden. Heute ist die Fassade strahlendweiß gestrichen und die Eisengitter sind golden. Eine vom Denkmalschutzamt angebrachte Tafel informiert über die Vergangenheit: „Die Esplanade wurde als klassizistische Prachtstraße mit vier Lindenreihen 1827–1830 nach Entwürfen von Carl Ludwig Wimmel angelegt und einheitlich bebaut. Dafür wurde die ehemalige Stadtbefestigung, der Wallring, zwischen Dammtor und Alster, eingeebnet. Esplanade, die Bezeichnung für die freie, ebene Zone zwischen Stadt und Befestigung, wurde als Straßenname übernommen. Das Haus Nr. 37 ist das einzige erhaltene Gebäude der Nordseite, deren Fassadenreihe eine symmetrisch gegliederte Einheit mit betontem Mittelbau bildete."

Nebenan, Nr. 39, stand das Haus, in dem Heines vielgeliebte Schwester, Charlotte Embden, lebte. Heute hat hier die Evangelische Akademie ihren Sitz.

In der Esplanade Nr. 19 wohnte im Sommer 1844 Heinrich Heine selber. Er kam mit seiner Mathilde aus Paris. Es war seine letzte Hamburg-Reise. Mit zahlrei-

reichen Unterbrechungen hat der Dichter insgesamt sechs Jahre seines Lebens in der Hansestadt verbracht. Gelebt, geliebt und gelitten. Seine Familie war hierhin gezogen. Er hatte hier viele Freunde und Feinde und fand in Julius Campe seinen großen Verleger. Er hat die Stadt geliebt und gehaßt und ihr literarisch ein einmaliges Denkmal gesetzt. Viele Male nahm er von ihr Abschied und sehnte sich immer wieder nach ihr zurück.

Stellen wir uns am Ende der Esplanade ans grüne Ufer der Binnenalster, um deren Schönheit willen „man der Hansestadt manches verzeihen könne"[2], wie der Hamburger Schriftsteller Hans Erich Nossack meinte, oder auf die Stufen des HWWA-Instituts für Wirtschaftsforschung am Anfang des Neuen Jungfernstiegs und lesen Heines schönstes Abschiedsgedicht an Hamburg. Der Dichter hatte sich in seine Cousine Amalie verliebt, ohne auf Gegenliebe bei der schönen, spröden Verwandten zu stoßen. Außerdem war eine Textilfirma, die ihm der Onkel Salomon Heine eingerichtet hatte, pleite gegangen. Grund genug, schmerzlichen Abschied von Hamburg zu nehmen und in Bonn Jura zu studieren (1819).

Schöne Wiege meiner Leiden
Schöne Wiege meiner Leiden,
Schönes Grabmal meiner Ruh',
Schöne Stadt, wir müssen scheiden, –
Lebe wohl! ruf' ich dir zu.

Lebe wohl, du heil'ge Schwelle,
Wo da wandelt Liebchen traut;
Lebe wohl, du heil'ge Stelle,
Wo ich sie zuerst geschaut.

Hätt' ich dich doch nie gesehen,
Schöne Herzenskönigin!
Nimmer wär' es dann geschehen,
Daß ich jetzt so elend bin.

Nie wollt' ich dein Herze rühren,
Liebe hab' ich nie erfleht;
Nur ein stilles Leben führen,
Wollt' ich, wo dein Odem weht.

Doch du drängst mich selbst von hinnen,
Bittre Worte spricht dein Mund;
Wahnsinn wühlt in meinen Sinnen,
Und mein Herz ist krank und wund.

Hamburgs schönste Zugstation: der 1903 in elegantem Jugendstil aus Glas und Stahl errichtete Dammtorbahnhof. Von hier aus geht es zu Friedrich von Schiller. Der Dichter wurde 1866 in der Hansestadt mit der ersten großen Plastik im öffentlichen Raum geehrt, die heute in den Dammtor-Anlagen steht.

Am Ende der Esplanade geht der Blick auf Hamburgs „gute Stube", die Binnenalster. Der kleine Stausee entstand im 17. Jahrhundert, als Binnen- und Außenalster durch einen Festungsgürtel getrennt wurden. Schon vorher war der kleine Alsterfluß zum Betreiben der Stadtmühlen aufgestaut worden.

Und die Glieder matt und träge
Schlepp' ich fort am Wanderstab,
Bis mein müdes Haupt ich lege
Ferne in ein kühles Grab.[3]

Heine starb in der selbstgewählten Fremde Paris und ist auf dem Friedhof am Montmartre beerdigt.

Noch einmal Esplanade. Dort gingen die Schriftstellerbrüder Edgar und Joachim Maass zur Schule. 1896 und 1901 in Hamburg geboren, verließen sie die Stadt während der Nazizeit. Beide starben in den USA. In seinem Roman „Die unwiederbringliche Zeit" (1935) erinnert sich Joachim Maass an die Esplanade. Er beschreibt, wie es dort zuging, als er noch ein kleiner Junge war: „,Mama', rief er laut und hell und zeigte auf ein Haus mit halbhohen Milchglasscheiben in den unteren Fenstern und einem kleinen Treppenaufgang in der Mitte. ,Das ist die Schule!' Beide Brüder sahen auf das Haus, an dem sie vorbeifuhren, umtost von dem Großstadtverkehr, die Droschke fuhr mitten darin, zwischen klingelnden Straßenbahnen surrten elektrische Automobile ohne Kühler vorüber, Equipagen mit klackenden Pferdehufen und lackierte Kastenwagen strebten im Strom mit tretenden Radlern, und der ganze Strom ergoß sich mit einem Summen, darin es verhallt hupte, auf die breite, wimmelnd belebte Lombardsbrücke."[4]

Weiter geht der Weg. Über den Neuen Jungfernstieg. „Oder nie oder was" ist in roter Farbe an eine Mauer gesprayt. Wer Sinn dafür hat, kann auf dem Spaziergang ein ganzes Poesiealbum mit Mauersprüchen anonymer Graffitidichter füllen. Rechts „Der Übersee-Club" in dem noblen weißen Haus Nr. 19, das sich der Bankier Gottlieb Jenisch in der ersten Hälfte des vorigen Jahrhunderts als Stadtresidenz bauen ließ. Wie es sich damals lebte? Gehen wir ein Stück mit der schönen Lulubelle aus Edgar Maass' Roman „Das große Feuer", der die Zeit des furchtbaren Brandes von 1842 lebendig macht.

„Über den Neuen Jungfernstieg, unter den Linden, die eben ihre grünen Blättertüten entfalteten, ging Lulubelle. Sie kam aus der Drehbahn, wo sie mit ihrer Freundin Madeleine ein reizendes Chambre garnie bewohnte. Lulu lebte von den Männern, und sie verstand es, wenig zu geben und viel zu nehmen. Darum war sie in der Lebewelt allgemein beliebt; denn eine Festung zu belagern und zu stürmen, die allgemein für schwierig, wenn nicht für uneinnehmbar gehalten wurde, gab den Kavalieren jener Zeit den heißesten Ansporn, sich mit ihren Börsen und ihren Herzen in die kleinste und leider immer nur scheinbare Bresche zu werfen. Dies zumal bei einer Festung, die der entzückten Mitwelt so reizende Außenwerke darbot, wie Lulubelle es tat. Auch an diesem heiteren Maientag folgten ihr die Blicke der Elegants; und die Herren, die vor der Alsterhalle saßen und ein Gläschen Portwein tranken, verrenkten sich fast die Hälse, um die schöne

34

Lulu möglichst lange im Auge zu behalten. Ein Engländer mit wohlgepflegtem Backenbart, Mr. William Overholt, Baumwolle en gros, aus Manchester, nahm sogar seine schwarz bebänderte Lorgnette an die Augen; denn so etwas wie die schöne Lulu gab es in dem puritanischen Paradies der Freihändler nicht zu sehen.

Lulu trug ein Pelzjäckchen aus feinstem Zobel, das sie der Großmut eines russischen Fürsten verdankte, ebenso wie die roten Juchtenstiefel, die, hochgeschnürt, ein außerordentlich wohlgeformtes Bein bis zur halben Wade bedeckten. Den sich weit bauschenden beblümten Seidenrock hatte Lulu mit der zierlich behandschuhten Linken etwas gehoben. Die Spitzen der schneeweißen Unterröcke wurden eben sichtbar und verschwanden bei jedem Schritt, um gleich wieder zu erscheinen, wie der Wogenschaum eines leicht erregten Meeres. Die hohen Absätze der Stiefeletten klapperten lustig auf dem Pflaster. Überhaupt war die ganze Lulu sehr lustig. Ihre zarte, nicht sehr große Figur. Das Gesicht mit den ovalen Backen, die schwarzen Locken, die in langen Ringeln auf ihre Schultern niederfielen. Die schwarzen Augen, die sie etwas vergrößerte, indem sie sie leicht untermalte. Die langen Wimpern, welche die emporschwellenden Wangen leicht berührten, wenn sie die Augen schloß. Dies pflegte sie öfters zu tun; denn sie fand, daß es ihr stand. Und der Mund, der herzförmige Mund!

So klapperte Lulu auf hohen Hacken lustig dahin. Ein Wasserträger, der gerade daherkam, stellte ganz hingerissen seine beiden grünen Eimer auf das Pflaster und gaffte ihr mit aufgerissenem Munde nach."[5]

Apropos Wasser! Der Abstecher durch die Große Theaterstraße ist heute trockenen Fußes zu bewältigen. Früher war hier ein Kanal auf dem zahlreiche Lastkähne fuhren. Sie transportierten unter anderem Kalk aus Bad Segeberg zu einem Werk, das dort stand, wo sich heute die Oper befindet. Trockenen Hauptes auch durch die Colonnaden, deren 1877 gebaute Säulengänge den Fußgänger schützen.

Gut fürs Portemonnaie, daß wir literarisch spazierengehen und uns nicht auf Shopping-Tour befinden. Das könnte auf dem nächsten Kilometer sehr teuer werden. Wir bewegen uns durch die käufliche Noblesse der späten Jahre unseres Jahrhunderts. Das literarische Unterfutter dieser glänzenden, glitzernden Meile ist stark.

Heinrich Heine 1831: „Die Linden des Jungfernstiegs waren nur tote Bäume mit dürren Ästen, die sich gespenstisch im kalten Winde bewegten. Der Himmel war schneidend blau und dunkelte hastig. Es war Sonntag, fünf Uhr, die allgemeine Fütterungsstunde, und die Wagen rollten, Herren und Damen stiegen aus, mit einem gefrorenen Lächeln auf den hungrigen Lippen – entsetzlich! In diesem Augenblick durchschauerte mich die schreckliche Bemerkung, daß ein unergründlicher Blödsinn auf allen diesen Gesichtern lag und daß alle Menschen, die eben vorbeigingen, in einem wunderbaren Wahnwitz befangen schienen. Ich hatte sie schon vor zwölf Jahren, um dieselbe Stunde, mit denselben Mienen, wie die Puppen einer Rathausuhr, in derselben Bewegung gesehen, und sie hatten seitdem ununterbrochen in derselben Weise gerechnet, die Börse besucht, sich einander eingeladen, die Kinnbacken bewegt, ihre Trinkgelder bezahlt und wieder gerechnet: Zweimal zwei ist vier. Entsetzlich: rief ich, wenn einem von diesen Leuten, wenn er auf dem Kontorbock säße, plötzlich einfiele, daß zweimal zwei eigentlich fünf sei und daß er also sein ganzes Leben verrechnet und sein ganzes Leben in einem schauderhaften Irrtum vergeudet habe! Auf einmal aber ergriff mich selbst ein närrischer Wahnsinn, und als ich die vorüberwandelnden Menschen genauer betrachtete, kam es mir vor, als seien sie selber nichts anderes als Zahlen, als arabische Ziffern, und da ging eine krummfüßige Zwei neben einer fatalen Drei, ihrer schwangeren und vollbusigen Gemahlin; dahinter ging Herr Vier auf Krücken; einherwatschelnd kam eine fatale Fünf, rundbäuchig mit einem kleinen Köpfchen, dann kam eine wohlbekannte kleine Sechse und die noch wohlbekanntere böse Sieben – doch als ich die unglückliche Acht, wie sie vorüberschwankte, ganz genau betrachtete, erkannte ich den Assekuradeur, der sonst wie ein Pfingstochs geputzt ging, jetzt aber wie die magerste von Pharaos mageren Kühen aussah – blasse hohle Wangen, wie ein leerer Suppenteller, kaltrote Nase wie eine Winterrose, abgeschabter schwarzer Rock, der einen kümmerlich weißen Widerschein gab, ein Hut, worin Saturn mit der Sense einige Luftlöcher geschnitten, doch die Stiefel noch immer spiegelblank gewichst – und er schien nicht mehr daran zu denken, Heloisa und Minka als Frühstück und Abendbrot zu verzehren, er schien sich vielmehr nach einem Mittagessen von gewöhnlichem Rindfleisch zu sehnen. Unter den vorüberrollenden Nullen erkannte ich noch manchen alten Bekannten."[6]

So böse, so gut: Wir stehen vorm Heine-Haus, Jungfernstieg Nr. 34. Natürlich baute sich nicht der Dichter hier ein feines Dach überm Kopf, sondern sein Onkel, der Bankier Salomon Heine. Nach dem Hamburger Brand 1842 wollte der Senat den Bankier zum Ehrenbürger ernennen, weil er die Stadt so großzügig beim Wiederaufbau unterstützt hatte. Betreten stellte man fest, daß Salomon Heine nicht mal das Bürgerrecht besaß. Denn er war Jude.

Zwei Häuser weiter geht man heute im ehemaligen Streit's Hotel ins Kino. Noch einmal Edgar Maass' Bericht über den großen Brand: „Als es Abend wurde, sprengte man Streit's Hotel und mehrere andere große Häuser auf dem Jungfernstieg. Ein Mann fand dabei seinen Tod, ein anderer wurde schwer verwundet. Als man die Leiche des Gefallenen davontrug, johlte im Millionenklub über der Alsterhalle eine betrunkene Menge. Herr Giavanoly versuchte sein Lokal zu retten und spendete den Eindringlingen ein Faß Portwein. Aber das Gesindel zer-

Das Lessing-Denkmal wurde 1881 am Gänsemarkt, einem der prominentesten Plätze der Stadt, enthüllt. Hier hatte Lessing vom Mai 1767 bis Ende 1768 als Dramaturg am Hamburgischen Nationaltheater gewirkt. „Wer in dieser Stadt hätte bleiben können! Wer aus dieser Gesellschaft nur einen einzigen hier hätte", klagte der Dichter, als er von Hamburg nach Wolfenbüttel gezogen war.

schlug die Spiegel, riß die Polsterung der Möbel auf und zertrümmerte die kostbaren Kristalleuchter.

Draußen brannte die ganze Gebäudefront des Neuen Jungfernstiegs, die Möbelhaufen unter den Linden standen in Flammen wie Scheiterhaufen. Auf der Alster brannten Boote und treibendes Balkenwerk. So fürchterlich der Anblick war, die Prachtstraße der Stadt eine turmhohe Feuermauer, so atmeten die Menschen doch erleichtert auf, denn das Feuer hatte an dieser Seite sein natürliches Ende erreicht. Es stand vor der breiten Wasserfläche der Alster, und durch die letzten Sprengungen, denen die in der ganzen Welt berühmten Hotels zum Opfer fielen, war die Neustadt endgültig gerettet. "[7]

Das war 1842. Ein Jahr vorher hatte es vor Streit's Hotel eine Premiere gegeben, die uns auch heute noch etwas angeht. Zwei Männerchöre hatten Hoffmann von Fallerslebens neues Gedicht „Deutschland, Deutschland über alles …" zum besten gegeben, gesungen nach der Haydn-Melodie „Gott erhalte Franz den Kaiser". Niemand ahnte damals, daß dies einmal Deutschlands Nationalhymne werden sollte.

Mit einer Anekdote überbrücken wir die paar Schritte zum Gänsemarkt. Hamburgs verehrter Buchhändler Felix Jud hat sie Eckart Kleßmann erzählt, dem wir das Buch „Geschichte der Stadt Hamburg" (1981) verdanken.

Auf einer seiner Rezitationsreisen mal wieder in Hamburg gelandet, ging der Dichter Ringelnatz, der von sich behauptete, daß er ein bißchen schief ins Leben gebaut sei, mit Felix Jud über den Jungfernstieg. Als sie an einem Blumenstand vorbeikamen, schoß es Ringelnatz durch den Kopf, daß die Blumenfrau selber ja wohl noch nie einen Strauß erhalten hätte. Er ging zu ihr hin, ließ sich einen sündhaft teuren, traumhaft schönen Blumenstrauß binden und überreichte ihn der Frau. Und? Die Frau fühlte sich auf den Arm genommen und beschimpfte den armen Ringelnatz.

Gänsemarkt. Da thront Gotthold Ephraim Lessing gelassen im städtischen Dreieck des Platzes. Sein *literarisches* Denkmal hat der Platz woanders. Nämlich im Werk Hubert Fichtes. 1935 geboren, wuchs Fichte in Lokstedt, Julius-Vosseler-Straße Nr. 84, auf. Er war ein großer Spaziergänger und hat in seinen Romanen die Topographie der Stadt einmalig und wunderbar festgehalten. Sein Buch „Die Palette", erschienen 1968, gehört heute zum Gänsemarkt wie der Gänsemarkt zu dem ehemaligen Gammler-, Huren- und Strichjungenlokal „Die Palette". Die Gedenkminute für die Kneipe ist am Anfang der ABC-Straße an den Brunnensteinen vor dem neuen Nobelhotel abzuhalten. Hier ging es einmal zur „Palette", die in späteren Jahren „Why not" hieß, die Stufen runter. Heute ist alles piekfeines Milieu, Flanierpflaster für eine neue Generation von Dandies. „Tolle Geschäfte", sagt ein Beamter vom Hamburger Staatsarchiv (ABC-Straße Nr. 19A), „nur einkaufen kann man hier jetzt nicht mehr." Träne im Knopfloch ob des

Verlustes einer kleinen geliebten Schmuddelstraße und lustvoll das erste Kapitel von der „Palette" angelesen!

„Jäcki geht über den Gänsemarkt: Die Palette ist neunundachtzig bis hundert Schritte vom Gänsemarkt entfernt.

Zwischen der Koppelstraße in Lokstedt und dem Gänsemarkt gibt es die Haltestellen Stephansplatz, Dammtor, Staatsbibliothek, Rentzelstraße, Schlump, Schlankreye, Eppendorferweg, Heußweg, Methfesselstraße, Eidelstedterweg, Brehmweg – früher Löwenstraße; jetzt hält die Bahn auch am Radrennplatz, Kolonie Maiglöckchen, wo im Krieg die Flak stand.

Eine Station nach Koppelstraße-Endstation: Hagenbecks Tierpark. Die Straßenbahn braucht zwanzig Minuten.

Fünf Minuten zu Fuß von der Palette entfernt – das hängt von der Schrittlänge ab und von dem Verkehr an den Übergängen: Axel Springer, der Botanische Garten, Brockstedts Galerie. Wenn man langsam geht, weil man zuviel getrunken hat, wenn man nödelt, weil man jemanden überreden will, weil man wartet, daß einer nachkommt, weil man gammelt, nur so langsam geht, weil man jemanden beobachtet, braucht man fünf Minuten von der Palette bis zum Gänsemarkt.

Von der Palette aus erreicht man in einer Viertelstunde zu Fuß – mit der Bahn dauert es genauso lange, Warten und Kartenkaufen und so weiter gerechnet: den Hauptbahnhof, den Freihafen, Fürst, Starclub, die Universität, die Außenalster.

In einer Stunde ist man mit der Deux-Cheveaux an der Ostsee, am Falkensteiner Ufer mit der S-Bahn, im Sachsenwald mit der Vorortsbahn, mit der Straßenbahn und dann ein langes Stück zu Fuß – im Niendorfer Gehölz.

In zwei Tagen mit der Deux-Cheveaux oder auf Stop nach München, nach Paris, nach Stockholm – wenn man Glück hat."[8]

„Mit vier Jahren überquerte Jäcki den Gänsemarkt zum erstenmal in der Straßenbahn. Er hatte Flügel, gelbe Schnäbel, lange Hälse erwartet. Es gab die Lessingstatue nicht mehr, aber es gab das Lessingtheater und ein Stückchen weiter den Ufa-Palast. Jäcki war vom Jungfernstieg enttäuscht, denn er konnte keine besonderen Jungfern sehen, auch vom Adolf-Hitler-Platz war er enttäuscht. Adolf Hitler fehlte."[9]

Der Gänsemarkt als Nabel der Welt. Lessing sitzt heute wieder da. Drei Jahre seines Lebens (1767–1770) hat der große Dichter der Aufklärung in Hamburg verbracht. Er war Dramaturg am Theater am Gänsemarkt. Das Gebäude baute man später zu einem Mietshaus um. Zum hundertsten Todestag von Lessing, 1881, wurde der Grundstein zu seinem Denkmal gelegt. Fast wäre auch einmal die Hamburger Universität nach ihm benannt worden. Fast. Freuen wir uns immerhin über das Denkmal, das fast makellos ist. Fast. Denn auf der Schriftrolle zu Füßen des Dichters steht „Hamburger Dramaturgie", und es müßte heißen „Hamburgische Dramaturgie". Die große Arbeit des Rezensenten Lessing. Er hatte gehofft, damit ein deutsches Nationaltheater zu erstreiten. Aber diese Blütenträume erfüllten sich nicht. Dabei hatte Lessing hochgemut angefangen, weil er meinte, an seinem neuen Wirkungsort keine Neider zu haben. „Glücklich der Ort, wo diese Elenden den Ton nicht angeben, wo die größere Zahl wohlgesinnter Bürger sie in den Schranken der Ehrerbietung hält und nicht verstattet, daß das Bessere des Ganzen ein Raub ihrer Kabalen, und patriotische Absichten ein Vorwurf ihres spöttischen Aberwitzes werden: So glücklich sei Hamburg in allem, woran seinem Wohlstande und seiner Freiheit gelegen: denn es verdienet, so glücklich zu sein!"[10] Und an das Publikum gerichtet: „Es komme nur und sehe und höre, und prüfe und richte. Seine Stimme soll nie geringschätzig verhöret, sein Urteil soll nie ohne Unterwerfung vernommen werden!"[11]

Das erfolgreichste Stück zu Lessings Hamburger Zeiten war im Theater am Gänsemarkt sein dort uraufgeführtes Lustspiel „Minna von Barnhelm". Trotz der Bedenken, die der Zensor zunächst gegen das Auftreten eines preußischen Offiziers auf der Bühne hatte. Dem mutigen und mutwilligen, emanzipierten und vernünftigen Fräulein aus Sachsen mochte niemand widerstehen. Zuletzt auch der Major Tellheim nicht, dem sie nachreiste und einen Antrag machte, der noch heute imponiert: „Sie wissen, ich kam uneingeladen in die erste Gesellschaft, wo ich Sie zu finden glaubte. Ich kam blos Ihrentwegen. Ich kam in dem festen Vorsatze, Sie zu lieben – ich liebte Sie schon! – in dem festen Vorsatze, Sie zu besitzen, wenn ich Sie auch so schwarz und häßlich finden sollte, als den Mohr von Venedig. Sie sind so schwarz und häßlich nicht; auch so eifersüchtig werden Sie nicht seyn. Aber Tellheim, Tellheim. Sie haben doch noch viel ähnliches mit ihm! Oh, über die wilden, unbeugsamen Männer, die nur immer ihr stieres Auge auf das Gespenst der Ehre heften!, für alles andere Gefühl sich verhärten! – Hierher Ihr Auge! auf mich, Tellheim!"[12]

Fürwahr! Eine tolle Liebeserklärung!

Kurz nachdem Lessing Hamburg verlassen hatte, um Bibliothekar in Wolfenbüttel zu werden, verwirklichte Friedrich Ludwig Schröder (1744–1816) am Gänsemarkt das Theater, von dem der Dichter geträumt hatte. Der „aufgeklärte Despot" Schröder förderte die Dramen des Sturm und Drang und setzte Shakespeare auf der deutschen Bühne durch. Er selber war ein großer Shakespeare-Darsteller. Seine Lieblingsrolle: Hamlet. Zu lokalisieren ist Schröders Theater etwa da, wo heute der „Stadtbäcker" täglich Tausende kleiner Brötchen backt. „Klopfte er an die Tür, sagten die Freunde: ‚Lessing kommt.' Unverkennbar war die Gebärde, unverkennbar der Mann"[13], schreibt Wolfgang Drews in seiner temperamentvollen Monographie.

Lessing hat sich nach Hamburg zurückgesehnt. Denn er hatte in der Stadt viele Freunde. „Wer in dieser Stadt hätte bleiben können! Wer aus dieser Gesellschaft nur einen einzigen hier hätte", klagte er in einem Brief.

Folgende Doppelseite: Hanse-Viertel. Nach dem Kriege wohnte hier in den Ruinen der Broschek-Druckerei der Schriftsteller C.W. Ceram in zwei Telefonzellen. Eines Nachts traf er auf den Verleger Ernst Rowohlt, der 1949 Cerams ersten großen Bestseller nach dem Kriege veröffentlichte: „Götter, Gräber und Gelehrte."

Hamburg war in der zweiten Hälfte des 18. Jahrhunderts eine freie, reiche Stadt. Blütezeit der Literatur, wie sie sich so nie wiederholt hat. Lessing traf hier Herder und Klopstock, Claudius, Schröder und den großen Schauspieler Conrad Ekhof. Doktor Johann Albert Reimarus wurde sein Freund, und für die Schwester Elise Reimarus wurde er der verehrte Mentor.

Gehen wir durch die ABC-Straße. Nicht ohne Heinrich Heines zu gedenken, der hier einmal kurz gewohnt hat; genauso wie Karl Gutzkow (1811–1878): „In einer der düstersten Gassen, der ABC-Straße, wohnend, mußte ich am Tage Licht brennen, um schreiben zu können. Aber mein ‚Telegraph' blühte auf."[14] Gutzkows „Telegraph" war die bedeutendste literarische Zeitschrift des „Vormärz" zwischen 1815 und 1848. Wir kommen zur Poststraße Nr. 36: Klopstockhaus. Hier wohnte der Dichter bis zu seinem Tode im Jahr 1803 . Runde 33 Jahre hat Friedrich Gottlieb Klopstock in Hamburg gelebt. Seine „Messias"-Gesänge hatten ihn berühmt gemacht. Der Empfindsame, Herzgewaltige war ein Liebling bei den Teegesellschaften und Abendveranstaltungen des gehobenen hanseatischen Bildungsbürgertums. Solche Veranstaltungen waren manchmal nicht ohne Komik. Elise Reimarus, zum Beispiel, bemerkte, daß Klopstocks Empfindsamkeit manchem zuviel wurde: „... daher versteht Lessing auch Klopstock nicht allemal und schläft in einem Zirkel von Schöngeistern oft ein, während er bei uns bis Mitternacht von den trockensten Materien schwatzte, ohne müde zu werden, bloß weil echte Vernunft zugrunde lag."[15]

Aber man muß sich auch die Dichterverehrung vor Augen halten. „Ehe die Stunde des Geschäftes schlug, versammelten sich die Freunde, Voght, Hudtwalcker und Sieveking an den Ufern der Alster und Elbe und lasen sich Klopstocks Verse vor..."[16] Wer traut sich so heute noch? Höchstens der Schauspieler Ulrich Wildgruber, der seine Texte im Gehen memoriert und damit nicht selten andere Spaziergänger verschreckt. Schauen wir mutig auf die Klopstockbüste am Haus Nr. 36 und lesen wir in dem kleinen Gedichtband, den Peter Rühmkorf wahlverwandtschaftlich lobend zusammengestellt hat.

Die frühen Gräber
Willkommen, o silberner Mond,
Schöner, stiller Gefährt der Nacht!
Du entfliehst? Eile nicht, bleib, Gedankenfreund!
Sehet, er bleibt, das Gewölk wallte nur hin.

Des Mayes Erwachen ist nur
Schöner noch, wie die Sommernacht,
Wenn ihm Thau, hell wie Licht, aus der Locke träuft,
Und zu dem Hügel herauf röthlich er kömt.

Ihr Edleren, ach es bewächst
Eure Maale schon ernstes Moos!
O wie war glücklich ich, als ich noch mit euch
Sahe sich röthen den Tag, schimmern die Nacht.[17]

Langsam weiter. Vorbei an Haute Couture und Antiquitäten. Die Spuren der Dichter? Doch, sie sind da. In den Buchläden der Poststraße und (rechts abbiegen an dem schönen Gebäude der Alten Post, 1845–1847 von Alexis de Chateauneuf erbaut) in den Buchhandlungen der Großen Bleichen, Südostseite. Nr. 23 das Ohnsorg-Theater. Hier wird platt gesprochen. Und nebenan das Leserparadies der Zentrale der Öffentlichen Bücherhallen. Nicht zu vergessen die Musikbücherei. (Eine Ecke weiter, in den Hohen Bleichen, hatte der Komponist Georg Philipp Telemann sein Haus, der im 18. Jahrhundert das Hamburger Musikleben zur Blüte brachte.) 1899 gegründet, hat die Stadtbibliothek heute 58 Nebenstellen. 2.362.552 Bücher, Kassetten und Spiele; 9.509.000 Ausleihen pro Jahr. Die Stadtbibliotheken sind ein unvergleichliches literarisches Imperium für jedermann.

Im literarischen Rückblick sehen wir das Leben in der feinen Straße Große Bleichen vor 150 Jahren. Edgar Maass schreibt:

„Das Haus des Senators Kersten auf den Bleichen war hell erleuchtet. In allen Zimmern waren die grauleinenen Staubbeutel von den Kristalleuchtern gezogen, auf den Anrichten und Tischen brannten die gebleichten Wachskerzen. Ein schwerer Duft von Braten und Rotwein kam von der Kellertreppe in die oberen Räume. Die Frau Senator beugte sich über das Treppengeländer und rief hinab: ‚Liselotte, achten Sie darauf, daß die Küchentür immer geschlossen ist.‘

Der Senator saß im langen schwarzen Rock in seinem Zimmer und rechnete. Anscheinend war es eine angenehme Rechnung, denn sein für gewöhnlich sehr strenges und brummiges Gesicht legte sich in die Falten eines etwas spöttischen Lächelns. Der Senator stellte zu seiner großen Zufriedenheit fest, daß er zusammen mit seinem zukünftigen Schwager so ziemlich die ganzen Baumwollvorräte der Stadt in der Hand habe."[18]

Es war das Jahr 1842. Und wir wissen heute, daß die ganzen Baumwollvorräte der Stadt 24 Stunden später in Flammen aufgegangen waren. 101 Jahre später kam eine noch weitaus größere Katastrophe über die Stadt. Hamburg ging in einem Bombenangriff unter, der auf der Ecke Große Bleichen/Heuberg auch das Druckhaus von Broschek zerstörte. Heute ist hier die Rückseite des prächtigen Rotklinker-Hanse-Viertels mit goldenen Ziegeln geziert, und das „Ramada Renaissance Hotel" bietet an dieser Stelle seinen Gästen eine noble Herberge.

Kaum noch vorstellbar, daß sich 1946 der Schriftsteller C. W. Ceram in den

Blick von der Bleichen-
brücke. Das Kaufmanns-
haus (links) mit seinem
Innenhof ist eine
besonders geglückte
Gebäudeerneuerung. Es
wurde von 1976 bis
1978 modernisiert.
Rechts ist der Turm der
Alten Post zu sehen. In
dem 1845–1847 von
Alexis de Chateauneuf
errichteten Komplex
befinden sich heute
attraktive Geschäfts-
passagen.

Trümmern des Broschek-Hauses ein notdürftiges Domizil in zwei Telefonzellen einrichtete. Unter einem kaputten Dach mit dem Publizisten Hans Zehrer. Zu später Stunde saßen die beiden meist zusammen und diskutierten über „Die Welt". „Eines Abends tappten draußen schwere Schritte durch den Korridor. Ich sagte zu Zehrer: ‚Um Gottes Willen, da ist einer!' Zehrer sagte: ‚Ja, seit gestern wohnt oben in einer Dachkammer der alte Rowohlt.' Ich meinte: ‚Er wird sich den Hals brechen!' Zehrer: ‚Nee, der doch nicht.' (…) Am nächsten Abend – ich hatte auf dem Schwarzmarkt ein Pfund weißen Käse besorgt – wartete ich die tappenden Schritte im Korridor ab, und dann ging ich hinaus. Rowohlt erschrak zu Tode. Er hatte eine Kerze in der Hand und leuchtete mir ins Gesicht. ‚Wer zum Teufel sind Sie denn?' Ich sagte es und fügte hinzu: ‚Ich habe ein Pfund Weichkäse.' Rowohlt: ‚Meinen Sie Quark?' ‚Ja.' ‚Mensch, ich hab noch 'nen Kanten trocken Brot! Moment, ich komm runter!' ‚Bringen Sie 'nen Löffel mit, ich habe nur eine Gabel.' So saßen wir denn an einem wackligen Tisch, eine Kerze zwischen uns, vor uns in Zeitungspapier den Quark und aßen. Und erzählten und sprachen sofort von Literatur … und verbrauchten drei ganze Kerzen in dieser Nacht. (…) Und als wir uns verabschiedeten, sagte Rowohlt: ‚Hören Sie mal genau zu! Ich mach meinen Verlag wieder auf! Und Sie' – und dabei stieß er mir den Finger in die Brust – ‚Sie werden mein Lektor!'"[19]
Ernst Rowohlt hatte seinen Lektor gefunden, der dem Verlag wenig später den ersten großen Bestseller schrieb. Mitte November 1949 kam das Buch „Götter, Gräber und Gelehrte" heraus. Drei Tage vor Weihnachten waren die ersten 12.000 Exemplare verkauft.
Links in die Bleichenbrücke, übers Bleichenfleet. Die hinreißende hansestädtische Urbanität dieser Ecke soll uns nicht hindern, daran zu denken, daß hier früher einmal die Wäsche auf der Bleiche gelegen hat.
Neuer Wall. Im Haus Nr. 2 lebte 1924 der Dichter und Maler Hans Leip. Als Joachim Ringelnatz im Juli fünf Tage bei ihm wohnen durfte, bedankte er sich mit einem Gedicht im Gästebuch:

Letztes Wort an eine Spröde
Wie ich bettle und weine –
Es ist lächerlich.
Schließe deine Beine! –
Ich liebe dich.

Schließe deine Säume
Oben und unten am Rock.
Was ich von dir träume,
Träumt ein Bock.

Sage: Ich sei zu dreist,
Zieh ein beleidigtes Gesicht.
Was „Ich liebe dich" heißt,
Weiß ich nicht.

Zeige von deinen Beinen
Nur die Konturen kokett.
Gehe mit einem gemeinen,
Feschen Heiratsschwindler zu Bett.

Finde ich unten im Hafen
Heute ein hurendes Kind,
Will ich bei ihr schlafen;
Bis wir fertig sind.

Dann: – die Türe klinket
Leise auf und leise zu.
Und die Hure winket –
Glücklicher als du.[20]

Der Dichter war ein liebenswürdiger Vagabund und gern gesehener Gast. „In Hamburg wohnte Ringelnatz regelmäßig bei einem anderen Freund, dem Juwelier Carl M. H. Wilkens, genannt Muckelmann. (…) Er veranstaltete in seinen eigenen Räumen, Ecke Jungfernstieg und Neuer Wall, vor geladenen Gästen Ringelnatz-Vortragsabende, die infolge ihrer besonderen Atmosphäre … allen Beteiligten in schönster Erinnerung geblieben sind. Wenn Ringelnatz nach dem anstrengenden Auftreten im Kabarett müde war, ruhte er zwischendurch, wie auch sonst bei ähnlichen Gelegenheiten, in einen Teppich oder eine Decke gerollt, schlafend aus, um sich danach sofort wieder quicklebendig den Gästen zuzugesellen. Dieses Zwischendurch-Schlafen gelang ihm beneidenswerterweise wohl deshalb immer wieder, weil er es von der Seefahrtszeit her gewohnt war. (…) Um in dem originellen Erkerhaus ins Gästezimmer zu gelangen, mußte man über eine in einem leeren Kleiderschrank verborgene Leiter klettern, was bei nächtlicher Heimkehr nicht immer ganz einfach war."[21]

Neuer Wall Nr. 28. Da wohnte Heinrich Heine 1830 bei seiner Mutter. Aus der Ferne schrieb er ihr stets zärtliche Briefe, nannte sie „alte Gluck", „alte süße Katz" und „Du alt Mausel"[22]. Heines Mutter Betty ist auf dem Ohlsdorfer Friedhof beerdigt. Das Grab seines Vaters befindet sich auf dem Jüdischen Friedhof Altona.

Neuer Wall Nr. 86. Das Görtzsche Palais (erbaut 1701 bis 1711 für den

Holsteinisch-Gottorpschen Gesandten von Görtz) war von 1722 bis 1806 Sitz des kaiserlichen Gesandten aus Wien. Alt ist nur noch die Fassade. An das Haus knüpft sich eine schöne Geschichte über den Dichter und Ratsherrn Barthold Hinrich Brockes (1680–1747). Mit einem Poem becircte er 1721 in Wien den Kaiser, dessen Hamburger Gesandtschaftsgebäude von religiösen Rowdies zerstört worden war. Der kaiserliche Gesandte hielt Einzug im Görtzschen Palais, nachdem der Kaiser besänftigt war.

Besänftigt durch ein Gedicht, dessen Titel allein schon ein Herrscherherz zum Schmelzen bringen kann: „Die auf des Aller-Durchleuchtigsten Erz-Hauses Österreich angestammte Gnade allein sich verlassende, und in solcher Zuversicht ihr und der Welt Glück abermals vorhersehende HAMMONIA Sr. Kaiserl. Majestät, bey Versendung des Herrn Verfassers nach Wien, im Jahr 1721, überreichet." Und dann der Gedichtanfang!

Monarch, Den der Monarch gestirnter Himmels Höhen
Der Christenheit zum Schutz, zum Heil der Welt, ersehen.
Monarch, Dem Meer und Land, Dem Ost und West gehört,
Und der, wie viel Er hat, noch eines mehrern wehrt;
Dein Hamburg lieget hier in uns zu Deinen Füßen,
Das, was es teils gethan, teils nicht gethan, zu büßen.
Die treue Stadt verfluch't des Pöbels blinde Wut,
Vermaledeyt die That. Es wallt ihr ängstlichs Blut,
Es klopft das bange Herz, wann sie daran gedenket,
Wie ein verworfner Schwarm die Majestät gekränket.[23]

In sehr anderem Ton berichtet 40 Jahre später aus Hamburg Johann Heinrich Wilhelm Tischbein, der in Rom einmal Goethes Maler und Freund werden sollte. Tischbein kam 1766 mit 15 Jahren bei einem Bilderhändler in der Hansestadt unter. Die Mutter in Hessen hatte ihm mit auf den Weg gegeben, daß er bei fremden Leuten ihren Hunden schmeicheln und mit den Kindern spielen solle, um sich die Menschen geneigt zu machen. Tischbein wurde später ein berühmter Porträtmaler. Wie in Hamburg alles anfing, schreibt er in „Aus meinem Leben": „Nun fing ich auch an, mich im Porträtmalen zu üben, und ein Bild, welches ich nach einem Manne aus Scherz gemacht hatte, wurde wegen seiner Ähnlichkeit gelobt; doch ich war mir nicht bewußt, daß ich ein Porträt so ähnlich machen könnte, wenn ich es wollte; ich glaubte, es sei nur von ungefähr geraten. Einst stand ich in der Haustür, als eben ein junger Kaufmannsdiener hereintrat und fragte: ‚Wohnt hier ein Bildermacher?' ‚Ja', sagte ich, ‚und auch ein Bilderhändler.' ‚Das ist mir gesagt worden; aber ich meine, ob er auch abnimmt, daß das Bild dem Gesichte ähnlich ist, welches er abnimmt?' ‚Sie fragen nach einem

Von der Plattform des Michel-Turms (1777) über Hamburg zu schauen, sollte sich jeder Besucher der Hansestadt gönnen. Der Bach-Sohn Carl Philipp Emanuel war von 1767-1788 am Michel Musikdirektor. Matthias Claudius schrieb über eines seiner Konzerte: „Die erste Hälfte der Musik war von ihm selbst, sie war aber zu schwach besetzt, in der großen Kirche Dienste zu tun, und daher konnte man nur aus dem Maulzucken einiger Menschen, die vorne an stunden, und aus abgebrochenen, verlorenen Lauten erfahren, daß gesungen ward ...“

Porträtmaler?' ‚Ganz recht', versetzte er, ‚und kann ich den sprechen?' ‚Der bin ich selbst', erwiderte ich. ‚Nun denn, ich möchte mein Gesicht abgenommen haben, daß es ähnlich sei und jedermann es erkenne.'
Ich entschloß mich gleich. Der morgende Tag wurde zur Sitzung bestimmt. Ich malte ihn und jedermann erkannte ihn. Auch ein alter Kenner sah es, lobte es und meinte, wenn der junge Maler erst so viel bei der Arbeit gesessen hätte, daß seine roten Backen die Farbe von einem Heringe bekämen, der einige Jahre im Rauche gehangen, dann könne etwas aus ihm werden; denn *in* ihm liege es. Dies ließ ich mir nicht umsonst gesagt sein. Das Porträt war fertig und der junge Mensch sehr damit zufrieden. Ich schämte mich, einen Dukaten dafür zu fordern; aber den legte er mir gleich auf den Tisch und noch zwei daneben, wenn ich ihm ein schönes Mädchen malen wolle, das seine Geliebte sei; für die wäre sein Porträt bestimmt und nun wünsche er auch das ihrige zu haben, weil er wegreise und es gern mitnehmen wolle.“[24]
Vorbei an dem einzigen Standbild für einen Hamburger Bürgermeister. 1892 gestorben, wurde dem Verfassungsreformer Carl Friedrich Petersen noch im selben Jahr ein Denkmal errichtet.
Wir überqueren die Stadthausbrücke. In der Ferne sehen wir die kleine und die große Michaeliskirche. Über die Ellerntorsbrücke in den Alten Steinweg. Am Jazzkeller „Cotton-Club“ vorbei in die Steinweg-Passage. (Das „Eiseckchen“ dort ist kein verkehrt geschriebenes „Ei-Säckchen“, sondern ein ‚Eis-Eckchen“.) Etwas Stadtgeschichte an der Brüderstraße: Seit dem 17. Jahrhundert entstanden in der Neustadt ausgedehnte Wohnviertel, in denen später vor allem städtische Unterschichten lebten. Mitten durch dieses Gängeviertel brachen die Brüder Wex 1867 zwei Straßen. Erste Sanierung in der Innenstadt. In den siebziger Jahren dieses Jahrhunderts erfolgte der Aufbruch in die zweite Sanierung dieses in klassizistischer Manier erbauten Viertels.
Durch den „Halbmond“ Brüderstraße, wo im „Toulouse-Lautrec-Institut“ Ende der sechziger Jahre die schönen Zeiten der ersten Hamburger Kinotage im „Abaton“ angeschoben wurden, zum Großneumarkt. Auf der Ecke, im Keller der damaligen „Buhbes Weinstuben“, belebte der Missingsch-Poet Dirks Paulun Anfang der siebziger Jahre das alte Hamburger Bohemien-Brettl, „Die Wendeltreppe“. Er stand auf der Bühne wie ein elegantes Schilfrohr im Winde. Und nur wenige wußten, daß es unter seinen Füßen noch einen Keller gab, in dem in der Quelle der Thielbek das Bier kühl gehalten wurde.
Wir wenden uns gen Osten zur Kleinen St. Michaeliskirche. Weiter geht es in die Michaelisstraße. Im Haus Nr. 10 wurde am 3. Oktober 1889 der Journalist Carl von Ossietzky geboren, nach dem heute die Hamburger Staatsbibliothek benannt ist. (Siehe auch Spaziergang IV, Seite 84.)
Sprung über die Ost-West-Straße! Am Krayenkamp, im Schatten des Michel, wo

in alten Zeiten ein Landhaus mit Lustgarten stand, ist mit den Krameramtsstuben heute die letzte erhaltene Hofbebauung des 17. Jahrhunderts in Hamburg anzusehen. In den ehemaligen Zimmerchen der Witwen der Gewürzkrämer gibt es heute Bücher und Wein, Bilder und Kuchen und – im Schatten der größten Hamburger Kirche – das kleinste Museum der Stadt. An der Nordseite des Michaelisturms steht, 1912 in Bronze gegossen, der Bibelübersetzer Dr. Martin Luther. Ein Sprachgewaltiger sondergleichen. Er schaut durchaus nicht auf den gegenüberliegenden „Old Commercial Room" an der Englischen Planke, wo der wunderbare Erzähler, Illustrator und Schriftsteller Wilhelm M. Busch seinen Stammtisch hatte. (Siehe Spaziergang VIII, Seite 180 f.)

In der Krypta der Michaeliskirche befindet sich das Grab des Hamburger Lustspieldichters, Buchhalters und Kaufmanns Hinrich Borkenstein (1705–1777). Er ist der Vater von Susette Gontard, der geliebten „Diotima" Friedrich Hölderlins. Sein Todesjahr war für die prächtige Barockkirche ein historisches Datum. 1777 begann der Baumeister Ernst Georg Sonnin mit den Arbeiten am Michaelisturm, der zum Wahrzeichen Hamburgs wurde. (Die Kirche war von 1751–1762 errichtet worden.)

Ebenfalls in der Krypta ist das Grab von Carl Philipp Emanuel Bach (1714–1788), der 1767 Kirchenmusikdirektor von Hamburg wurde; als Nachfolger seines Patenonkels Georg Philipp Telemann (1681–1767).

Der Bach-Sohn, zweiter von zwanzig Kindern des großen Johann Sebastian, war zu Zeiten berühmter als sein Vater. Im goldenen Programmheft zur Feier seines 200. Todesjahres findet sich ein köstlicher Brief, den Matthias Claudius 1768 über Bach schrieb: „Da Ihnen alles, was Bachen angehet, wichtig ist, warum sollte ich denn nicht lang und gut erzählen, daß ich ihn vorigen Sonntag Nachmittag eine Musik in der neuen Michaelis-Kirche habe aufführen sehen und hören. Die erste Hälfte der Musik war von ihm selbst, sie war aber zu schwach besetzt, in der großen Kirche Dienste zu tun, und daher konnte man nur aus dem Maulzucken einiger Menschen, die vorne an stunden, und aus abgebrochenen, verlorenen Lauten erfahren, daß gesungen ward …"[25]

Über den Hohlen Weg, am Venusberg vorbei, zum Schaarmarkt, wo gewaltig die neue Journalistenherberge des Verlags Gruner + Jahr in den Himmel wächst. In die Ditmar-Koel-Straße, durch die Reimarusstraße, benannt nach dem Freund von Lessing, in Richtung Landungsbrücken. Joachim Maass hat den Gang, wie er ihn aus der Zeit vor dem Ersten Weltkrieg erinnerte, aufgeschrieben: „… hinter den Schaufenstern lagen in der fühlbar gefangenen Glut die rot und grün verglasten Messinglaternen, die Anker mit den gehobenen Armen, Kompasse und große Rollen geteerten Taus, hinter anderen apfelgroße Mumienköpfe von Ucayali, Flaschenschiffchen, gehörnte Dämonenmasken und Bündel haarschopfgezierter Speere aus dem Inneren Afrikas, und quer über das Fenster war in weißen Buchstaben ungeschickt gemalt ‚Hankerdahls Curiositäten‘; vom Flimmern angebrütet standen die alten Giebelhäuser, jedes zweite enthielt Kneipe und Herberge, Coney Island, Terje Wiecken und Old Cap Hoorn...“[26]

Ein anderer literarischer Spaziergänger war der Schriftsteller Franz Fühmann, der in den fünfziger Jahren aus der DDR zu einem Besuch nach Hamburg gekommen war: „Ich wandere langsam, in Gedanken, Stunde um Stunde durch Hamburg, dem Hafen zu. Es nieselt, der Himmel ist grau, der Asphalt glänzt, ein Wetter, wie ich es mag. Ich wandere durch diese Arbeiterstadt, und sie scheint mir eine einzige grandiose Symphonie von Grau zu sein, eine Symphonie mitreißenden Arbeitsschwunges. Rauchfahnen ziehen, Züge rattern vorbei, die Gleise glitzern, und aus den Schächten der U-Bahn quillt der maßlose Strom der Menschen, die Trottoire überschwemmend und sich unter den gewaltigen Quadern der Brücken verlierend. Lichter flimmern; unzählige Nuancen Grau, vom Silber bis zum satten Schwarz, fließen ineinander; schwer stehen die Massive der Bahnhöfe und Fabriken vor dem Himmel, der im Abendrot brennt. Scharen von Schutzleuten zerhacken den endlos grauen Strom des Verkehrs; Hupen und Martinshörner gellen; wir treiben im Strom hinunter zum Hafen, zu Hamburgs Herz. Das stumpfgraue kalte Wasser klatscht ewig, Welle um Welle, an die Brücken und Pfeiler; die Graumöven kreischen; in der Luft zittert Ruß; lautlos gleiten die riesigen Schiffsleiber, und von den Werften sprühn violette Funken. Sirenen schreien, Niethämmer dröhnen, die Luft kracht und klirrt, Schiffsrümpfe schwappen ins Wasser, und die 90 Schiffe, die hier, erstes Zeichen der Krise, tot liegen, sind nicht erkennbar. Lastwagen rattern vorbei, die Krane schwenken ihre Arme, die Schätze aller Herren Länder stapeln sich hier zu Hauf, und der Rauch und der Nebel und der Regen verhängen die Ferne...“[27]

180 Jahre zurück. Im Juni 1778 machte der große kleine Philosoph aus Göttingen, Georg Christoph Lichtenberg, einen Besuch in Hamburg. Er kam in Begleitung des Verlegers Dieterich. Über die Landung in der Hansestadt schrieb er an Frau Christiane Dieterich nach Göttingen:

„Werteste Madam,

Glücklich, lustig, obgleich unter ein paarmal hunderttausend Ohrfeigen in ein Gesicht, das wir aber niemanden zu zeigen brauchen, sind wir diesen Morgen um halb 4 Uhr in Harburg und um 12 des Mittags in Hamburg glücklich angelangt. Weil uns die Ebbe übereilte, so konnten wir nicht stracks nach Hamburg hinein wandern, sondern wir mußten bis Altona hinunter segeln, da wir denn diese niedliche Stadt ganz von außen beleuchteten, hierauf trieb uns die Flut wieder herauf nach Hamburg durch eine unzählige Menge von Schiffen, worunter einige lagen, die eben vom Walfischfang zurückgekehrt waren und da lagen wie Kirchen. Der Anblick ist und bleibt unbeschreiblich, und ein schönes Mädchen mit ihrem Kopfzeug, das eben vom Herzenfang zurückkehrt, ist nur eine Klei-

An den Landungs-
brücken gehen die
Hafenrundfahrten los.
Die Wasserseite mit
Schleppern, Schuten und
Barkassen ist das eine,
das andere ist der Blick
auf den Hang mit
dem Hydrographischen
Institut und dem
Tropenkrankenhaus.
„Stellen Sie sich doch
einmal auf die
Landungsbrücken. Nicht
wegen des bleigrauen
Wassers und der Schiffe
… Auch nicht wegen
der Helgenaufbauten auf
der anderen Seite und
nicht wegen des
Mennigrots, der in den
Werften aufgedockten
Dampfer …
Aber die Luft darüber,
die Atmosphäre, die
zarten Aquarellfarben
und die sanft streicheln-
den Schatten, das wagt
man doch kaum zu
träumen.“
(Hans Erich Nossack)

nigkeit dagegen. Nun logieren wir in der Kramer-Compagnie, einem ganz netten Wirtshause, und Dieterich befindet sich wohl und fett, ißt Fische, wie ein Raubfisch, und ist ein herrlicher Kerl. In Hamburg hat man noch den einfältigen Brauch, auf Pfingsten fromm zu tun, deswegen ist heute keine Komödie, morgen keine, übermorgen auch nicht, auch künftigen Dienstag nicht, also erst künftigen Mittewochen werden wir Mamsell Ackermann trippeln sehen, wo uns denn der Himmel beistehen wird. Hier vor unserem Hause ist ein Lärm, daß ich wahrhaftig nicht höre was ich schreibe. Vielleicht gehen wir schon morgen nach der See, wenn wir ein Schiff kriegen, und während Sie den Herren der Erde anbeten, so wollen wir den Herren verehren, dem Wind und Wellen gehorchen müssen. Empfehlen Sie mich dem lieben Töchtergen und Kindern recht herzlich und sagen Sie, daß wir mehr häßliche als schöne Kinder gesehen hätten. Wenn Sie doch diesen Morgen hätten können bei uns sein, gerechter Gott, was ist Wiederholts Haus gegen ein dreimastiges Schiff. Der Anblick stärkt bis in die Wurzel der Seele.“[28]

Das Finale spricht ein Engel. Brückenschlag auch zwischen dem Anfang des Spaziergangs und dem Ende.

Aus einem Nachtgespräch mit einem Engel auf der Lombardsbrücke, der an einem der schönen Kandelaber lehnt und auf das Wasser der Binnenalster blickt, in dem die Lichter des Jungfernstiegs tanzen: „Stellen Sie sich doch einmal auf die Landungsbrücken. Nicht wegen des bleigrünen Wassers und der Schiffe, die ein- und ausfahren, das sind Selbstverständlichkeiten. Auch nicht wegen der Helgenaufbauten auf der anderen Seite und nicht wegen des Mennigrots der in den Werften aufgedockten Dampfer, das kann man sich auch in Reiseprospekten ansehen. Aber die Luft darüber, die Atmosphäre, die zarten Aquarellfarben und die sanft streichelnden Schatten, das wagt man doch kaum zu träumen.“[29]

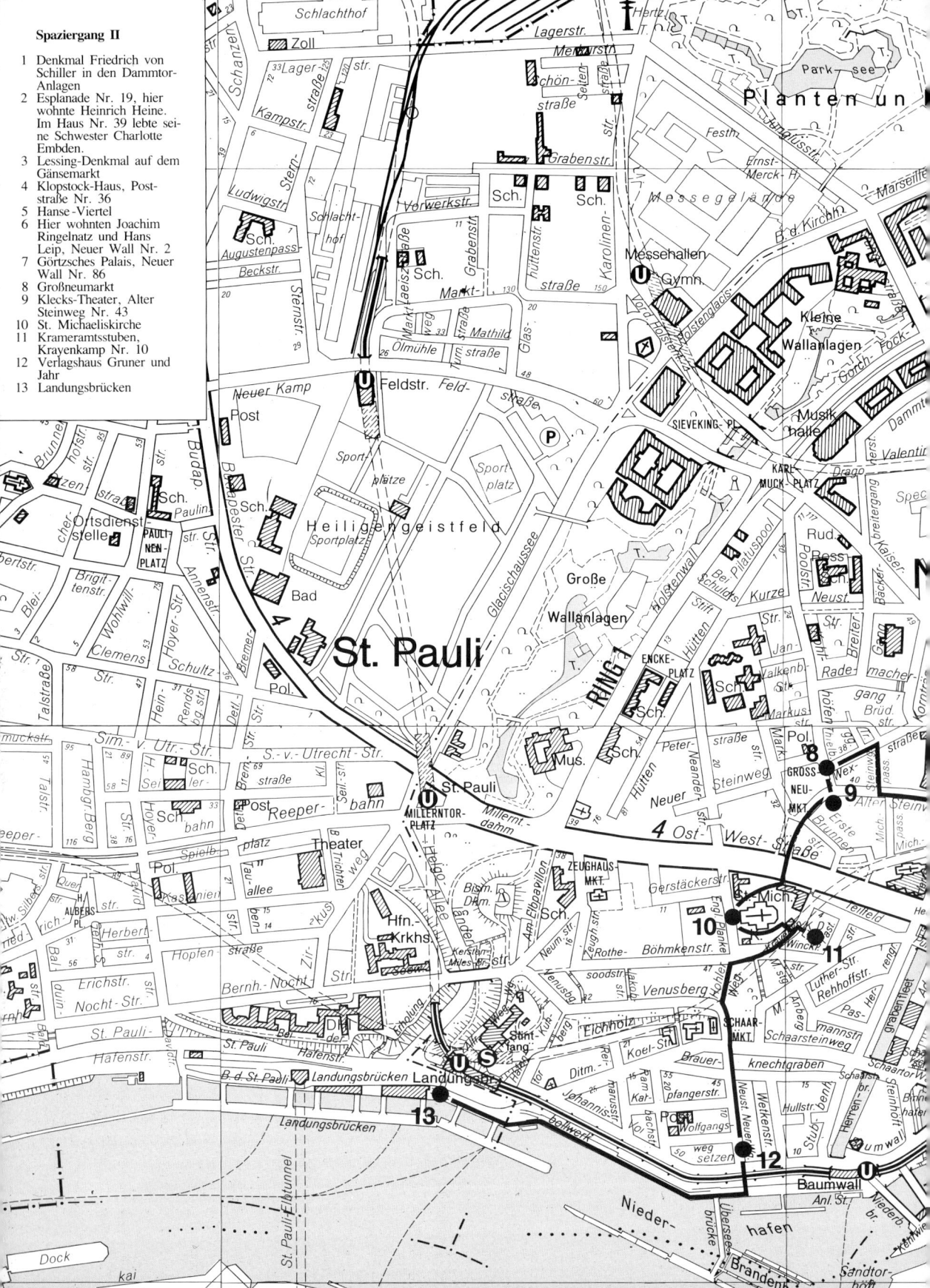

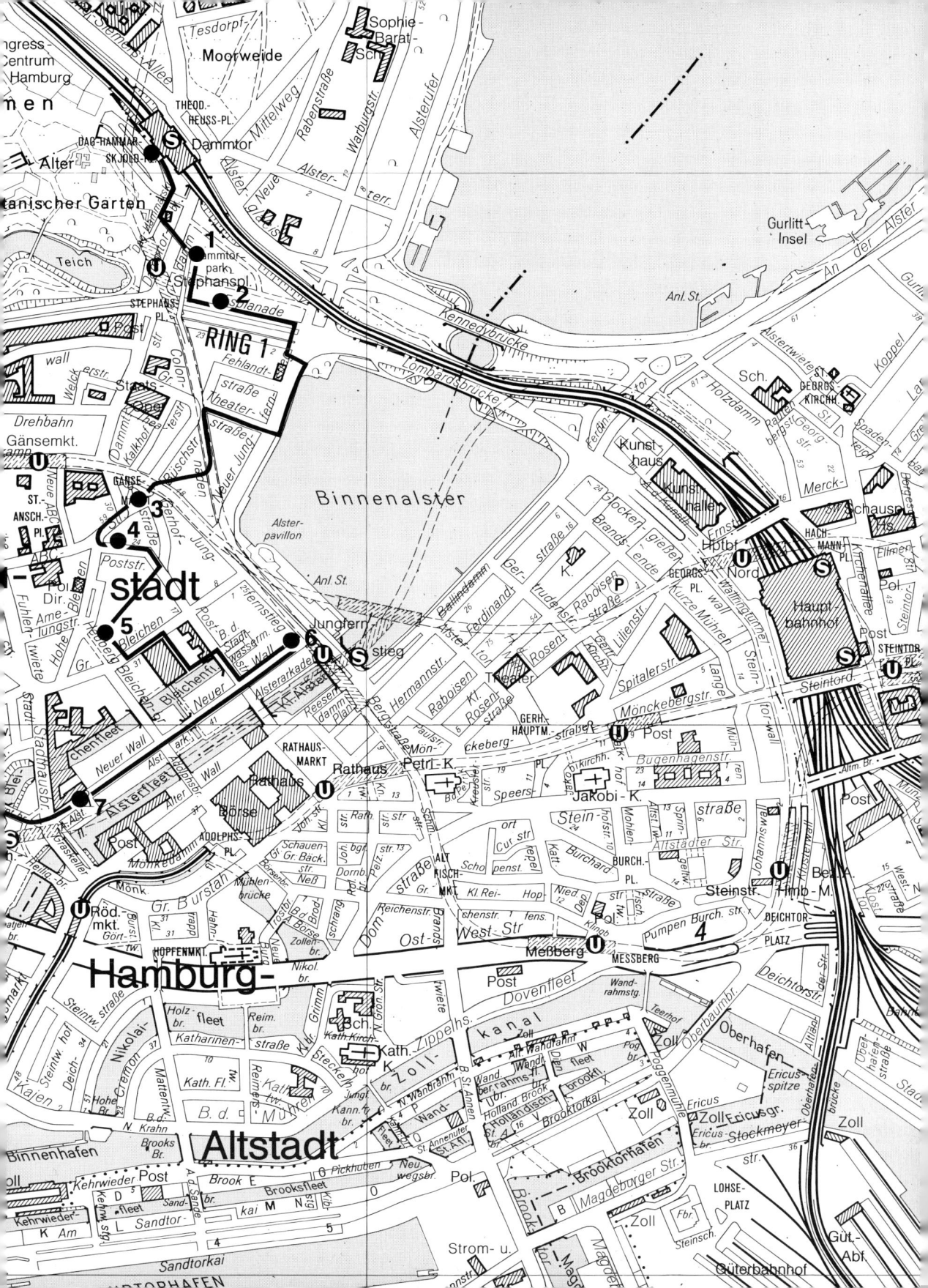

Pöseldorf
●
Harvestehude
●
Eppendorf

Begegnung mit: Helmut Heißenbüttel, Hans Leip, Martin Beheim-Schwarzbach, Peter Greiner, Geno Hartlaub, Friedrich von Hagedorn, Eckart Kleßmann, Rudolf G. Binding, Hans Erich Nossack, August Bebel, Wolfgang Borchert, Walter Jens und vielen anderen.

Wir laufen gegen den Strom der schönen grauen Alster. Von Süden nach Norden. Vom linken auf das rechte Ufer pendelnd und wieder zurück. Wasser und Villen, Gärten und Galerien. Straßenzüge, die dezent die Wohlhabenheit ihrer Anwohner preisgeben. Stille Ufer, wie es sie so verwunschen in keiner anderen Großstadt der Erde gibt. Ein Spaziergang durch eine unvergleichlich attraktive Stadtlandschaft am Fluß. Er dauert ungefähr 90 Minuten. Doch wer sich der Poesie ganz ergibt, kann hier ohne Mühe ein Leben lang immer wieder mit Lust wandern. Jedesmal ist der Himmel anders.

„Langsam vorsichtig reglos treiben die Unbekannten ans Ufer. Eine Flottille von fünf gerade gestreckten Schwanenhälsen. Ich sah sie fliegen: dunkel schwer nahe am Wasser. Ecke Hallerstraße und Rothenbaumchaussee: Astragaststätte, Tabakladen, Bäckerladen, Zeitungsstand, Mode, Blumen. Normaluhr. Große Pappel. Bücherstube Greta Stolterfoht. Litfaßsäule mit Attikareklame: ein Paar, Zigarettenschachtel, Zigarette; Spritereklame (Cappireklame, Tom-Jones-Reklame, Erlaubt ist was Spaß macht: Mädchenkopf, Pinsel im Mund, Pinsel grün). Bus vom Mittelweg Richtung Altona: rot mit gelbem Oberteil."[1]
Helmut Heißenbüttel, der hier oft gegangen ist, hat den Anfang des Spazierwegs Ende der sechziger Jahre mit diesen Sätzen beschrieben. Vor dem Sprung in die seitdem mächtig veränderte Gegenwart von Pöseldorf lohnen sich – zumindest in Gedanken – ein paar Abstecher zu einigen feinen literarischen Adressen, die nicht direkt am Weg liegen. Ruhig ist es rund um die rote Backsteinkirche von St. Johannis, deren über hundert Jahre alte Türmchen filigran in den Himmel ragen. St. Johannis, Rotherbaum, Turmweg. Das muß dazugesagt werden. Denn

in Hamburg gibt es fünf Kirchen, die den Namen des Apostels Johannis tragen. An St. Johannis, Rotherbaum, also läßt sich gut abschweifen in die Vergangenheit, als die Stadt noch am Dammtor zuende war. Wie es dort zu Beginn des 19. Jahrhunderts aussah, beschreibt Hans Leip, als er den Spuren des Dichters Klopstock nachging:

„Die letzten Jahre seines Lebens wohnte Klopstock sommers in einem bescheidenen Gartenhause vorm Dammtor. Später wurde eine Straße danach genannt, heute ist, der Zeit entsprechend, der Name eines Bankiers an die Stelle des Dichters gerückt, zumal es im eingemeindeten Ottensen vor seinem Grabe sowieso schon eine Klopstockstraße gibt.

Ein paar dürftige Ulmen, eine magere Gänsewiese und am Horizont dort, wo die Sonne zur Rüste ging, die aufstrebenden Bäume eines neu angelegten Friedhofes, das war die Landschaft vorm Hause. Nach hinten aber war ein Gärtchen mit drei honigduftenden Linden und einer Koselaube, und man erblickte den Alstersee ,hell und reinlich'.

Allmorgendlich pflegte der berühmte Mann zu guter Verdauung auszureiten. Wenn das Wetter es litt, ritt er durch Stadt und Steintor, unter den Bäumen der Großen Allee, am Strohhaus vorbei, durchs Berliner Tor, übers Borgfeld nach Hamm, wo reichere Gärten als der seine prangten und eine Freundin, die verarmte Verwandte eines dieser Gartenbesitzer, die Schriftstellerin Caroline Rudolphi, eine Mädchenschule aufgemacht hatte.

Dort im Grünen umringten ihn die Töchter wohlhabender Väter und hörten ehrfürchtig zu, wie er ihnen seine neuesten Oden mehr flüsterte als sprach."[2]

An der heutigen Warburgstraße also hatte der Dichter sein Sommerhaus. 150 Jahre später wohnte in derselben Straße im Haus Nr. 33 – aber auch das Gebäude steht nicht mehr – der Zeichner Horst Janssen, dessen Wörterwerk heute beachtlichen Umfang hat.

In „Hinkepott. Autobiographische Hüpferei" schreibt Janssen später über die Zeit in der Warburgstraße:

»Es scheint in der Jugend eine Zeit der Zäsur zu geben: eine Phase zwanghafter Selbstzerstörung. Wir trieben das Spiel der Gewalt und der Gefahr ja auch gegen uns selbst, OHNE Andere in Mitleidenschaft zu ziehen. Wir gingen winters aufs Eis der Außenalster, wenn die Chancen 90 zu 10 gegen uns standen: wir balancierten hoch über den Straßen auf Gesimsen herum, wo nur Katzen gelegentlich rumspazieren. Wir fuhren mit der Eisenbahn, indem wir zwischen den Waggons auf den Puffern hockten und wir mischten uns in den Schnaps irgendwelche Tabletten, um einen Spezialrausch zu kreieren. Wir schlugen uns, wir liebten uns und wir weinten zusammen, und wir überlegten zusammen, wie's wäre, wenn wir uns zu Sylvester eine Manschette aus Kanonenschlägen um das Handgelenk bänden und dann zünden würden. Zukunft – Karriere – gesellschaftliche Ziele

Folgende Doppelseite: An der Außenalster: „Langsam, vorsichtig, reglos treiben die Unbekannten ans Ufer. Eine Flottille von fünf gerade gestreckten Schwanenhälsen ..." (Helmut Heißenbüttel) Vom West- zum Ostufer mißt die Außenalster etwa einen Kilometer. Wer den fast drei Kilometer langen „See" umrundet, läuft durch eine Grünanlage ohnegleichen.

– das alles war uns leeres Nichts. Wir hatten keinerlei Sehnsucht oder Bedürfnis, außer – UNS ZU FÜHLEN. … Wir hatten im Hirn eine grenzenlose Freiheit, gewaltig und drohend, und wir hatten vor dieser Bedrohung Angst. Und wir parierten diese Drohung durch Gegendrohung: wir drohten uns mit Selbstzerstörung. Insofern waren wir auf Balance aus!!"[3]

Noch ein Abstecher. In die Heimhuder Straße Nr. 55. Dort hat das Institut Français de Hambourg sein Domizil. Direktor war von 1960 bis 61 der Philosoph Michel Foucault (1926–1984). Sein scharfsinniger Geist (siehe unter anderem sein Buch „Von der Subversion des Wissens") hat keine intellektuelle, aber eine örtliche Nachbarschaft zu dem eher gemütvollen Erzähler Martin Beheim-Schwarzbach. Der wuchs kurz nach der Jahrhundertwende am Mittelweg auf. Das Haus, die „Insel Matupi", gab dem Roman seiner Kindheitserinnerungen den Namen. Aber dem Gebäude ging es auch nicht besser als Klopstocks Gartenhaus und Janssens Domizil in der Warburgstraße. Voller Wehmut beobachtete Beheim-Schwarzbach den Umbau: „Das Haus stand mehr als ein halbes Jahrhundert und hätte noch gut und gern ein weiteres halbes gestanden, das hätte es mit Leichtigkeit geschafft, wie denn nicht. Jetzt, wo seine Eingeweide bloßlagen, sah man, wie unverwüstlich die dicken Mauern gefügt waren. So baut man heute nicht mehr.

Ich war schon, bevor ich in die Fremde ging, oft an dem Haus namens Matupi vorübergegangen und hatte befriedigt gewahrt, wie seine Front grauer, sein Putz rissiger, seine Miene verschlossener, gedankenbeladener, aber auch gütiger wurde – kurz wie es an Ernst und Weisheit gewann, daß es mich schier beschämte."[4]

Vor dem „Eintauchen" in die Milchstraße, wo die Häuser sehr diese alte Weisheit verloren und neue Prächtigkeit gewonnen haben, noch ein Seitensprung zu den Sportplätzen im Schatten von St. Johannis und zu dem Schriftsteller Peter Greiner, ein scharfer Beobachter moderner Verhaltensweisen: „Zwei Mädchen sonnen sich im Grase, rauchen und reden: Neben den Uni-Tennisplätzen. Ein Student in weißer Dreßhose spielt mit dem Schläger den Ball immer gegen die Rückwand der Turnhalle, so daß die Wand quasi ein Schlag-Partner ist. Gut. Die beiden Mädchen starren manchmal rüber. Das 1. Mädchen ist voll angekleidet und packt nun ein Buch weg. Das 2. Mädchen sonnt sich im Bikini, auf dem Kreuz liegend. Nun lehnt sie sich auf die Ellenbogen, schaut zum Student rüber und ruft ihm zu: Präziser schlagen. Der Student lacht zurück. Das 1. Mädchen kämmt sich hastig und geht, sagt noch im Abgehn: Jetzt bekommste Besuch, glaub ich. Der Student kommt mit dem Schläger, haut sich neben das Mädchen und sagt: Tagchen! Das Mädchen sagt, sich rekelnd: Hallooh!"[5]

Sozialverhalten! Mehr davon in der Milchstraße, inmitten von schicken Menschen, schicken Läden, schicken Autos, schicken Häusern. Wo bei dem Namen der Straße niemand mehr an Kuhweiden denkt, sondern an Astronomisches. Astronomische Preise. Hamburgs Kleiner Jungfernstieg in Pöseldorf wird gekreuzt von der Magdalenenstraße. Da ist es auf einmal sehr still. Schön zu wohnen! Eine gute Adresse für Galerien: Hans Brockstedt (Nr. 11), Thomas Levy (Nr. 54) haben hier seit vielen Jahren ihre Ausstellungsräume. Auch die Galerie von Loeper (Mittelweg Nr. 152) und Lochte (Mittelweg Nr. 164) sind nicht weit. Später liegt an der Heilwigstraße Nr. 64 noch die Galerie Munro am Weg, so daß dieser literarische Alsterspaziergang für den, der mag, nebenbei auch zu einem Galerienbummel werden kann.

Literatur kreuzt erst wieder an der Ecke Magdalenenstraße/Böhmersweg auf. Böhmersweg Nr. 30 wohnt unterm Dach Geno Hartlaub. 1988 wurde die 73jährige Schriftstellerin mit dem Alexander-Zinn-Preis ausgezeichnet. Ihr sind aber nicht nur eine Reihe von Romanen zu verdanken (unter anderem „Die Tauben von San Marco", „Lokaltermin Feenteich", „Das Gör", „Muriel"), sondern auch Hamburgs standhaftester Literarischer Salon, den Geno Hartlaub selber nie so nennen würde. Sie sagt „Jour fixe" zu ihrem jeden ersten Freitag im Monat stattfindenden Treffen und daß es auf keinen Fall eine „Quasselbude" sein soll, wenn sich da Schriftsteller und Journalisten und alle, die gern mit Literatur zu tun haben, versammeln. „Ein bißchen was Chaotisches" wollte sie machen, als sie Ende der siebziger Jahre den „Jour fixe" einrichtete. Und oft ist es ihr gelungen.

Durch den Pöseldorfer Weg auf das „Theater im Zimmer" zu (Alsterchaussee Nr. 30). Daß das Chaos auch hier zu Hause sein kann und bei der Gründung durch Helmuth Gmelin 1948 sogar zum Programm dieses neuartigen Theaters ohne Vorhang und Rampe gehörte, ist dem feinen weißen Haus zunächst nicht anzusehen. Es ist ein klassizistisches Landhaus von 1829, aus der Zeit der ersten Erschließung des Außenalstergebietes für den Wohnbau, wie das blaue Schild des Denkmalschutzamtes belehrt. 1948 vergossen die Menschen bei „Raskolnikow" im „Theater im Zimmer" Tränen. Becketts „Warten auf Godot" wurde hier 1954 von Günther Rennert, dem damaligen Intendanten der Hamburger Staatsoper, zum erstenmal in Deutschland aufgeführt. Und da mit Gerda Gmelin, der Tochter des Gründers, seit Jahren eine mutige und engagierte Prinzipalin an der Spitze steht, ist es heute immer noch ein Vergnügen, einen Theaterabend im weißen Haus an der Alsterchaussee zu verbringen.

Runter und ran an die Alster, auf daß das Herz endgültig aufgehe! Ein kleiner eiszeitlicher Schmelzwasserfluß soll sie, die so schleifenreich und schön 53 Kilometer braucht von der Quelle bis zur Mündung in die Elbe am Hamburger Hafen, ein kleiner Schmelzwasserfluß also soll diese hier so prächtige Alster einmal gewesen sein? Wer kennt eine Wasserfläche, die schöner gesäumt würde von einem Park, der in freier und hansestädtischer Großzügigkeit seit langem für alle

Bürger da ist, wo Villen wie elegante Ketten Ost- und Westufer bekränzen und am Horizont die Türme von Kirchen und der Rathausturm den Himmel so wunderbar markieren, daß jeder gute Hamburger die Türme der Reihe nach hersagen kann?

Schwärmerei? Was Wunder an diesem schönen Ufer. Wenn man nicht gerade über einen der vielen edlen Rassehunde, die hier gerne ausgeführt werden, stolpert oder gar über Schlimmeres.

Sehr dezent macht am Harvestehuder Weg Nr. 41 ein Verlag auf sich aufmerksam. 1960 gab der Hoffmann und Campe Verlag, der hier sein Domizil hat, im Vorgarten einem Porträt des Dichters Heinrich Heine einen Platz. Das Bildnis des größten Autors, den der Verlag in seiner über 200jährigen Geschichte aufzuweisen hat, hing einmal am Haus von Julius Campe jun., wurde während der Nazizeit von einem Maurer versteckt gehalten und vor der Zerstörung bewahrt. (Siehe auch Spaziergang I, Seite 10 f.)

Zurück zum weiten Blick am Alsterufer. Links das gelbe Haus des Anglo-German Clubs, wo stilvoll achtzigjährige Geburtstage und ähnliches gefeiert werden. Schauen wir mit Helmut Heißenbüttel auf die Außenalster: „Ich betrachtete die Mädchen und den heiter sanften Himmel und den langen Petriturm mit der schlanken Taille und die stille blaue Alster, worauf die Schwäne so stolz und so lieblich und so sicher umherschwammen. Krugkoppelbrücke 12 Uhr 10: Streifen von Windrippen. Geschwader von Enten. Vom eisernen Poller hängen Wassertropfen. Der Klinker der Brücke grauviolett und feucht. Rotes Gebüsch vor grünem Gras. Mövenfeld auf der Fläche des Eichenparks. Feuchte Fußspur im Wartehaus. Gleichmäßiges Geräusch des Autoverkehrs auf der Brücke. Zwei Kinder durch den Eichenpark sich entfernend zwischen den Möven. Spiegelbilder im Wasser. Blaugrau. Verschiedene Helligkeitsgrade. Grünrostige Flecke. Geschwader von Enten. Eine Viertelstunde bis Klosterstern. Einzelne Möve schräg um eine Pappel. Wind unter den Brückenbögen, plötzlich Rippelung, plötzlich abflachend, Schatten in Schatten. Autoverkehr in beiden Richtungen."[6]

Der Eichenpark nördlich der Krugkoppelbrücke war ein Lieblingsplatz des Dichters Friedrich von Hagedorn (1708–1754). Er, der der „deutsche Horaz" genannt wurde, besang in seiner Lyrik den heiter-unbeschwerten Lebensgenuß. Er wuchs in dem kultivierten Umfeld auf, das im 18. Jahrhundert in den reichen Hamburger Kaufmannshäusern gepflegt wurde. Sein jüngerer Bruder, Christian Ludwig von Hagedorn (1712–1780), war Generaldirektor der sächsischen Kunstakademie in Dresden. Friedrich konnte von dem Salär leben, das er als Angestellter einer englischen Handelsgesellschaft in Hamburg erhielt. Seine Gedichte sind graziös und spielerisch. An seinem Lieblingsplatz erinnert heute ein Bronzerelief an den Poeten. Weniger graziös als „germanisch" schwerfällig ist es an ei-

Das Theater im Zimmer an der Alsterchaussee. Zu den festen Einrichtungen im Programm des ehemaligen Landhauses aus dem Jahre 1829 gehört der Weihnachtskrimi. Das Theater wurde von Helmuth Gmelin gegründet. Heute leitet es seine Tochter Gerda Gmelin.

nem Findling im Eichenpark angebracht, denn der Gedenkstein stammt aus einer Zeit, Ende des 19. Jahrhunderts, als das Vaterländische mit Pathos durchzuschlagen begann. Da sitzt der Dichter, hält Buch und Feder in Händen, Stock und Hut liegen neben ihm. Hier besang er die Linden, ohne zu merken, daß es Eichen waren. Als Freunde ihn auf dies Versehen aufmerksam machten, hätte er fast die ganze Auflage seiner Gedichte wieder einstampfen lassen. Wie Hans Leip schreibt, war der Dichter sehr augenleidend, denn er hatte die Blattern gehabt. Lesen wir mit Vergnügen Hagedorns Verse über „Die Alster“, wo er so herrlich wünscht: „Du leeres Gewäsche, dem Menschen-Witz fehlt! O fahr in die Frösche; nur uns nicht gequält.“

Befördrer vieler Lustbarkeiten,
Du angenehmer Alster-Fluß!
Du mehrest Hamburgs Seltenheiten
Und ihren fröhlichen Genuß.
Dir schallen zur Ehre,
Du spielende Fluth!
Die singenden Chöre,
Der jauchzende Muth.

Der Elbe Schiff-Fahrt macht uns reicher;
Die Alster lehrt gesellig seyn!
Durch jene füllen sich die Speicher;
Auf dieser schmeckt der fremde Wein.
In treibenden Nachen
Schifft Eintracht und Lust,
Und Freyheit und Lachen
Erleichtern die Brust.

Das Ufer ziert ein Gang von Linden,
In dem wir holde Schönen sehn,
Die dort, wann Tag und Hitze schwinden,
Entzückend auf- und niedergehn.
Kaum haben vorzeiten
Die Nymphen der Jagd,
Dianen zur Seiten,
So reizend gelacht.

O siehst du jemals ohn Ergetzen,
Hammonia! des Walles Pracht,

„Schöne Wiege meiner Leiden“, schrieb Heinrich Heine über Hamburg. Vor den Häusern seines Verlages Hoffmann und Campe ist seit 1960 diese Plakette des Dichters aufgestellt. Sie war früher am Haus des Verlegers Julius Campe in der Altstadt angebracht.

Wann ihn die blauen Wellen netzen
Und jeder Frühling schöner macht?
Wann jenes Gestade,
Das Flora geschmückt,
So manche Najade
Gefällig erblickt?

Ertönt, ihr scherzenden Gesänge,
Aus unserm Lust-Schiff um den Strand!
Den steifen Ernst, das Wort-Gepränge
Verweist die Alster auf das Land.
Du leeres Gewäsche,
Dem Menschen-Witz fehlt!
O fahr in die Frösche;
Nur uns nicht gequält!

Hier lärmt, in Nächten voll Vergnügen,
Der Pauken Schlag, des Waldhorns Schall;
Hier wirkt, bey Wein und süßen Zügen,
Die rege Freyheit überall.
Nichts lebet gebunden,
Was Freundschaft hier paart.
O glückliche Stunden!
O liebliche Fahrt![7]

Die schöne dreibogige Krugkoppelbrücke wurde 1927 nach Plänen von Fritz
Schumacher erbaut. Ihr Name erinnert an die Klosterwirtschaft, die es im Eichenpark einmal gab.
Über die Brücke zum Leinpfad. Hier mündet der Fluß in den Stausee Außenalster. Hier beginnt der Pfad, an dem früher einmal die Kähne stromabwärts getreidelt wurden, wo heute das Wohnen schön und luxuriös ist. Wer Glück hat,
hat hier Onkel, Tante oder Cousin wohnen und kann sommers mit dem Boot,
winters auf Schlittschuhen zum Tee ankommen.
In diesem gehobenen Milieu spielt eine Novelle, die in den fünfziger Jahren mit
Vorliebe an Hamburger Gymnasien gelesen wurde, damit die Schüler etwas über
Liebe und Literatur erführen. Über beides wird in Wahrheit, wenn man heute
„Der Opfergang" von Rudolf G. Binding liest, gar nichts mitgeteilt. Die
schmerzlich süße Liebesgeschichte aus den Zeiten der Hamburger Cholera
(1892) lehrt aber einiges über schlechten literarischen Zeitgeschmack. Lassen
wir also Albrecht und Octavia, Albrecht und Joie unzitiert in ihren Alstervillen.

Von Hans Erich Nossack gibt es eine kleine, am Leinpfad spielende Erzählung, die uns lieber ist: „Das Geländer." Herbst 1945. Ausgebombte in einer Notwohnung am Leinpfad. Nichts zu heizen und der Winter steht vor der Tür. Die Lösung ist eine kleine kriminelle Tat. Das hölzerne Straßengeländer muß dran glauben. „Es gelang uns in den nächsten Wochen, sage und schreibe dreiundsiebzig dieser grünen Balken in unser Zimmer zu schaffen. Sie lagen aufgestapelt unter den Betten und standen hinter Schränken und Vorhängen. Welch ein befriedigendes Gefühl! Und noch befriedigender war, daß der Vorrat sich jederzeit ergänzen ließ."[8] Mit letzterem irrte der Autor. Doch das kann jeder selber nachlesen.

An der Maria-Louisen-Straße über die Streekbrücke in die Heilwigstraße. In dem Haus Nr. 114 wohnte der Hamburger Kunsthistoriker Aby M. Warburg (1866–1929). Nebenan – Nr. 116 – war seine „Kulturwissenschaftliche Bibliothek" untergebracht. Warburg trug eine der wertvollsten Sammlungen kulturwissenschaftlicher Bücher zusammen. Wie wichtig dieses kostbare Bücherlabyrinth für Wissenschaftler war, spiegelt sich in einem Satz des Buches „Mein Leben mit Ernst Cassirer", das die Frau dieses großen Philosophen, Toni Cassirer, schrieb. Ihr Mann war 1919 an die neugegründete Hamburger Universität geholt worden und unterrichtete dort bis zu seiner Emigration 1933. „Die Entdeckung der Bibliothek Warburg glich der Entdeckung einer Fundgrube, in der Ernst einen Schatz nach dem anderen zu Tage förderte."[9]

1933 wurde die Bibliothek nach London gebracht, wo sie heute Teil der University of London ist. Das restaurierte Gebäude der „Kulturwissenschaftlichen Bibliothek Warburg" (KBW) in der Heilwigstraße wurde 1995 als Forschungsstelle der Universität Hamburg an die neugegründete Warburg-Stiftung übergeben. Der elliptische Lesesaal dient als Forum für wissenschaftliche Veranstaltungen. „Schlangenritual. Ein Reisebericht". Das ist ein Text von Aby Warburg selber, 1988 zum ersten Mal auf deutsch veröffentlicht. Er schrieb: „Die Schlange ist ein internationales Antwortsymbol auf die Frage: Woher kommt elementare Zerstörung, Tod und Leid in die Welt?"[10]

Vorbei an den beiden eher schlichten Warburg-Häusern, die in den zwanziger Jahren errichtet wurden, vorbei an wieder aufgeputztem Historismus und Jugendstil rechts durch die Goernestraße zum Leinpfad und weiter am Fluß entlang gen Norden. Was sich hübsch und gemütlich mit zwei „Sauftempelchen" am Ufer zeigt, ist das ehrwürdige Damenstift St. Johannis-Kloster. Das Gebäude von 1914 ist die jüngste Station des Klosters. Blättern wir kurz in Eckart Kleßmanns „Geschichte der Stadt Hamburg", Seite 35 f.: „1235 wurde auf dem Gelände des heutigen Rathausmarktes das erste St. Johannis-Kloster von Dominikanern errichtet. Zwölf Jahre später bestimmte Heilwig (eben noch sind wir durch die nach ihr benannte Straße gegangen), die Gemahlin des Grafen Adolf IV., ihr

Folgende Doppelseite:
Am Leinpfad wurden früher die Schiffe zum Hafen getreidelt. „Beförderer vieler Lustbarkeiten, Du angenehmer Alster-Fluß...", dichtete Friedrich von Hagedorn im 18. Jahrhundert über die Alster, die von der Quelle im Norden bis zur Mündung in die Elbe im Süden 53 Kilometer braucht.

Gut Herwardeshude zum Zisterzienserinnenkloster. Begüterte Familien gaben ihre Töchter dorthin zur Erziehung oder ließen sie als Nonnen eintreten. Beides war stets von aufwendigen Schenkungen begleitet... Da die Nonnen selbst zu Armut und Sparsamkeit verpflichtet waren, investierten sie die Gelder in Grundbesitz. Sie erwarben den Hof Heimichude (zwischen Fontenay und Lombardsbrücke) und die Äcker des ... Dorfes Odersfelde, ja schließlich gelangten ganze Dörfer in ihren Besitz, so Eppendorf, Winterhude, Alsterdorf, Groß-Borstel, Niendorf, Lokstedt. Ohlsdorf, Eimsbüttel, Bahrenfeld. Ottensen. Othmarschen, Rissen "[11]

Die Nonnen als Großgrundbesitzer. Die Geschichte wird erst so richtig imponierend, wenn man sich das damalige Besitztum auf dem heutigen Hamburger Stadtplan betrachtet. Unser ganzer bisheriger Weg führte also über altes Klostergebiet. Gewußt hat das der Dichter Friedrich von Hagedorn und in seiner geneigten Art ein langes Gedicht darüber verfaßt, das vom klösterlichen Leben an den Ufern der Alster im 18. Jahrhundert erzählt.

Harvstehude
Ich bin ein Freund der Kloster-Länder,
Und gönn und wünsch insonderheit
Den rechten Kern der Segens-Pfander
der jüngferlichen Geistlichkeit.
Was Heilige für sich verwalten,
Das kann, das wird, das muß gedeyn,
Und frommer Schwestern Wohlverhalten
Sollt immer reich an Pfründen seyn.

Ihr edlen Johanniterinnen,
Euch strömen Gut und Ehre zu;
Ihr seyd ein Muster keuscher Sinnen
In Harvstehudens sichrer Ruh.
Wie selten höret Ihr die Klagen
Der buhlerischen Schmeicheley!
Euch drücken keine Landes-Plagen,
Kein Alp und keine Ketzerey.

Nichts ist so schön als Harvstehude,
Und darum ist es Eurer wehrt,
Wo auch der allerkärgste Jude
Den Silberling mit Muth verzehrt.
Das schwör ich bey der alten Linde,

In der so mancher Vogel heckt,
Die gegen wilde Wirbel-Winde
Mit neun und neunzig Aesten deckt.

Hier gehet in gewölbten Lüften
Die Sonne recht gefällig auf,
Und lachet den beblümten Triften,
Und sieht mit Lust der Alster Lauf.
Oft taucht sich hier ein schöner Schwimmer
In ihrer Strahlen Wiederschein,
Und oftmals heißt ihr erster Schimmer
So gar die Thiere fröhlich seyn.

Wir steigen bey den schlanken Weiden
Aus Arch und Nachen an den Strand,
Und dann begleitet unsre Freuden
Lenz oder Sommer auf das Land.
Flugs kömmt der aufmerksame Toppe
So freundlich und so tiefgeneigt,
Als an dem Bober-Fluß ein Stoppe
Den Sättler guten Freunden zeigt.

Er selber siehet mit Ergetzen,
Daß diese Gegend uns gefällt,
Und giebt uns von den besten Schätzen,
Die seines Kellers Kluft enthält.
Er spricht fast, wie Achill gesprochen:
Herr Phoenix, Ajax und Ulyß …
Die Herren setzen sich …. wir kochen,
Und reiner Wein erfolgt gewiß.

Wo findet man so gute Wirthe,
Als an den Helden jener Zeit?
Wann sich ein Wandersmann verirrte,
So stand für ihn ihr Haus bereit.
Hier folgt man täglich dem Exempel
Und tränkt und speiset jeden Gast,
Und uns macht diesen Comus-Tempel
Auch ein Cornaro nicht verhaßt.

Man übet hier auf freyer Wiese
Bald das Gesicht, bald den Geschmack;
Oft schallt hier bis zur Zirbel-Drüse
Ein auserlesner Dudelsack:
Und weil auch für gelehrte Männer
Der Thorweg schuldigst offen steht;
So kommen hier die Funken-Kenner
Und sehn die Electricität.

Vielleicht wird itzt mein Lied gerathen;
Ein neuer Anblick giebt ihm Kraft:
Der Hügel der Licentiaten,
Die Landung einer Hauptmannschaft.
Doch wie? Ein Schwätzer kömmt gegangen,
Der Lust und Einfall unterbricht.
O hätt ich nur nicht angefangen!
Genug! Ich dichte weiter nicht.[12]

Wir aber gehen weiter. Hinter dem Damenstift St. Johannis taucht der Kirchturm von St. Johannis auf. Über 200 Jahre ist er alt und die immer noch ganz dörflich wirkende Kirche steht auf Grundmauern aus dem Mittelalter. Ein stiller Ort an einer sehr urbanen Vorstadtecke, wo schräg gegenüber der Kirche im neuen Winterhuder Fährhaus lustiges Theater gemacht wird, während im alten Winterhuder Fährhaus früher gediegene Geselligkeit ihren Platz hatte, wo Schiffe anlegen, der Autoverkehr braust und nach der Exklusivität von Harvestehude alles wieder mehr Alltag ist.

Aber auch die Normalität hat ihre ehrgeizigen Spitzen. Zu besichtigen sind sie in der Bebelallee, die hier von der abenteuerlich hochgelegten U-Bahn gesäumt wird. In der Allee gibt es Häuser mit Entrees, die von Größe nur träumen, und Gebäude wie Miniaturpaläste, die hier niemand vermuten würde.

Der Gründer der sozialdemokratischen Arbeiterpartei, August Bebel (1840–1913), genannt der „Arbeiterkaiser", der dieser Straße den Namen gab, war auch Schriftsteller. In seinem Buch „Die Frau und der Sozialismus" beschreibt er unter anderem die Rolle der Amme, womit noch mal kurz in die noble Gegend an der Alster und ins 19. Jahrhundert zurückgeblendet wird: „Die Mutterschaft der meisten vornehmen Frauen bekommt übrigens einen eigentümlichen Beigeschmack durch die Tatsache, daß sie die Mutterpflichten so rasch als möglich an eine – proletarische Amme übertragen. Wie bekannt, ist zum Beispiel die wendische Lausitz (der Spreewald) die Gegend, aus der die Frauen der Berliner Bourgeoisie, die ihre Neugeborenen nicht selber stillen wollen oder nicht zu stillen vermögen, ihre Ammen beziehen. Die Ammenzüchterei, die darin besteht, daß die Landmädchen sich schwängern lassen, um nach der Geburt ihrer Kinder sich als Amme an eine wohlhabende Berliner Familie vermieten zu können, wird gewerbsmäßig betrieben. Mädchen, die drei und vier uneheliche Kinder gebären, um sich als Amme verdingen zu können, sind keine Seltenheit, und je nachdem sie bei diesem Geschäft verdienen, erscheinen sie den jungen Männern des Spreewalds als Frauen begehrenswert."[13]

Der letzte Satz von Bebels Werk, das 1883 erschien und in 15 Sprachen übersetzt wurde, lautet: „Dem Sozialismus gehört die Zukunft, das heißt in erster Linie dem Arbeiter und der Frau."[14]

Genug Stoff zum Nachdenken beim Weiterschreiten. Links über Meenkwiese, Eppendorfer Landstraße, rechts in die Schubackstraße (auf der Ecke das Gasthaus „Klopstock") und über die Erika- in die Nissenstraße. Auf der Ecke, Tarpenbekstraße Nr. 82, in dem grünen Haus wurde Wolfgang Borchert geboren. Das ganz normale Haus signalisiert keineswegs etwas von dieser ganz und gar ungewöhnlichen Schriftstellerexistenz, die – im guten wie im bösen – so eng mit Hamburg verbunden ist wie wenige andere.

Als der Sohn des Eppendorfer Lehrers Fritz Borchert 1939 mit achtzehn Jahren als Lehrling in die Buchhandlung Boysen kam, am Heuberg Nr. 9, ganz in der Nähe von Klopstocks Wohnhaus in der Königstraße (heute Poststraße), hatte er bereits erste Gedichte veröffentlicht. Dieser junge Borchert besaß ein bis zur Hoffährtigkeit gehendes Selbstbewußtsein und eine komödiantische Natur, die ihn für ein bürgerliches Leben völlig untauglich machte. Er war Schauspieler, liebte das Kabarett, mußte mit zwanzig in den Krieg ziehen, kam ins Gefängnis. Als er 1947 starb, hatte ihn sein Theaterstück und Hörspiel „Draußen vor der Tür" (siehe Spaziergang IV, Seite 88 f.) zu einem verehrten und bekannten Autor gemacht.

„Wir lachen. Und unser Tod ist geplant von Anfang an.
Wir lachen. Und unsere Verwesung ist unausweichlich.
Wir lachen. Und unser Untergang steht bevor.
Heute abend. Übermorgen.
In neuntausend Jahren. Immer."[15]

Wolfgang Borcherts Leben ist so eng an die Zeit gebunden, in die er hineingeboren wurde, daß es müßig ist, darüber nachzugrübeln, welches Werk seine hohe Begabung in anderer, besserer Zeit hervorgebracht hätte.

Borchert wurde nicht vergessen. In der Nähe seines Geburtshauses gibt es die Wolfgang-Borchert-Schule. Eine Straße ist nach ihm benannt, eine Wohnsiedlung und ein Gedächtnisraum in der Staatsbibliothek.

In seinem Werk hat er der Stadt ein einmaliges Denkmal gesetzt. Hier ein Zitat aus „Stadt, Stadt: Mutter zwischen Himmel und Erde":

„Hamburg! Das ist mehr als ein Haufen Steine, Dächer, Fenster, Tapeten, Betten, Straßen, Brücken und Laternen. Das ist mehr als Fabrikschornsteine und Autogehupe – mehr als Möwengelächter, Straßenbahnschrei und das Donnern der Eisenbahnen – das ist mehr als Schiffssirenen, kreischende Kräne, Flüche und Tanzmusik – oh, das ist unendlich viel mehr.

Das ist unser Wille, zu sein. Nicht irgendwo und irgendwie zu sein, sondern hier und nur hier zwischen Alsterbach und Elbestrom zu sein – und nur zu sein, wie wir sind, wir in Hamburg. Das geben wir zu, ohne uns zu schämen: Daß uns die Seewinde und die Stromnebel betört und behext haben, zu bleiben – hierzubleiben, hier zu bleiben! Daß uns der Alsterteich verführt hat, unsere Häuser reich und ringsherum zu bauen – und daß uns der Strom, der breite graue Strom verführt hat, unserer Sehnsucht nach den Meeren nachzusegeln, auszufahren, wegzuwandern, fortzuwehen – zu segeln, um wiederzukehren, wiederzukehren, krank und klein vor Heimweh nach unserm kleinen blauen Teich inmitten der grünhelmigen Türme und grauroten Dächer."[16]

Wenige Schritte von Borcherts Geburtshaus entfernt, in der Tarpenbekstraße Nr. 64–66, stehen wir in der Ernst-Thälmann-Gedenkstätte vor einem Wandspruch: „Ohne eine gesunde, klare revolutionäre Theorie keine ernste revolutionäre Praxis." Der Reichstagsabgeordnete der KPD Ernst Thälmann, 1886 in der Hamburger Altstadt, Altenwall Nr. 68, geboren, wurde 1944 nach elfjähriger Haft im Konzentrationslager Buchenwald ermordet.[17]

Die Tarpenbekstraße mündet rechts in die Breitenfelder Straße. Im Haus Nr. 56 (im Hof) wohnte Walter Jens als kleiner Junge (1923–38) und lernte in der Versuchsschule gegenüber (Nr. 35). Zweimal um die Ecke, Husumer Straße Nr. 33, steht das Haus, wo Jens von 1938–1946 lebte. Vergessen wollen wir auch nicht den Fußballplatz des Eimsbütteler Turnvereins in der Hoheluftchaussee, wo er viele Stunden verbrachte. Der aufrechte Altphilologe und glänzende Rhetoriker der Tübinger Universität, heute Emeritus, wurde von seiner Vaterstadt mit dem Lessing-Preis ausgezeichnet und leider nicht auf den Lessinglehrstuhl gehoben. In seinem frühen Roman „Der Blinde" bildet das Revier seiner Jugend den lokalen Hintergrund:

„Am 3. November 1950, nach einer Scharlacherkrankung, erblindete der vierzigjährige Volksschullehrer Heinrich Mittenhaufen aus Hamburg. Man legte ihn in die Augenklinik des Eppendorfer Krankenhauses…"[18] Ein Roman, dessen Wiederentdeckung lohnt.

Von der Breitenfelder- in die Haynstraße. Im Haus Nr. 7 wohnte der Dichter Werner Riegel, der zusammen mit Peter Rühmkorf Anfang der fünfziger Jahre die Literaturzeitschrift „Zwischen den Kriegen, Blätter gegen die Zeit" herausgab. „Werner Riegel ... beladen mit Sendung Dichter und armes Schwein", nennt Rühmkorf seinen 1988 erschienenen Gedenkband an den 1956, im Alter von 31 Jahren, verstorbenen Freund.

Am Ende unseres Abstechers angekommen, schweifen wir noch einmal ab ins Hier und Jetzt. Da entpuppt sich Eppendorf nämlich als Lieblingsquartier von sehr vielen, die heute mit Feder oder Personal Computer umgehen. Gabriel Laub im Abendrothsweg, Ulla Hahn in der Breitenfelder Straße, Uwe Friesel in der Eppendorfer Landstraße, Leona Siebenschön im Loogestieg, Hans Eppendorfer im Woldsenweg, um nur einige zu nennen. Wer Glück hat, kann den Dichtern hier auf der Straße begegnen.

Folgende Doppelseite: Winter an der Krugkoppelbrücke. Den Glühwein gab es hier früher in einer Klosterwirtschaft. Unser Spaziergang führt von Anfang bis Ende über ehemaliges Klostergelände. An der Brücke, die 1927 von Fritz Schumacher gebaut wurde, liegt der Eichenpark mit dem Gedenkstein für den Dichter Friedrich von Hagedorn.

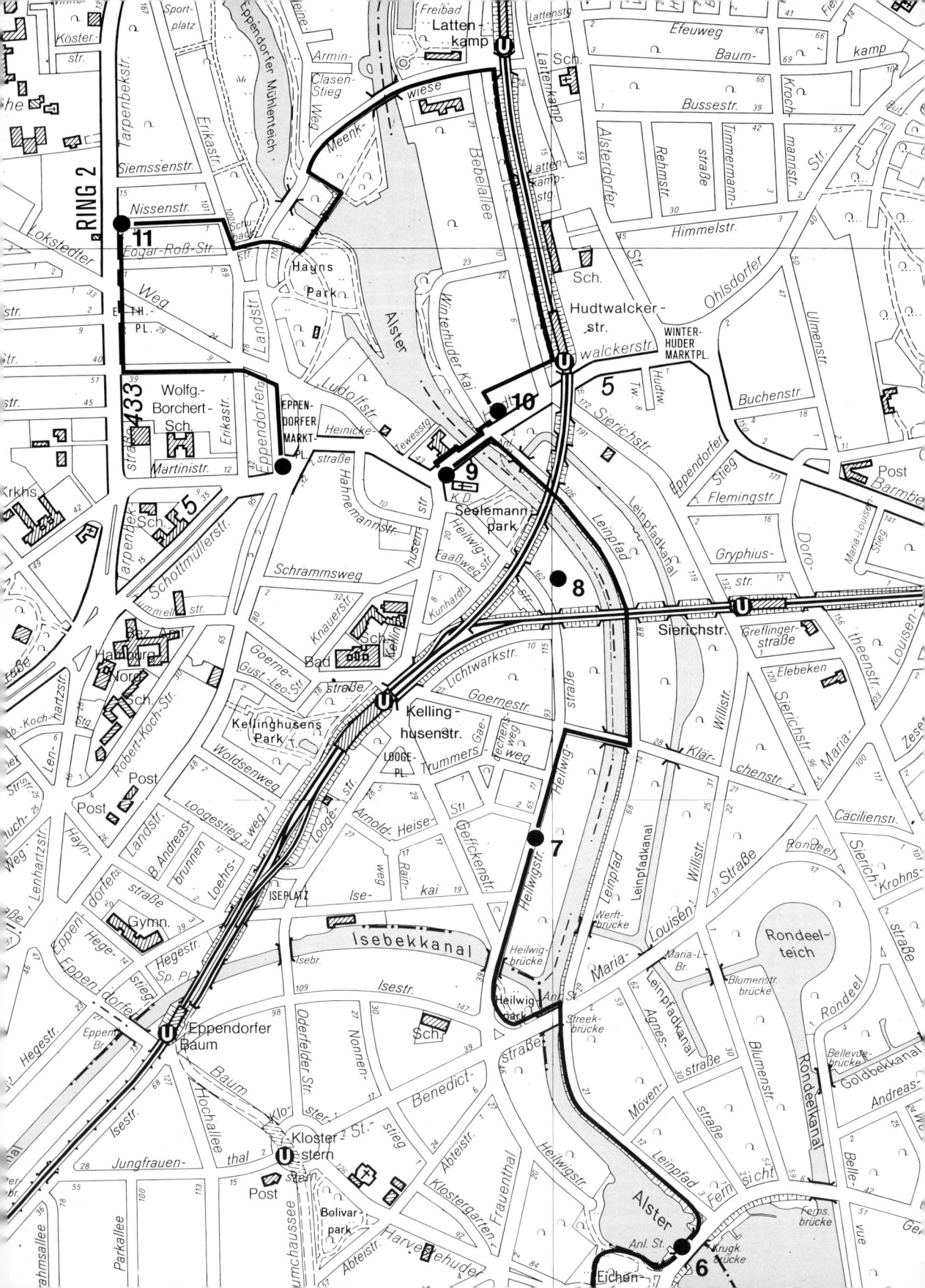

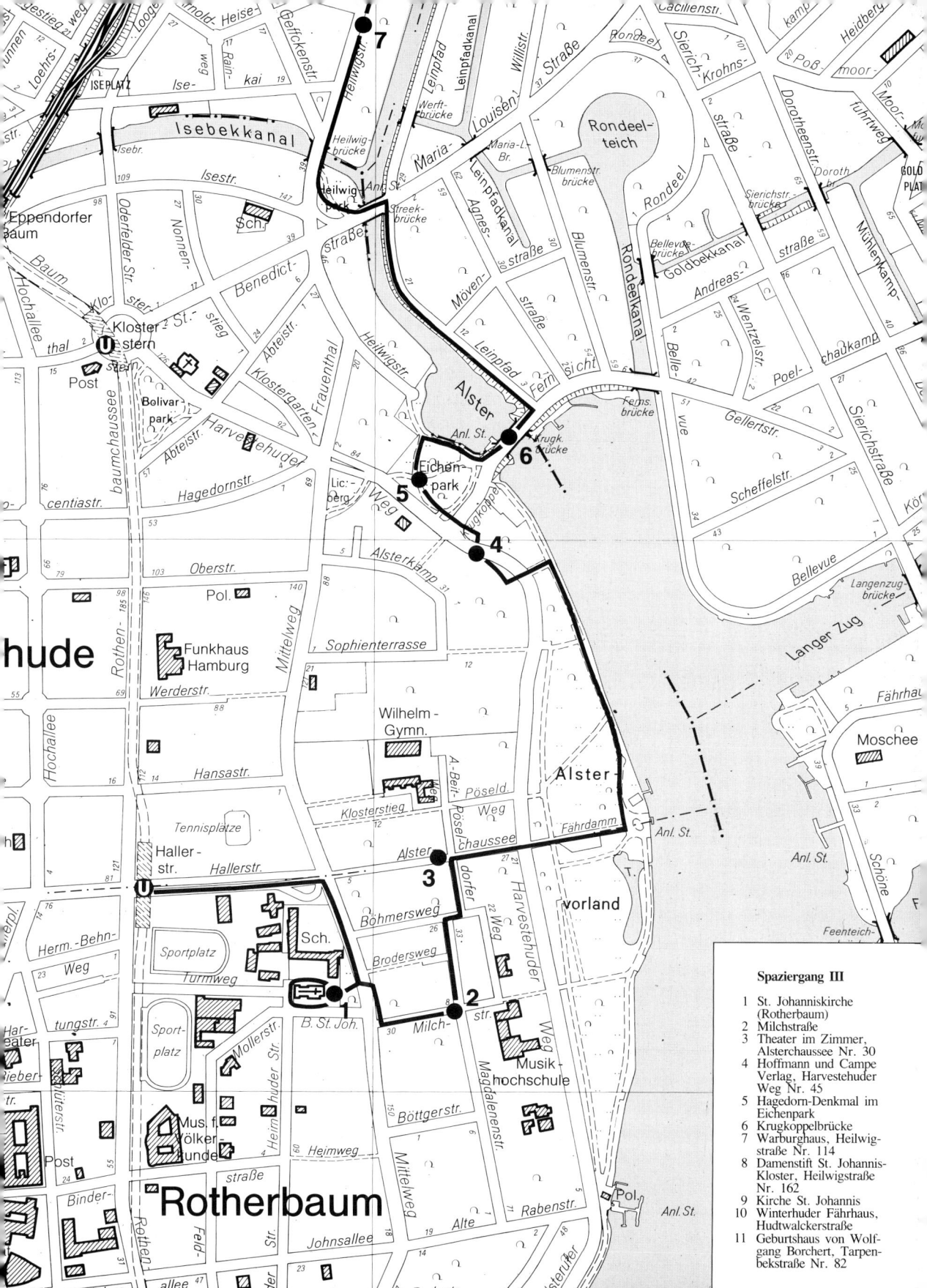

Spaziergang III

1 St. Johanniskirche (Rotherbaum)
2 Milchstraße
3 Theater im Zimmer, Alsterchaussee Nr. 30
4 Hoffmann und Campe Verlag, Harvestehuder Weg Nr. 45
5 Hagedorn-Denkmal im Eichenpark
6 Krugkoppelbrücke
7 Warburghaus, Heilwigstraße Nr. 114
8 Damenstift St. Johannis-Kloster, Heilwigstraße Nr. 162
9 Kirche St. Johannis
10 Winterhuder Fährhaus, Hudtwalckerstraße
11 Geburtshaus von Wolfgang Borchert, Tarpenbekstraße Nr. 82

Am Grindel
●
Rotherbaum
●
Harvestehude

Begegnung mit: Carl von Ossietzky, Joachim Ringelnatz, Hans Friedrich Blunck, Arno Schmidt, Alexander Kluge, Wolfgang Borchert, Hans Henny Jahnn, Ernst Schnabel, Alfred Andersch, Axel Eggebrecht, Helmut Heißenbüttel, Hans Erich Nossack, Peter Rühmkorf und vielen anderen.

Der einstündige Streifzug kreuz und quer durch Hamburg-Rotherbaum ist etwas für eingeschworene Großstadthasen. Es ist noch nicht lange her, daß jenseits des roten Schlagbaums Gärten und Felder begannen. Als 1860 die Torsperre aufgehoben wurde, entstanden die ersten großen Mietshäuser. Seitdem ist rund um die Universität, das ehemalige Judenviertel am Grindel und den Norddeutschen Rundfunk an der Rothenbaumchaussee ein sehr lebendiges, urbanes Quartier gewachsen. Ein gutes Pflaster für Künstler und Intellektuelle.

„Der Forschung, der Lehre, der Bildung." So steht es in Stein gemeißelt an der Balustrade des neobarocken Kuppelbaus von 1909, dem Hauptgebäude der Hamburger Universität. Ein kleines Relief an der Westseite, das einen girlandenumwundenen Putto mit einem Buch zeigt, verkündet: „Wissen ist Macht." Wobei der Putto vielleicht den wissenschaftlichen Eros verkörpern soll. Hinter dem gravitätischen Tor zur Hamburger Universität liegt eine Kleinstadt aus Wohnblocks und Hochhäusern, in der 44.500 Studentinnen und Studenten lernen und 900 Professoren und Professorinnen lehren.

Der Weg zum Campus, was eigentlich Feld bedeutet und heute für das Universitätsgelände steht, führt vorbei an der Ecke Moorweiden-/Schlüterstraße. In dem schönen Eckhaus aus Backstein, dem „Dammtor-Palais", liegt im Souterrain der „Heinrich Heine Treff", seit Anfang der achtziger Jahre eine der wichtigsten literarischen Stationen in der Hansestadt. Die Lesungen und Diskussionen in der Buchhandlung haben immer wieder Autoren gefördert, bevor sie ins Scheinwerferlicht der Medien kamen. Die Gegenwartsliteratur der DDR hatte hier einen frühen Ort. Stephan Hemmlin, Christa Wolf, Volker Braun, Christoph Hein haben hier gelesen. Literatur von Frauen und Hamburger Autoren wurden im „Heinrich Heine Treff" vorgestellt. Ein vierter Schwerpunkt der Veranstaltungen sind Lesungen fremdsprachiger Autoren. Als Isabel Allende ihren ersten Roman auf spanisch vorlas, reichte der Raum der Buchhandlung nicht aus. Die Lesung fand im vollbesetzten Schauspielhaus an der Kirchenallee statt.

Im weißen Säulenhaus Moorweidenstraße Nr. 36 hat heute die „Provinzialloge von Niedersachsen" ihr Domizil. Als Lessing Dramaturg in Hamburg war (siehe Spaziergang I, Seite 20 f., und Spaziergang II, Seite 40 ff.), gehörte er der Freimaurer Loge „Zu den drei Rosen" an. Nicht schlecht wäre an dieser Stelle ein literarischer Seitensprung zu Tolstoi und seinem Roman „Krieg und Frieden", in dem so wundervoll die Inauguration des dicken Pierre in die Freimaurer-Loge von St. Petersburg beschrieben wird.

Weiter zur Staatsbibliothek, Von-Melle-Park Nr. 3. Lehnen wir uns an einen Baum, setzen wir uns auf ein Mäuerchen oder gehen wir zwischen „Stabi", wie das Haus der knapp zwei Millionen Bücher abgekürzt wird, und Logenhaus durch zum Campus. Es gibt viel zu erzählen über diese Bibliothek, deren Gründung in das Jahr 1479 zurückgeht. Damals war es die Ratsbibliothek. Heute ist es eine gewaltige wissenschaftliche Institution, die nur noch mit Hilfe von Computern und Mikrofilmen funktioniert. Für Nichteingeweihte ein kafkaeskes Bücherlabyrinth, für Kundige aber eine unerschöpfliche Fundgrube. Eine Riesenschatzkiste aus Tausenden von Büchern. Darunter eine immense Menge unkäuflicher Kostbarkeiten. In der Sammlung von 67.000 Autographen (16.–20. Jahrhundert) befinden sich zum Beispiel Originalbriefe von Erasmus von Rotterdam, Andreas Gryphius, Gottfried Wilhelm Leibniz, Martin Luther und Philipp Melanchthon. 220 Nachlässe werden hier gehütet. Unter anderem von Friedrich Gottlieb Klopstock, Detlev von Liliencron, Richard Dehmel, Georg Heym, Hans Henny Jahnn, Wolfgang Borchert und Hubert Fichte. In zwei Ordnern mit Briefen, die Joachim Ringelnatz an seine geliebte Frau „Muschelkalk" schrieb, befinden sich nur noch die Schreibmaschinendurchschläge. Die Originale verbrannten im Zweiten Weltkrieg.

Oft schrieb Ringelnatz aus Hamburg. Denn oft tingelte er hier durch die Cabarets, um sich Butterbrot und Hose zu verdienen. Zum Beispiel im Cabaret, das es damals an der Esplanade Nr. 36 gab.

Eine Postkarte aus Hamburg an „Muschelkalk" vom 1. September 1926: „Ich wohne Badestraße 47 bei Flemming. Ich trete mit der bekannten Negertruppe chocolade-girls auf. Es scheint alles gut zu werden. Gesundheitlich ist noch der alte Standpunkt. Wenn ich money bekomme, gehe ich vorsichtshalber mal zum Arzt. Herzlichst D. Ringel."[1]

Oder: (Hamburg) 29. März 1924

„Lieber Muschelkalk, Es war also ein schöner Erfolg. Der Saal ziemlich ausverkauft. Gutes Publikum. Bilder nicht verkauft. Auch keine Bücher. Aber gute Beziehungen geknüpft. Ich trug in einem neuen Matrosenanzug vor, den ich mir gekauft habe!! (. . .) Anbei eine Kritik. Anbei M. 30. Gehe gut mit dem Geld um. Ich bin dir ur-ur-gut u. bin glücklich und habe Dich lieb. Dein Ringel."[2]

Seit einigen Jahren heißt es offiziell: Staats- und Universitätsbibliothek Hamburg – Carl von Ossietzky. Die Benennung ehrt den Journalisten, der 1935 den Friedensnobelpreis erhielt und 1938, im Alter von nur 49 Jahren, an den Folgen seiner Inhaftierung im Konzentrationslager Papenburg-Esterwegen starb. (Zufall: Bevor er nach Berlin ging, wohnte er gegenüber der Staatsbibliothek.) Carl von Ossietzky, der aus kleinbürgerlichem Hamburger Milieu stammte, begann seinen Weg als Gerichtsschreiber. In Berlin, wo er ab 1919 lebte, wurde er Mitarbeiter der „Weltbühne", zu der damals auch Kurt Tucholsky und Axel Eggebrecht gehörten. 1927 wurde er Herausgeber des Blattes, als Nachfolger Siegfried Jacobsohns. Ossietzky hatte an der Verleihung des Friedensnobelpreises nicht teilnehmen dürfen. Albert Einstein schrieb später: „Es ist das immerwährende Verdienst der Nobelstiftung, daß sie ihre hohe Ehrung diesem schlichten Märtyrer zuteil werden ließ und daß sie sich entschloß, das Andenken an ihn und sein Leben zu erhalten."[3]

Albert Einstein gehörte zum „Freundeskreis Carl von Ossietzky", der sich für die Verleihung des Friedensnobelpreises an den „Weltbühne"-Herausgeber eingesetzt hatte. „Die ‚Hamburger Arbeitsstelle für deutsche Exilliteratur' hat diese Arbeit des Freundeskreises unter dem Titel ‚Carl von Ossietzky und das politische Exil' im Selbstverlag dokumentiert. Dieser Band .... liest sich trotz seiner akademischen Sorgfalt, der Vielzahl der Dokumente und Erläuterungen wie ein Politthriller. Tatsächlich ging es ja auch darum, daß einer nicht umgebracht wird (...) Der Leser erhält dank der Kurzbiographien auch eine gute Orientierung über die damalige Emigrantenszene. Dieses Buch dokumentiert damit indirekt auch die hervorragenden Ergebnisse der ‚Hamburger Arbeitsstelle für Exilliteratur'. "[4]

Die „Hamburger Arbeitsstelle für deutsche Exilliteratur" hat ihren Sitz in der Staatsbibliothek. 1971 von Professor Hans Wolffheim gegründet, besitzt sie heute nach Frankfurt/M. und Leipzig die bedeutendste Sammlung von Belletristik, politischer Literatur, Autobiographien und Zeitschriften, die von deutschen Schriftstellern im Exil geschrieben wurden.

An die andere Seite, die damals während der Hitlerzeit die Macht hatte, ist ebenfalls auf dem Campus der Universität zu erinnern. Zum Beispiel an den Schriftsteller Hans Friedrich Blunck, der 1888 in Altona geboren wurde. Er „war schon in der Weimarer Republik als Hauptvertreter der ‚nordischen Renaissance' in den Dunstkreis der Völkischen geraten. . . Schon kurz nach der Bücherverbrennung, über die er später schreiben sollte, daß ‚solche Dinge alle Revolutionen begleiten', ließ er sich zum 2. Vorsitzenden der in ‚Deutsche Akademie für Dichtung' umbenannten und gründlich gesäuberten ‚Sektion für Dichtkunst in der Preußischen Akademie der Künste' wählen. Mit Hanns Johst und Blunck an der Spitze wurde aus der Akademie ein ‚volks- und artgerechter Lebenskörper', selbst wenn es einige hilflose Versuche gab, ein gewisses Maß an Selbständigkeit zu wahren. Fast reibungslos verlief die Gleichschaltung der Akademie. Bereits im November 1933 wurde Blunck zum Präsidenten der neugeschaffenen Reichsschrifttumskammer berufen, mit der sich Goebbels die Kontrolle über das gesamte schriftstellerische Schaffen sichern sollte."[5]

Blunck war vor der Machtergreifung Syndikus der Hamburger Universität gewesen. 1938, anläßlich seines 50. Geburtstages, wurde er zu ihrem Ehrenmitglied ernannt. In seiner Dankrede beteuerte Blunck, daß ihm das Reich „herrliche Aufgaben" gestellt habe, die er mit jener Liebe angepackt habe, mit der er auch Syndikus der Universität gewesen war.

Nicht so unbedacht wie der Theologe Helmut Thielicke, der 1961 als Rektor der Hamburger Universität einen Kranz am Grab des ehemaligen Mitarbeiters des „Völkischen Beobachter" niederlegte, ging Arno Schmidt mit Blunck um. In seinem Roman „Aus dem Leben eines Fauns" erwähnt er ihn mit einigem Sarkasmus: „Sie trug eine jener dunklen Schneebrillen, mit deren Hilfe sich heutzutage jede Halbwüchsige den Zauber großäugigen Geheimnisses aufzusetzen meint (wenn sie wenigstens dazu den Mund hielten!). Die hier schlug stumm und zarahleandernd ein Buch auf, mit grobfleischigem, betont volksnahem Einband: – ?–: Hans Friedrich Blunck! (Auch das noch!) *Die elende Schwarte!* (Außerdem hielt sie sie so, daß mir der Goldschnitt andauernd in die Augen spiegelte! Auch das noch!)."[6]

Weiter zum „Abaton", Hamburgs ältestem Programmkino, das auch eine Institution für literarische Grenzgängerei ist. Was der Name ABATON bedeutet? Trotz aller Spekulationen, die meistens ins Griechische abzielen – gar nichts! Ist einfach ein frei erfundenes Wort. Bei der Eröffnung des Kinos 1970 waren die Schriftsteller Hubert Fichte und Peter Rühmkorf dabei. Das Autorenkino feierte hier mit Fassbinder, Herzog, Syberberg, Wenders seine Premieren. Auch Alexander Kluge war immer wieder da. Zu seinen Ehren hier ein Zitat aus seinem Tausend-Seiten-Buch „Geschichte und Eigensinn", das er zusammen mit Oskar Negt verfaßte:

„In der Peterskirche in Rom gibt es einen Marmorsockel. Da, wo Millionen Pilger gekniet haben, ist eine tiefe Kuhle entstanden. Ergreift der Präsident die Hand von 12 Millionen Wählern, so ist seine Hand abgeschabt. Dies das Verhältnis von Masse und Hautnähe."[7]

Alexander Kluge ist ein Querdenker. Quer zu eingefahrenen Verhaltensweisen legt sich auch eine Veranstaltungsreihe, die es seit 1984 im „Abaton" gibt. Da

kam das Hörspiel ins Kino und hat sich seitdem eine feste Nische als Sonntags-matinee geschaffen. Das kollektive Hörerlebnis im Halbdunkel hat seine Liebha-ber gefunden und Hörspiele von Autoren wie Marguerite Duras, Oskar Pastior, Ramón José Sender, George Tabori, Ror Wolf haben ein neues Publikum.

Der Platz vor dem „Abaton" ist heute nach Salvador Allende (1908–1973) be-nannt, dem chilenischen Präsidenten, der von Putschisten ermordet wurde. Ne-benan, am Grindelhof, erinnert auf dem Bornplatz eine von der Künstlerin Margrit Kahl entworfene große Pflasterintarsie an die Zerstörung der Synagoge in der sogenannten Reichskristallnacht (vom 9. auf den 10. November 1938). Der von 1904 bis 1906 im Zentrum der jüdischen Gemeinde am Grindel errich-tete Sakralbau hatte Platz für 1.100 Menschen. Auf dem Pflaster markieren heute Metallstreifen die Konstruktionslinien. Nachdem die Nazis das Gebäude beschä-digt und angezündet hatten, wurden die Juden gezwungen, ihr Gotteshaus ganz abzureißen.

In dem Besucherbuch, das in den achtziger Jahren eine Ausstellung über jüdi-sches Leben in Hamburg begleitete, war zu lesen: „Vergessen führt in Gefan-genschaft, Erinnerung ist das Geheimnis der Befreiung." Wie wert den Juden das geschriebene Wort ist, war an Fotos zu sehen: Thora-Rollen und andere hei-lige Bücher, die nach langer Benutzung unbrauchbar geworden sind, werden auf dem Friedhof bestattet. Sie werden in Tonröhren gelegt und mit besonderen Ge-beten auf einem besonderen Begräbnisplatz des jüdischen Friedhofs beerdigt. Neben dem Synagogenplatz wurde kurz nach der Jahrhundertwende der Neubau für Hamburgs bedeutendste jüdische Schule eingeweiht. Die Talmud-Thora-Schule, Grindelhof Nr. 30. Eine der Lehren des Talmud lautet: „Man muß ler-nen, aufrecht zu knien, unbewegt zu tanzen und lautlos zu schreien."

Der Weg führt weiter zu den Kammerspielen in der Hartungstraße. Aber machen wir vorher noch einen Schlenker durch die stilleren Seitenstraßen des Quartiers. Links in die Dillstraße und über die Rutschbahn zurück zum Grindel-hof. Auffallend viele Schriftstellerinnen hatten hier in den achtziger Jahren ihr Domizil. Margret Steenfatt („Die Lebensgeschichte der Paula Modersohn-Becker") in der Dillstraße, Elisabeth Plessen („Mitteilung an den Adel") in der Binderstraße, Jutta Heinrich („Das Geschlecht der Gedanken") in der Straße Papendamm, Monika Maron („Flugasche") in der Rappstraße.

Die Hamburger Kammerspiele in der Hartungstraße Nr. 9, das Haus mit dem Baldachin davor, damit niemand im Regen stehen muß. Kein Theater ist so mit einem Namen verbunden wie diese Bühne. Ida Ehre hat die Kammerspiele 1945 gegründet und bis zu ihrem Tod im Februar 1989 geleitet. Sie wollte den Ham-burgern die Stücke zeigen, die sie während des Tausendjährigen Reichs nicht se-hen durften. Sie verstand das Theater durchaus auch als moralische Anstalt. 1985 erhielt die große Prinzipalin die Ehrenbürgerwürde der Stadt – als erste Frau.

Das „Abaton", das 1970 als erstes Hamburger Programmkino eröffnet wurde, kennt jeder im Uni-Viertel. Ob jeder Student auch die nach dem Publizisten Carl von Ossietzky benannte Staatsbibliothek auf der anderen Seite des Campus von innen kennt?

1988 wurde ihr der Ehrendoktor verliehen. Die Würdigung ist ein langer, wahrer Satz und so verschachtelt, als hätte Thomas Mann die Hand im Spiel gehabt: „Der Fachbereich Sprachwissenschaften der Universität Hamburg verleiht Frau Professor Ida Ehre, die, trotz erlittenen Unrechts, 1945 mit der Gründung der neuen Hamburger Kammerspiele ein humanes, dem Nachdenken über die Vergangenheit und dem Vordenken in eine menschlichere Zukunft gewidmetes Theater schuf, das seinen Zuschauern wieder den Blick in die Weltliteratur freiräumte, die als Prinzipalin, als Regisseurin und als Darstellerin dieses Ziel in der Auswahl der Stücke wie deren Betreuer, vor allem in der eigenen Deutung und Interpretation nie – auch nicht in entgegenstehenden Zeiten – aus dem Blick verlor, die so eine bedeutende Literaturlehrerin und Kollegin geworden ist, die Würde eines Doktors der Philosophie ehrenhalber: doctor philosophiae honoris causa."[8]

Walter Jens zählte die Kammerspiele und Ida Ehre in einer Laudatio zu den großen Lehrerinnen seines Lebens und schrieb der Prinzipalin zum 40jährigen Bestehen ihres Hauses das Stück „Die Friedensfrau". In dem Roman „Detlevs Imitationen – ‚Grünspan'" erinnert sich Hubert Fichte, der nach dem Krieg als Schüler an den Kammerspielen engagiert war, an Ida Ehre im grün-schwarzen Turban bei der Premierenfeier. „Die Intendantin wehrt lächend ab, als Detlev sich, weil die Mutter ihm einen Schubs gibt, für das Essen ohne Marken bedanken will."[9]

Niemand, der dabei war, wird Ida Ehres Auftritt 1983 im St. Pauli-Stadion vergessen, als sie bei der Veranstaltung „Künstler für den Frieden" Wolfgang Borcherts großes Antikriegsmanifest vortrug: „Dann gibt es nur eins: Sag NEIN! Du. Mann auf dem Dorf und Mann in der Stadt. Wenn sie morgen kommen und dir den Gestellungsbefehl bringen, dann gibt es nur eins: Sag NEIN!
Du. Mutter in der Normandie und Mutter in der Ukraine, du Mutter in Frisko und London, du, am Hoangho und am Mississippi, du, Mutter in Neapel und Hamburg und Kairo und Oslo – Mütter in allen Erdteilen, Mütter in der Welt, wenn sie morgen befehlen, ihr sollt Kinder gebären, Krankenschwestern für Kriegslazarette und neue Soldaten für neue Schlachten, Mütter in der Welt, dann gibt es nur eins:
Sagt NEIN! Mütter, sagt NEIN!"[10]
Borchert schrieb die Verse wenige Tage vor seinem Tod im November 1947. Der Dichter (siehe auch Spaziergang III, Seite 75 f.) starb am Tag vor der Uraufführung seines Dramas „Draußen vor der Tür", die am 21. November in den Hamburger Kammerspielen stattfand. Ida Ehre hatte in dem Hörspiel, das im Februar desselben Jahres gesendet worden war, sofort das Bühnendrama entdeckt. Es wurde *das* Theaterstück der verlorenen Nachkriegsgeneration. Beckmanns, des Heimkehrers, letzte Worte:

„Wo ist denn der alte Mann, der sich Gott nennt? Warum redet er denn nicht! Gebt doch Antwort!

Warum schweigt ihr denn? Warum?

Gibt denn keiner Antwort?

Gibt keiner Antwort????

Gibt denn keiner, keiner Antwort???"[11]

Wolfgang Borchert war 27 Jahre jünger als Hans Henny Jahn und starb zwölf Jahre vor ihm. Beide sind in Hamburg geboren und in Hamburg beerdigt. Gehen wir zur Rothenbaumchaussee. Dort führt ein Weg zu Hans Henny Jahn. Von der Hartungstraße links in die Schlüterstraße und bei Nr. 82 in die kleine Gasse. In dieser für Hamburg so typischen „Terrasse" zwischen den Zeilen der groß-bürgerlichen Mietshäuser wohnten früher Dienstboten und kleine Handwerker. Hans Henny Jahn, der selber Träger des Kleist-Preises war, hatte die hohe lite-rarische Auszeichnung 1928 an Anna Seghers vergeben. „Nach der Preisverlei-hung machte Anna Seghers einen Besuch bei Jahn, um ihm persönlich zu danken. Sie kam mit ihrem proletarischen Kopftuch in die Rothenbaumchaussee und trank mit Jahn und seiner Familie Tee. Es war der Beginn eines herzlichen Einvernehmens, das Jahn bis zu seinem Lebensende begleitete."[12]

Jahn wohnte damals mit seiner Frau Ellinor in der Rothenbaumchaussee Nr. 187, Ecke Oberstraße. Schräg gegenüber liegt der Norddeutsche Rundfunk. Die große Turmuhr signalisiert, was (wem) die Stunde schlägt. Der Intendant des NDR ein „*literarischer* Rundfunkpionier"? Das klingt nach guter alter Zeit und ist in der Tat lange her, war aber doch einmal wahr, nämlich als der Schrift-steller und Seefahrer Ernst Schnabel den Sender leitete, der damals noch Nord-westdeutscher Rundfunk hieß. Schnabel war wie Joachim Ringelnatz aus Sachsen und genauso wie Ringelnatz einige Jahre zur See gefahren und schrieb Reiseromane. Sein großes Vorbild war Joseph Conrad. Als der Krieg vorbei war, landete er 1946 auf dem Stuhl des Chefdramaturgen für das Hörspiel beim NWDR. Hörspiele zum Beispiel von Heinrich Böll, Ingeborg Bachmann oder Günter Eich wurden damals genauso beachtet wie die Bücher der Autoren. 1951 wurde Ernst Schnabel Intendant. Mit der Gründung des Dritten Programms, für das er sich keine andächtigen, sondern neugierige Hörer wünschte, machte er Rundfunkgeschichte. 1958, nachdem er drei Jahre zuvor sein Intendantenamt ab-gegeben hatte, erhielt er für seinen Odysseus-Roman „Der sechste Gesang" den Fontane-Preis. In dieser Heimkehrer-Geschichte nähert sich Odysseus der Insel Nausikaas:

„Der Mann schwamm und schwamm. Er schwamm jetzt die sechzehnte Stunde, und der Tag, der vier Stunden nach seinem Schiffbruch gedämmert hatte, ging nun zu Ende. Jedesmal, wenn seine blauen, verkrampften Hände durch eine weglaufende Welle hindurch ins Leere stießen, sackte er tiefer, und das Wasser

Folgende Doppelseite: Terrasse zwischen Rothenbaumchaussee und Schlüterstraße. Die Terrassen – früher Unterkünfte für Handwerker und Dienst-boten – sind heute sehr beliebt als stille Wohngassen. Von hier aus geht es zu Hans Henny Jahn, der einmal an der Rothenbaumchaussee Nr. 187 lebte.

schäumte über seinen Kopf hin. Aber er fing sich wieder. Er hob den Kopf, und seine Hände machten eine neue Anstrengung.

Am Morgen war ein Segel zu sehen gewesen in der Ferne. Wenn die See ihn und das Segel zugleich emporhob, sah er es über das hohe Meer hin schwanken, ein Dreieck, einzeln, weiß wie ein Zahn. Es kam ihm von Zeit zu Zeit in Sicht und dann noch einmal – und dann nicht mehr. Auch eine Insel trieb langsam an ihm vorbei, Hügel und triefender Wald. Nun kam die Dämmerung, und der anderen, der großen Insel im Osten, die er den ganzen Tag über gesehen hatte, war er jetzt so nahe, daß er das Rückgrat der Berge erkannte, den Wald in den Flanken."[13]

Mit einem ebenfalls aus der Antike hergeleiteten Text machte Ernst Schnabel dann noch einmal Rundfunkgeschichte. Als 1968 Hans Werner Henzes Oratorium „Das Floß der Medusa", zu dem er den Text geschrieben hatte, in Hamburg uraufgeführt und live vom NDR übertragen werden sollte, setzte sich Schnabel für Demonstranten ein, die rote Fahnen auf die Bühne gebracht hatten. Der ehemalige Intendant, der sein Stück Che Guevara gewidmet hatte, mußte in einer Grünen Minna mit zur Polizei. Die Live-Übertragung platzte.

In die mutige alte Rundfunkzeit des NDR gehört auch der Name von Alfred Andersch. Der Schriftsteller schlug zweimal in Hamburg seine Zelte auf. 1937 – er hatte wegen Mitarbeit in der KPD 1933 bereits eine halbjährige Haftstrafe im Konzentrationslager Dachau hinter sich – und Anfang der fünfziger Jahre, als er Leiter der gemeinsamen Feature-Redaktion der Sender Hamburg und Frankfurt wurde. Diese neue Hörfunkform erlebte damals eine Blütezeit. Andersch ist es zu verdanken, daß Autoren wie zum Beispiel Arno Schmidt das Niveau der Sendungen mitbestimmten.

Als Schriftsteller ist Andersch bekannt mit den Büchern „Die Kirschen der Freiheit" (1952), „Sansibar oder der letzte Grund" (1957), „Die Rote" (1960).

Nicht wegzudenken aus diesen und den folgenden Jahren ist beim NDR der Name von Axel Eggebrecht. Im Berlin der zwanziger und dreißiger Jahre hatte der „Bürgersohn" seine Erfahrungen gemacht. 1945 kam er nach Hamburg. „Mein Beruf … wurde der Hörfunk. In ihm sehe ich ein ideales Instrument des Literaten, der unmittelbar auf die Umwelt Einfluß nehmen will. (…) Meine Liebe zu ihm entstand … in jenen ersten Nachkriegsjahren, die zu den besten meines Lebens zählen."[14] So schrieb er in seinen Erinnerungen. Sein leidenschaftliches Engagement hat dem NDR dann eine unendliche Fülle von Kommentaren, Glossen, Kritiken, Essays, Features und Hörspielen eingetragen.

Unser literarischer Weg geht weiter links durch die Oberstraße zum Innocentia-Park. In der Parkallee Nr. 103 wohnte in den siebziger und achtziger Jahren Helmut Heißenbüttel. Hier entstand auch sein „Ohnedaßgedicht":

Wedgwood grün Suppengeschirr im Schaufenster eines

Antiquitätengeschäfts am Lehmweg die ausladende
Büste der Terrine
das ranzige Geraunz H.C. Artmanns im 3. Programm Hannover
die zarten Stimmen von Gisela Lindemann und Wend Kässens
als Chorus
Poesie lauert kahl
der Vortrag zu dem wir uns wieder alle versammelt haben
Graß in einem braunen Anzug aus edlem Stoff
hilft mir aus dem Dufflecoat
merkwürdig wie ich beim Hinsetzen im Traum diesen Gegenstand
unter meinem Hintern fühle Gürtelschnalle oder
Schlüsselbund der neben mir sitzenden Dame
das Kratzen des Geistes des Katers an der Tür morgens
halluzinierte Brise eines Frühjahrsmorgens beim Aufwachen
eine Sehnsucht ist in mir die will früh aufstehn
Details wie fleischige Ohrlappen ohne daß ich erinnere
in welchem Zusammenhang
eine ganze Epoche ins Loch gefallen ohne daß irgendjemand
weiß wie wieder daraus heraus
unaufmerksam auf der vergeblichen Jagd nach Novitäten
novitätengeil
Baumbesenjanuarperspektive Hansastraße
vier Scheiben Gouda
auf die Rückseite eines Sonetts von Karl Krolow gekritzelt
52 Heißenbüttels im Bremer Fernsprechverzeichnis gezählt
Herbert Heckmann spielt Bratsche
einsfünfzig hohe Trillerpfeife aus weiß poliertem Marmor
im Traum
Johanna Pohlmann will mir einen Schnaps spendieren muß
aber erst auf dem Preisschild das auf einen Pfahl an einem
Graben genagelt ist nachsehn ob sie genug Geld dabei hat
ohne daß
Rudel aus spitzen Schreien bezeichnen die rodelnden Kinder
im Innocentiapark
das ist kein Kümmel das ist ein Pimmel schreien lachend die
kleinen Mädchen in der U-Bahn
ohne daß
ich falle langsam vom Rand der Welt herab und die Finger
der Hand die mich noch hält werden steif und
lösen sich langsam[15]

Folgende Doppelseite: In seinem Buch „Der Untergang" hat Hans Erich Nossack beschrieben, wie er nach den Bombennächten 1943 in die Brahmsallee zurückkommt und vor den Trümmern seines Hauses Nr.11 steht. Die Nachbarhäuser waren stehengeblieben. Das Haus, in dem der Schriftsteller gewohnt hatte, wurde nicht wieder aufgebaut. Zwischen Nr.9 und Nr.13 führt heute ein Weg zu den Grindelhochhäusern, die wie eine riesige Wand nach dem Krieg hinter den alten Villen hochgezogen wurden.

Noch ein literarisches Streiflicht aus der Parkallee. In seinem Buch „Die Jahre die Ihr kennt" erinnert sich Peter Rühmkorf an eine Begegnung mit dem „Weltgeist auf Achse", Hans Magnus Enzensberger: „Habe vergessen, wann ich Enzensberger kennenlernte; es muß jedenfalls Ende der Fünfziger gewesen sein und kurze Zeit nach der Kubanischen Revolution. Er besuchte mich in meiner Parkallee-Wohnung, wo ich zwischen Apfelsinenkisten hauste, und mokierte sich über den Antagonismus Fidel Castro – Arno Schmidt, den ich für mich in einen Goldrahmen gespannt hatte. Sagte ‚So geht es aber auch wohl nicht, Herr Rühmkorf', was damals allerdings weniger gegen Schmidt als gegen Castro zielte."[16]

Auch der Claassen-Verlag hatte in den fünfziger Jahren seine Zelte in der Parkallee (Nr. 42) aufgeschlagen. Und der Schriftsteller Hans Friedrich Blunck (Haus Nr. 35), der sich nach dem Krieg um eine Rechtfertigung seines Verhaltens in der Nazizeit mühte und für seine zweibändige Autobiographie Anfang der fünfziger Jahre auch gleich wieder einen Verlag fand. Anders als Hans Erich Nossack, der als Linksintellektueller die Nazizeit erlitten hatte. „Ziemlich genau um 1933 wäre ich wohl über der literarischen Oberfläche aufgetaucht, statt dessen kam Hitler und es gab für mich keine Möglichkeit der Veröffentlichung"[17], schrieb der 1901 Geborene später. Auch nach 1945 mußte Nossack lange um die Verlegung seiner Arbeiten kämpfen. 1948 erschien sein Text „Der Untergang", der die Zerstörung Hamburgs in den Tagen vom 24. Juli bis 3. August 1943 schildert. Er hatte sich das Erlebnis drei Monate nach der Katastrophe von der Seele geschrieben und den Seiten als Leitwort einen Satz aus Dostojewskis „Aus einem Totenhaus" vorangestellt: „Im allgemeinen sprachen sie wenig über ihre Vergangenheit, sie erzählten nicht gern und bemühten sich, wie es schien, nicht an das Frühere zu denken."

Das Haus, in dem Nossack damals mit seiner Frau wohnte, Brahmsallee Nr. 11, wurde völlig zerstört. Verloren gingen dabei auch seine Manuskripte. Der Schriftsteller war nach den Bombenangriffen von Süden zurückgekommen in die brennende Stadt.

„Gleich zur Linken brannte ein riesiger Kokshaufen – er erlosch erst nach drei Wochen –, und sekundenlang wurde man von glühendem Höllenatem angehaucht, wie um gefeit zu werden, ehe man passieren durfte, und dann war man innerhalb. Der Wagen schwankte und tastete sich durch den Paß, der zwischen den Trümmern notdürftig freigelegt war, über Geröllhalden zusammengebrochener Gebäude, an Kratern vorbei und unter zerknickten Brücken hindurch, von denen Waggons wie Girlanden ins Wasser der Hafenbecken hingen, aus denen der Bug einer Schute emportauchte, erschrocken über die plumpen Körper von Oberländerkähnen, die leblos auf der Seite trieben. An den Rändern des Passes lagen längliche Bündel, und man sagte, es wären Leichen. Alle so still, und viel

lauter glaubte man den Todesschrei der Autos gellen zu hören, die, gelbausge-
glüht und in letzter Not sich erbarmungswürdig aufbäumend, den vergeblichen
Fluchtweg bezeichneten."[18]

Als er in die Brahmsallee kommt, sieht er: „Die Häuser links und rechts von
uns stehen noch, aber das unsrige ist fort. Was trieb uns denn, es zu verlassen
so kurz vorher, wie Tiere, die es plötzlich zwingt, ihre alten Höhlen zu verlassen? Sie wissen nicht warum, und kurz nachher bricht ein Erdbeben aus."[19]

Brahmsallee Nr. 11. Es ist dort kein Haus wieder gebaut worden. Die kleinen
Villen links und rechts stehen immer noch, dazwischen die Lücke und dahinter
die riesige Fensterwand der Grindelhochhäuser, die Anfang der fünfziger Jahre
gebaut wurden. Eine Wohnmaschine für fast 5.000 Menschen.

Zum Schluß führt der Spaziergang durch die Heinrich-Barth- und Bornstraße
wieder aufs „Abaton"-Kino zu und zurück zum Dammtor. Wie Überlebende
sich nach den Bombennächten auf der Moorweidenwiese einrichteten, hat Hans
Leip 1943 beschrieben. „Man fand Ausgebombte fast vergnüglich auf grünen
Plätzen sitzen; sie schienen nicht nur froh, noch zu leben, sondern auch unbela-
stet von Eigentum zu sein. Und sie lächelten beglückt, als ihnen Brot und Butter
in längst entwöhntem Übermaß zugeteilt wurde. Das Wetter war warm; sie freuten sich, im Freien zu nächtigen, so schien es, und endlich mal Ferien zu
machen."[20]

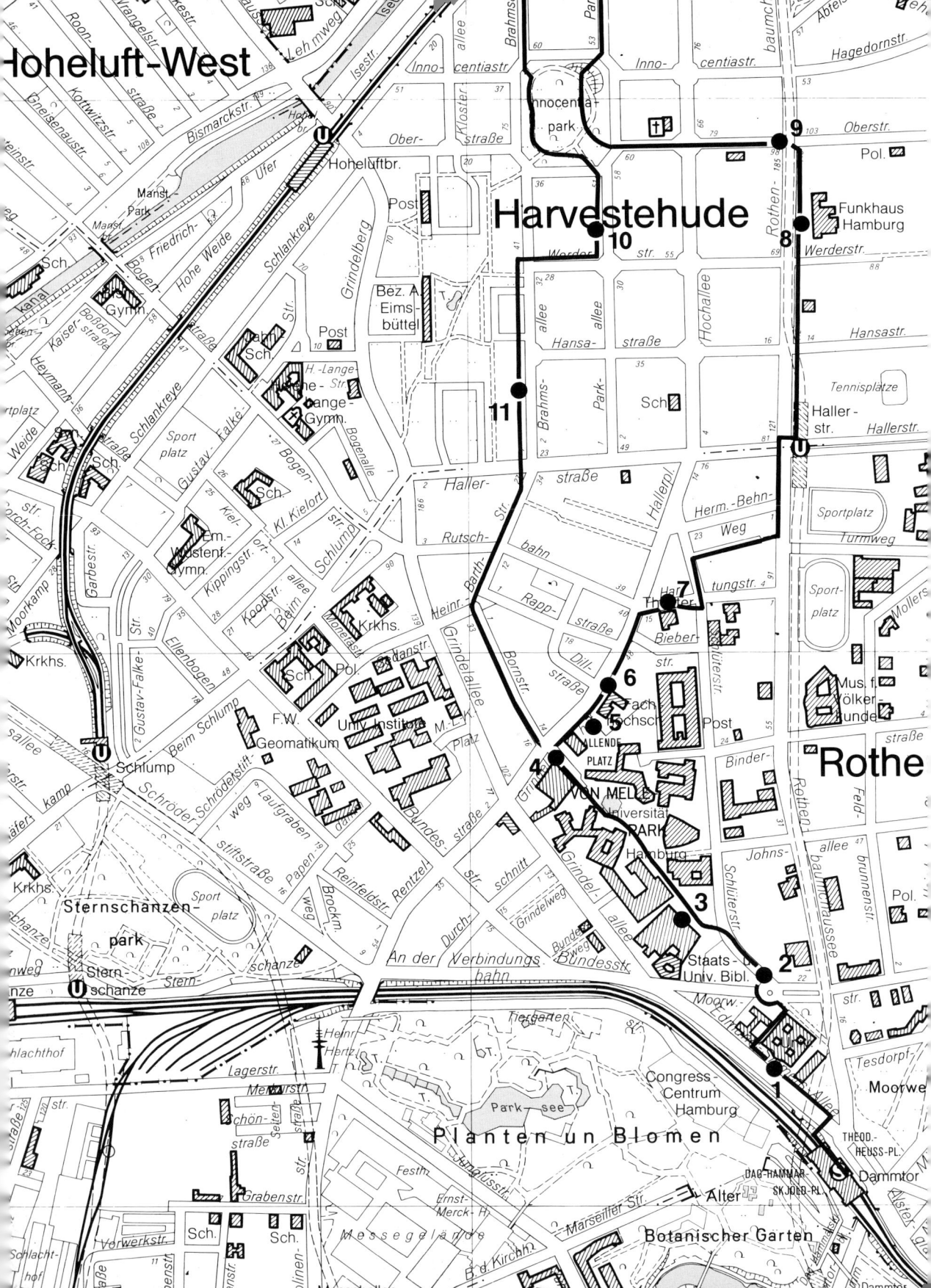

Hauptbahnhof

•

St. Georg

•

Uhlenhorst

Begegnung mit: Friedrich Hebbel, Arno Schmidt, Alfred Lichtwark, Hubert Fichte, Erich Fried, Hans Leip, James Krüss, Peggy Parnass, Edgar Maass, Joachim Maass, Günter Grass, Hans Fallada, Ulla Hahn und vielen anderen.

Ankommen und abreisen. Das ist ein großes literarisches (Lebens-)Thema. Turbulentester Ort dafür ist der Bahnhof. Und ebenda beginnt dieser Spaziergang. Er führt durch die hellen und die dunklen Seiten von St. Georg. Licht und Schatten grenzen hier so jäh aneinander wie das Deutsche Schauspielhaus an den Hansaplatz. Auf den letzten Kilometern löst sich alles wieder in reinem Licht auf, denn da führt der Weg am Ostufer der Außenalster entlang. Gehzeit: 80 Minuten.

„Vorm Hauptbahnhof (war erst 7 Uhr 52): ein Auto hojahnte; von fern tahütahoten lustig Feuerwehren; die Luft schichtete sich zierlich von weiß nach blau; und die rotgelbe U-Bahn stürmte mit gesenktem Kopf durch ihre Kurve."[1] Arno Schmidt kommt in Hamburg an. Wie dieser Tag, anno 1939, für ihn weitergeht, ist nachzulesen, mit königlichem Vergnügen, in seinem Roman „Aus dem Leben eines Fauns". Der Hauptbahnhof als literarischer Ort. Daran ist selbstverständlich auch Hubert Fichte nicht vorbeigegangen, der in seinen Romanen Hamburg topographisch verewigt hat wie keiner vor ihm. In seinem Buch „Versuch über die Pubertät" findet hier in der Nachkriegszeit die zweite Begegnung des jungen Fichte mit Pozzi statt. In Pozzi den Schriftsteller Hans Henny Jahnn wiederzuerkennen, war für Eingeweihte in den siebziger Jahren ein pikantes Vergnügen. Der Junge war mit seiner Mutter im Schauspielhaus, um Sartres „Schmutzige Hände" anzusehen. Pozzi lädt Mutter und Sohn nach der Vorstellung ein: „Und im Wartesaal Erster Klasse – weinrote und grünliche Getränke – nun die geglückte Uraufführung des großen Restaurantspiels ‚Großbürgersohn, der dem Kommunismus zuneigt, lädt Proletarierfamilie ein'; dies Zappeln zwischen Erniedrigung des Kellners, der eine spanische Süßweinsorte falsch akzentuiert, und

Unterwürfigkeit, wenn der Groom befiehlt, hüpfende Pfirsiche mit dem Messer zu genießen. (…) Hauptbahnhof, Wartesaal Erster Klasse – Moselwein. Vor einem Jahr schwappte hier noch das Heißgetränk und die SS-Leute schmurgelten sich auf dem Klo das Arierzeichen aus der Haut. Krähen wurden als Gänse verkauft, Hunde als Hasen und sogar das Brot war gelb vor Hunger."[2]

Der Hunger an vielen Ecken des Hauptbahnhofs ist geblieben. Kann dies der Ort sein für einen notleidenden Poeten, der schon 1863 starb, als es den Hamburger Hauptbahnhof noch gar nicht gab? Eigentümlich ist die Beziehung Friedrich Hebbels zu diesem Ort ohne Zweifel. Aber – es gibt sie. Denken wir uns zurück! 1906 wurde der neue Hauptbahnhof mit seiner großartigen Halle aus Stahl und Glas (140 Meter lang, 120 Meter breit!) eingeweiht. Die Triumphbögen der neuen Technik errichtete man auf dem Gelände der Friedhöfe von St. Georg und St. Jacobi. Unter den Toten, die nach Ohlsdorf umgebettet wurden, war auch Elise Lensing, die unglückliche Freundin des Dichters Hebbel. Der Maurersohn aus Wesselburen/Dithmarschen war 1835 mit 22 Jahren im Hause ihrer Eltern am Hamburger Stadtdeich untergekommen. Hebbel war arm, und Elise war bald arm dran. Denn sie liebte und wurde nicht wiedergeliebt. Sie bekam zwei Kinder von ihm, aber nicht den Mann.[3] Als 1900 das Deutsche Schauspielhaus an der Kirchenallee eingeweiht wurde und Elise Lensings Grab noch nebenan war, wurde der Dramatiker Hebbel auf der Theaterbühne gefeiert. Er galt damals mehr als Heinrich Heine, der denselben Verleger hatte, nämlich den Hamburger Julius Campe (siehe Spaziergang I, Seite 10 f.), und mehr als Georg Büchner, der im selben Jahr wie Hebbel, 1813, geboren worden war.

Der Sprung zurück in die Gegenwart gelingt mit Hilfe von Kriemhild und Siegfried, Brunhild und Gunther: Hebbels Drama „Die Nibelungen" war 1861 in Weimar uraufgeführt worden. In der Rolle der Kriemhild: Hebbels Frau, die Wiener Schauspielerin Christine Enghaus. (Elise Lensing hatte auch das noch getan: sich als Kindermädchen des Sprößlings von Ehepaar Hebbel verdingt.) 1988 wurde Hebbels Werk wieder im Thalia Theater gefeiert. Es gab eine sechs Stunden währende Aufführung der „Nibelungen" in der Inszenierung von Jürgen Flimm.

Der Weg vom Hauptbahnhof hinüber zur Kunsthalle sei verschönert mit Hebbels „Nibelungen-Erzählung" von der wunderbaren Jungfrau im hohen Norden, mit dem Bericht über Brunhild im ersten Teil des Dramas, der heißt „Der gehörnte Siegfried":

Im tiefen Norden, wo die Nacht nicht endet,
Und wo das Licht, bei dem man Bernstein fischt
Und Robben schlägt, nicht von der Sonne kommt,
Nein, von der Feuerkugel aus dem Sumpf –

Dort wuchs ein Fürstenkind
Von wunderbarer Schönheit auf, so einzig,
Als hätte die Natur von Anbeginn
Haushälterisch auf sie gespart und jeder
Den höchsten Reiz des Weibes vorenthalten,
Um ihr den vollen Zauber zu verleihn.
Du weißt von Runen, die geheimnisvoll
Bei dunkler Nacht von unbekannten Händen
In manche Bäume eingegraben sind;
Wer sie erblickt, der kann nicht wieder fort,
Er sinnt und sinnt, was sie bedeuten sollen,
Und sinnt's nicht aus, das Schwert entgleitet ihm,
Sein Haar wird grau, er stirbt und sinnt noch immer;
Solch eine Rune steht ihr im Gesicht!
Bei Eis und Schnee, zur Augenweide
Von Hai und Walfisch, unter einem Himmel,
Der sie nicht einmal recht beleuchten kann,
Wenn nicht ein Berg aus unterird'schen Schlünden
Zuweilen seine Blitze schickt,
Ist aller Jungfraun herrlichste erblüht.
Doch ist das öde Land, das sie gebar,
Auf seinen einz'gen Schatz auch eifersüchtig
Und hütet sie mit solcher neid'schen Angst,
Als würd' es in demselben Augenblick
Vom Meere, das es rings umbraust, verschlungen,
Wo sie dem Mann ins Brautbett folgt. Sie wohnt
In einer Flammenburg, den Weg zu ihr
Bewacht das tückische Geschlecht der Zwerge,
Der rasch umklammernd quetschend Würgenden,
Die hören auf den wilden Alberich,
Und überdies ist sie begabt mit Kräften,
Vor denen selbst ein Held zuschanden wird.[4]

Wie gräßlich die Nationalsozialisten dann im folgenden Jahrhundert alles Germanische mißverstanden, ist wieder bei Arno Schmidt nachzulesen. Dieser hat 1939 noch eine Stunde Zeit bis zur Abfahrt seines Zuges und geht in die Kunsthalle: „Bieder und glatt hingen die Schinken des Dritten Reiches alle Wände herunter: getreidige Landschaften mit unerhört breithüftigen Garben straften den Verdacht geistiger Mißernte handgreiflich Lügen; Charaktermenschen sahen volksnah in ein unsichtbares Großdeutschland; Mädchen steckten in ihren Trachten wie in

Urnen; ums gedrungene Bauernhaupt hatte der Pinsler ihnen die blonde Zopf-anakonda gewickelt, daß man den armen Dingern gleich hätte Aspirin anbieten mögen. Bildhauer hatten stark Nackte gemacht, mit ... ewigen stolzen Profilen, alle frappant familienähnlich; auch der unwiderstehlich volkstümliche ,Rossebän-diger' fehlte nicht, der mit einer Hand einen Hengst stemmt (dabei hab ich bei der Bespannten gedient, und weiß genau wies zugeht!) – und Alles war so be-drückend eintönig und genormt ausdruckslos, und hunderttausendmal verschol-len, und in hoffnungslos verständlichen Techniken hergestellt; und die Zufrieden-heit mit der herrlichen Rasse lümmelte wie eine fette Sfinx in den Räumen."[5] Alfred Lichtwark, der die Kunsthalle von 1886 bis 1914 leitete und zu Bedeu-tung brachte, hätte sich im Grabe umgedreht! Er war ein enthusiastischer und aufklärerischer Kunstverfechter, ein wortgewaltiger und tatkräftiger Kämpfer für sein Museum. Leicht hatte er es in Hamburg nicht. „Ich habe es nicht mit *einem* Kaiser zu tun, hier herrscht eine Herde von Kaisern, und sie alle sehen nur das rothe Tuch des Modernismus, das mir aus der Tasche hängt,"[6] schrieb er.
Lichtwark war ein großer Pädagoge. Mehr Bildung schien ihm so wichtig wie das tägliche Brot. In seinen „Übungen in der Betrachtung von Kunstwerken" lie-fert er die Begründung: „Der Typus des modernen Deutschen hat seine schwa-chen Seiten auf dem Gebiet der ästhetischen Bildung. Es fehlt ihm an äußerer Kultur und Festigkeit der Form wie an einem innerlichen Verhältnis zur bilden-den Kunst. Nach künstlerischen Genüssen, die eine Erziehung des Auges und des Herzens voraussetzen, hat er kein Bedürfnis. Er sieht schlecht mit dem äuße-ren Auge und mit der Seele überhaupt nicht."[7] – „Ein Lot Anschauungsvermö-gen ist für das Leben mehr wert als ein Zentner Wissen."[8] Auch das ist ein Satz Lichtwarks, der die „Kunst ins Leben" bringen wollte. Er war Pragmatiker. „In Hamburg habe ich zuerst die Melodie der neuen Schönheit gewonnen"[9], schrieb der Dichter Rainer Maria Rilke an Lichtwark nach einem Besuch der Kunsthalle im Dezember 1898.
Ein brillanter Theoretiker plädierte rund neunzig Jahre später auf seine Weise auf eine Entgrenzung der Kunst: Werner Hofmann, in den siebziger und achzi-ger Jahren Leiter der Kunsthalle. Seine Kataloge zu den Austellungen „Kunst um 1800" sind heute Standardwerke. Zu Hofmanns Zeiten ging es in der Kunsthalle noch hinunter zu den Dichtern. Im Keller des ältesten Gebäudes (1868 gebaut) hatte die Freie Akademie der Künste ihr Domizil. Sie wurde 1948 von Hans Henny Jahnn gegründet. Diese Institution, wo sich Literatur, Musik, bildende und darstellende Kunst begegnen, findet sich seit Anfang der neunziger Jahre am Klosterwall 23. Damals zog auch das Literaturzentrum (Lit) vom Museum um ins Literaturhaus, Schwanenwik Nr. 38. „Das Lit ist manchmal Hort, manchmal sta-cheliges Nest, jedenfalls ein Ort, an dem Autoren und sogenannte Dichter und die, die es werden wollen, sich beschnüffeln und verstreiten können."[11]

Die Musen herrschen am und im Deutschen Schauspielhaus. „Man möchte es anbeißen und aufessen, so appetitlich ist es, das Deutsche Schauspielhaus." (Hubert Fichte) Es wurde 1900 eröffnet. Die Wiener Architekten Fellner und Helmer, die damals Theater „im Dutzend billiger" bauten, hatten genau den Geschmack der Zeit getroffen.

Springen ist Lust dieser Spaziergänge. Zum Sprung rüber vors Deutsche Schauspielhaus an der Kirchenallee lädt ein gut bekömmliches Zitat: „Man möchte es anbeißen und aufessen, so appetitlich ist es, das Deutsche Schauspielhaus. Geschmackvolle Verzierungen an den Wänden. Kirschenrot und Erdbeerenrot. Haferflockentortenfarbener Plüsch."[12]

Wieder ein Zitat von Hubert Fichte, der ja auch gelernter Schauspieler war und nach dem Krieg auf der Bühne des Schauspielhauses gestanden hatte.

Eine ganz andere Biographie verrät sich aus folgendem Zitat: „Wenn man, wie ich an die dreißig Jahre in vorderster Front am Theater gewirkt hat, ist man unweigerlich einer Art Legendenbildung ausgesetzt, einer Legende, die sich immer mehr von einem selbst loslöst, besonders dann, wenn wie in meinem Fall, diese Legendenbildung in einer entscheidenden Phase meines Lebens von außen bestimmt und gelenkt worden ist. Ich denke mir manchmal, wenn ich meiner Fama auf der Straße begegnen würde, ich würde mich selbst nicht erkennen."[13]

So sprach Gustaf Gründgens 1955 in seiner Antrittsrede als Intendant des Deutschen Schauspielhauses. Mit der Legendenbildung meinte er seine Schauspieltätigkeit während der zwanziger Jahre an Erich Ziegels Hamburger Kammerspielen sowie die Zeit unter Hitler in Berlin. Nach seinem Tod 1963 bildete sich dann noch mal eine neue Legende, die den brillanten Theatermann Gründgens lange Zeit zum Alptraum seiner glücklosen Nachfolger werden ließ. Doch das ist lange her.

Noch ganz frisch in Erinnerung sind dagegen die Auftritte des unermüdlichen mutigen Dichters Erich Fried. Mit 17 Jahren hatte der in eine jüdische Familie in Wien Hineingeborene nach London emigrieren müssen und dort auf die Frage, was er denn werden wolle, geantwortet: „Ein deutscher Dichter." Erich Fried hatte bis zu seinem Tod 1988 bei Freunden in Eimsbüttel ein Zimmer. Das Schauspielhaus spielte seine Shakespeare-Übersetzungen. Er hatte dort 1987 seine letzte große Lesung gehabt.

„Dieser Mann gehört nun tatsächlich zu jener vielbeschriebenen, im Grunde sagenhaften und nur in einigen drei vier fünf Exemplaren nachweisbaren Gattung lyrischer Partisanen, denen der scheinbar abgelegene Krieg in Südostasien ein naheliegender, das heißt paradigmatischer Vorwurf ist"[14], schreibt Peter Rühmkorf über Erich Fried. In Verehrung des „lyrischen Partisanen" hier ein Gedicht von ihm.

Liebesantwort
„Was soll unser Leben sein?"
fragten wir zwischen zwei Küssen
„Was soll unser Leben sein?"
fragten wir zwischen zwei Schüssen

DER KUNST
EINE STAETTE

„Ein Kampf darum
nicht nur um unser
Leben
kämpfen zu müssen"[15]

Das Deutsche Schauspielhaus von der Stirnseite. Da sind Shakespeare, Schiller, Goethe, Grillparzer, Lessing, Kleist in Stein gehauen. In ihrer Mitte das Plakat zur aktuellen Abendveranstaltung. Das Deutsche Schauspielhaus von der Rückseite: Da kann einem manchmal das Herz stehenbleiben bei der Begegnung mit jungen Prostituierten und Süchtigen. Dabei ist der Hansaplatz (rechts am Schauspielhaus vorbei durch die Ellmenreichstraße) so schön. Und die eiserne Hammonia auf ihrem Sockel so heroisch. Und irgendwie fällt einem immer der liebenswürdige „Trunkenbold" Ringelnatz ein und sein Gedicht „Ansprache eines Fremden an eine Geschminkte vor dem Wilberforce-monument": „Guten Abend, schöne Unbekannte! Es ist nachts halb zehn / Würden Sie liebenswürdigerweise mit mir schlafen gehn?"[16]

Auf dem Weg zur Langen Reihe ein Rückblick in die Vergangenheit von St. Georg. In seiner 1789 erschienenen Topographie schreibt Jonas Ludwig von Hess, das Dorf „enthält eine Kirche, ein Hospital, ein Armenhaus, und in den Straßen und Gängen 429 Häuser, mehrentheils mit Gärten. Halb Stadt, halb Land, Gärten, Baumschulen, Misthaufen, Prachthäuser, Sommerwohnungen, Hütten, Schweinekoben, Weiden, Todtenäcker, Bleichen, Sägeplätze, Reihen, Alleen, Enten-Teiche, Schweine-Pfützen; gibt ein buntscheckiges Mancherley ab, und sein Ganzes macht gar keinen oder einen unangenehmen Eindruck. Branntweinbrennen, Bleichen, Gärtenbauen, Bierschenken, dies sind die Nahrungszweige der ansässigen Einwohner."[17]

Ein halbes Jahrhundert später klingt die Beschreibung schon freundlicher: „Sankt Georg war ein gediegenes bürgerliches Viertel mit weiten baumbepflanzten Straßen, gutgebauten Häusern und Villen und stillen Gärten, und bot den Männern, die die See befahren, nichts, wenn man vom Tivoli absieht, einem offenen Sommertheater, das aber ein Familienlokal war. (...) Ganz dicht an der Außenalster führte ein Nebentor, das sogenannte Ferdinandstor, in dieses Vorstadtparadies hinaus."[18] Die besseren Hamburger hatten hier ihre Sommerhäuser. So auch die Familie Hudtwalcker, wie in den Lebenserinnerungen von Margarethe Hudtwalcker, verheiratete Milow, nachzulesen ist.[19]

Heute ist „Das Dorf" eine gemütliche Kellerkneipe in der Langen Reihe. Und nur noch Straßennamen erinnern an St. Georgs ländliche Vergangenheit: Koppel, die Parallelstraße zur Langen Reihe, und Holzdamm, wo sich das Viertel zur Außenalster hin wieder nobilitiert (Atlantic-Hotel!), wo der französische Schriftsteller Paul Claudel im Haus Nr. 42 von 1913–1914 als Generalkonsul lebte.

Zurück zur Langen Reihe. Hin zu ihren Läden und Lokalen, kleinen Kneipen und Cafés, wo die dicken Autos aus der Provinz nachts langsam fahren und sich die Menschen tagsüber vor lauter Eile umrennen. In der Langen Reihe, Pension St. Benedict, hat James Krüss gelebt und die Geschichte von „Nele oder Das Wunderkind" aufgeschrieben. Und das ist – so nebenbei – auch eine kleine Chronik der Straße geworden. „Auf unserem Pflaster blühen die Talente"[20], sagt da Finny Albers, die irgendwie mit Hans Albers verwandt ist, der im Haus Lange Reihe Nr. 71 geboren wurde (1891) und hier Wäsche ausgefahren hatte, bevor er als Leinwandheld Karriere machte. Bei Beerdigungen in Ohlsdorf oder auf See singt er noch heute „La Paloma" vom Band.

Wirklich ein Pflaster für Talente. Lange Reihe Nr. 91. Das Geburtshaus von Hans Leip. Sein Vater war Hafenarbeiter. Der Sohn wurde ein vagabundierender Dichter und mit dem Lied „Lili Marleen" weltbekannt. Er war zwei Jahre jünger als Hans Albers. Dann gehörte damals noch der 1886 geborene Ernst Thälmann dazu (siehe Spaziergang III, Seite 76), der in der Langen Reihe als Rollkutscher Bierfässer ausfuhr, bevor er ein berühmter (auch schreibender) Sozialdemokrat wurde.

Lange Reihe Nr. 84, Haus 5. In einer der Seitengassen hat Peggy Parnass ihr „Nest". „In unserem Hof geht's an Politständen und dem Süßen Kaufhaus vorbei, an viel Grün und alten Laternen. Durch den schmalen Gang dahin, wo wir alle vor Glück aufseufzen. Unser Zuhause! Die riesige Rotbuche, umzingelt von unseren fünf Häusern, ein Hof voll Singles! Früher wohnten große Familien, immer drei Generationen, in den kleinen Wohnungen. Ohne Bad, ohne Heizung, ohne alles. Von denen sind nur noch vereinzelte Rentner übrig, die mich mit ihrer Herzlichkeit überschütten. Erna Helms, meine vierundachtzigjährige Malefizpartnerin, die oft für mich mitkocht, Herr Hanelt, Frau Kröppelin, Frau Habersaat. Die erzählen spannend aus ihrem langen Leben im Hof."[21]

Irgendwie ist das die richtige Ecke, um beim Gang durch die Gurlittstraße runter zur Alster von Klein Erna zu erzählen. „Mamma sitzt auf ne Bank an der Alster und Klein Erna geht in die Anlagen spazieren. Mamma strickt zwei schlicht zwei kraus und will gaanich gestört werden. Und wie da mit'n mal 'n großer Schwan angeschwommen kommt, da ruft Klein Erna: ‚Mamma, Mamma, kuck mal den Schwaan, der hat aber 'n langen Hals!' Mamma: ‚Den laß man, Klein Erna, der soll ja wohl.'"[22]

Das ist bitte laut und missingsch zu lesen. Dann macht's erst richtig Spaß und jeder kapiert, warum die Klein-Erna-Bücher von Vera Möller schon über eine Million Male verkauft wurden.

Stimmt es, daß das Licht über der Außenalster vom Ostufer aus noch schöner ist als vom Westufer, wo es ja auch schon geradezu traumschön ist? Der literarische Weg führt am Ostufer längs gen Norden. Nicht jedem hüpfte hier das Herz

zu allen Zeiten vor Freude. Zum Beispiel Willi Kufalt. Der versuchte zwischen den Kriegen in Hamburg Boden unter die Füße zu kriegen. „Also nun sitzt Willi Kufalt auf einer Bank an der Außenalster und ringt um einen Entschluß. Er verzehrt dabei seine vier Rundstücke und sein Viertel Leberwurst, das schmeckt, um seinen Appetit braucht ihm gar nicht bange zu sein, wenn es um alles so gut stünde wie um den!"[23] Wie schlecht es um Willi Kufalt steht, hat Hans Fallada in seinem Roman „Wer einmal aus dem Blechnapf frißt" erzählt. Da kann sich einer, der trotz heißem Bemühen nicht weiterkommt, an der Alster sitzend, sogar nach dem Gefängnis zurücksehnen: „Seltsam –: in den letzten belämmerten Wochen ist die Erinnerung an das Zentralgefängnis in jener kleinen Stadt wie eine selige Insel aus dem graunebeligen Meer seines Lebens aufgetaucht. War es nicht eine herrliche, ruhige Zeit, als er dort in seiner Zelle lebte und nichts wußte von Geld. Kohldampf, Arbeit, Bleibe –?"[24]

Armer Willi Kufalt. Da hatten andere wirklich lustigere Zeiten an diesem schönen Ufer. „Am Schwanenwik knarrte, als es Mittag geworden war, der Sprengwagen mit der großen roten Tonne entlang, Scharen bloßfüßiger, halbnackter Arbeiterkinder trabten platschend hinter dem silbrig glitzernden Erguß her, hin zur Badeanstalt Schwanenwik, die, von vielstimmigem Gejubel erfüllt, flach im dichten Grün in der Tiefe der Anlagen lag."[25] Es war die Zeit kurz nach der Jahrhundertwende. In der Alster konnte noch gebadet werden, und am Schwanenwik Nr. 33 spielten im Garten des noblen Patrizierhauses Joachim und Edgar Maass (siehe auch Spaziergang II, Seite 34 f.). Mit den Schmuddelkindern durften sie nicht herumtoben. So erfanden sie ihre eigenen, einsameren Spiele. Beide Brüder wurden Schriftsteller und haben in ihren Romanen verschlüsselt über ihre Kindheit geschrieben. Der 1896 geborene Edgar, der sich als Chemiker seinen Lebensunterhalt verdiente, ging bereits 1926 in die USA, kehrte 1934 nochmal für vier Jahre nach Hamburg zurück. 1939 erschien sein Roman „Das große Feuer", der zur Zeit des Brandes von 1842 spielt. Sein Bruder Joachim wurde 1901, im selben Jahr wie Hans Erich Nossack, geboren. Er begann seinen Berufsweg als Kaufmannssohn klassisch hanseatisch mit einem kaufmännischen Volontariat. Anders als Nossack, der der Not gehorchend daraus einen Beruf machen mußte, lebte Joachim Maass bald als freier Schriftsteller. Während der Nazizeit emigrierte er nach Amerika und wurde 1939 Professor für deutsche Literatur an einer Hochschule in Massachusetts. 1935 erschien sein Roman „Die unwiederbringliche Zeit", in dem er über eine Kindheit im Hamburg kurz nach der Jahrhundertwende schreibt.

Literarisches ist auch über die Nachbarhäuser zu berichten. Im Schwanenwik Nr. 31 hatte in den achtziger Jahren Günter Grass eine Stadtwohnung. Nr. 38 ist das Literaturhaus. Kunsthaus am Klosterwall. Filmhaus in Altona. Als letzte bekam die Literatur ihr Haus. In dem schönen alten Patriziergebäude ist Platz ge-

Lange Reihe, St. Georg. „Auf unserem Pflaster blühen die Talente." (James Krüss) Hier wurden Hans Leip und Hans Albers geboren. Die Gänge, die die Lange Reihe mit ihren Parallelstraßen verbinden, führen in eine kaum zu glaubende Stille und Idylle an der „Hauptschlagader" von St. Georg.

nug für lautes und leises Lesen, um miteinander zu reden und zu organisieren, für geplante und zufällige Begegnungen im Zeichen der Literatur. Unter seinem Dach befinden sich weitere wichtige Institutionen des Lesens und Schreibens: das „Literaturzentrum", der Norddeutsche Verleger- und Buchhändler-Verband, eine Buchhandlung und ein Café.

Schöne Aussicht. So heißt auch die Straße, in die wir einbiegen, um am Feenteich wieder einen literarischen Halt zu machen. Dunkel und geheimnisvoll wirkt dieser von Villen gerahmte Teich. In einem der noblen Häuser wird eines Tages der Chirurg und Musikliebhaber Kalinowski tot aufgefunden. In Geno Hartlaubs Roman „Lokaltermin Feenteich" scheint zuerst alles auf einen Mord hinzudeuten. Was wirklich hinter diesem Fall im Milieu Feenteich steckt, wird nicht verraten.

Das weiße Haus rechts an dem kleinen See ist das Gästehaus des Senats. Da durfte noch kein Dichter schlafen. Aber Günter Grass war immerhin schon mal zu einem Butt-Essen eingeladen.

Daß der Feenteich einmal ein Moorloch und Uhlenhorst ein sumpfiges Gelände waren, ist noch gar nicht so lange her. Nach dem großen Brand von 1842 wurde die Außenalster abgesenkt. In der zweiten Hälfte des 19. Jahrhunderts begann man, die Villen am Ufer zu errichten. Wer hier bei Sonnenuntergang aus dem Fenster schaut, mag sich manchmal wie in ein Märchen aus Tausendundeiner Nacht versetzt fühlen. So orange-rosa-rot und gold leuchtet die Stadt in der untergehenden Sonne. Da ist der Weg nicht weit zu Scheherezade, der schönen Märchenerzählerin in Tausendundeiner Nacht, ins Morgenland und – an der Schönen Aussicht Nr. 36 – zu der großen grünen Moschee.

Aber die lauteren Diener Allahs,
Die sollen eine festgesetzte Versorgung erhalten:
Früchte; und geehrt sollen sie sein
In den Gärten der Wonne,
Auf Polstern einander gegenüber.
Kreisen soll unter ihnen ein Becher aus einem Born,
Weiß, süß den Trinkenden;
Kein Schwindel soll in ihm sein, und nicht
sollen sie von ihm berauscht werden.
Und bei ihnen sollen sein züchtig blickende,
großäugige (Mädchen), gleich einem versteckten Ei.[26]

So steht es im Koran.
Welch traumhaft schöne Phantasien im überwiegend protestantischen Hamburg! Aber immerhin: 100.000 Muslime leben heute unter den Dächern der Hansestadt.

18 Moscheen gibt es für sie. Der herrlich grüne Kuppelbau mit seinem zwanzig Meter hohen Minarett, 1960 errichtet, ist der größte und schönste unter ihnen.

Nach einem anderen Gebäude sucht man in der Nachbarschaft vergeblich: dem Uhlenhorster Fährhaus, es fiel 1943 in Schutt und Asche. Früher wurde dort bei Bällen, goldenen Hochzeiten und Jubiläumsfesten gereimt, daß es eine Lust war.

Setzen wir uns mit der Dichterin Ulla Hahn ans Ufer und lesen das „Fest auf der Alster":

All das Eis wir schwelgen
im Winter unter der Sonne
Laufen auf Kufen im Kreis
und gradaus mit und gegen
und durch Licht und Wind.
Alte Ehepaare ziehn sich
noch enger zusammen
Vater und Mutter kreisen
in hohem Bogen ums Kind.
Wippende Mädchen im heiratsfähigen Alter
lächeln aus der Hüfte heraus gutaus
staffierte Lilien in kühnen Kurven
kreuzen ihre Herzensmänner das Feld.
Sogar silbrige Herren und Damen geraten
ins Schleudern der Hut fliegt vom Kopf
der Hund rutscht hinterdrein
wittert Glühwein auf Eis.
Übermütig lächeln wir alle verschworene
Kinder die vom selben Süßen genascht
Werfen Lächeln wie Bälle uns zu
durch die lächelnde Luft. Lächeln
als gäbe es nichts zu bestehen
als den nächsten Schritt als geschähe
nur was wir im voraus schon sehn
bis an den Horizont von
Brücken Kirchen und Banken.
Lächelnd vergibt ein jeder von uns
seinem Nächsten und sich
diesen Nachmittag lang
all das Eis
unter der Sonne.[27]

111

tes, wurde es Ende des letzten Jahrhunderts im repräsentativen Renaissancestil errichtet, und zwar auf dem Platz des alten Altonaer Bahnhofs. Ein Teil der Bahnhofsfassade blieb erhalten. An der beachtenswerten Nordseite findet sich über den Eingangssäulen im Dreiecksgiebel die Spur eines Dichters. Ernst Barlach schuf zusammen mit dem Bildhauer Karl Garbers das symbolische Bild des Gemeinwesens: Fortuna, die Glücksgöttin, schiebt ein Schiff, die Stadt Altona, durch die Wellen. Es war der erste öffentliche Auftrag für den doppelt begabten Dichter Ernst Barlach aus Wedel.

Wer sich Altonas ehemalige Prachtstraße, die Palmaille, am schönsten erlaufen will, geht schnurstracks durch die Mitte der Allee. Pallmail (französisch), Palla a maglio (italienisch), Pall Mall (englisch) war ein im 17. Jahrhundert sehr beliebtes Ballspiel, bei dem Holzkugeln über viele Meter weit geschlagen werden mußten. Die großzügige Spielstraße – 400 Bäume gliederten sie in Viererreihen – war 1638 angelegt worden. Doch gespielt wurde hier nie so richtig. Zu Altonas glanzvoller Flanierstraße, deren Schönheit heute durchaus noch zu ahnen ist, wurde die Palmaille erst, als Christian Friedrich Hansen 1784 königlich dänischer Landbaumeister an der Elbe wurde. Hansen war in Rom gewesen, hatte die Paläste Palladios bestaunt und errichtete an der Palmaille ein Haus an dem anderen von so eleganter, maßvoller Schönheit, daß den Altonaern die Augen übergingen. Haus Nr. 116: Unter dem Dach dieses sorgsam restaurierten Gebäudes wohnte der Baumeister selber. Palmaille Nr. 49: Hier, am hohen Ufer der Elbe, hatte zu Beginn des 19. Jahrhunderts der Reeder Georg Friedrich Baur sein von Hansen errichtetes Stadtpalais. Seine 60 Segelschiffe kreuzten auf den sieben Weltmeeren. Baur war außerordentlich wohlhabend und ließ im Hansen-Stil gleich noch zehn weitere Häuser errichten, um einer Verschandelung der Straße vorzubeugen.

Im Haus Palmaille Nr. 31 wohnte ab 1860 der Bankier Pius Warburg. Der kunstsinnige Mann lud mit Vergnügen Dichter und Musiker in sein Haus. Er spielte mit Johannes Brahms vierhändig Klavier. Der Dichter Klaus Groth trug Verse in Dithmarscher Mundart vor und plädierte für das Anrecht des Plattdeutschen als Schriftsprache. Aus Kopenhagen war Hans Christian Andersen zu Gast, Sohn eines armen Schuhmachers, den seine Märchen berühmt gemacht hatten.

Kurz vor der Jahrhundertwende wurde es mit der Poesie in der Palmaille dann richtig munter. Im Mai 1892 mietete der Dichter Detlev von Liliencron ein Zimmer in der Familienpension Palmaille Nr. 5. Mit einigen Blessuren hatte der Holsteiner Baron die Offizierslaufbahn quittiert und sich für das freie Dichterleben entschieden. Nach einem Amerika-Aufenthalt ließ er sich 1877 in Hamburg nieder. Auch den Förstersohn aus der Mark Brandenburg, Richard Dehmel, hatte es nicht allzu lange in seinem bürgerlichen Beruf als Versicherungsangestellter

Folgende Doppelseite: Das Altonaer Rathaus imitiert die Renaissance und ersetzte Ende des 19. Jahrhunderts Altonas großmächtigen Bahnhof. Am Giebel des Gebäudes schlug Ernst Barlach zusammen mit dem Bildhauer Karl Garbers eine Glücksgöttin aus dem Stein, die das „Schiff" Altona durch die Wellen schiebt.

117

gehalten. Als er 1891 in Berlin seinen ersten Gedichtband veröffentlichte, schrieb ihm der damals schon anerkannte Poet Liliencron einen Brief. Das war der Anfang einer lebenslangen Freundschaft zwischen dem Dichterbaron und dem 19 Jahre jüngeren Förstersohn. Dehmel folgte Liliencron in die Palmaille. Er wohnte 1896 im schönen Haus Nr. 100. Dritter im Bunde war der gebürtige Lübecker Gustav Falke, der sich als Klavierlehrer durchs Leben schlug und in die Kulturannalen von Hamburg einging, weil er 1903 als erster Schriftsteller vom Senat eine Ehrenpension zugesprochen bekam. Die drei lasen sich gegenseitig ihre Arbeiten vor, lobten und kritisierten sich und nahmen die Dichtkunst außerordentlich ernst; so spielerisch das Gedicht von Liliencron, der der begabteste unter ihnen war, auch scheinen mag:

Zueignung an Gustav Falke
Lieber Gustav Falke, schwer im Sechstrochäus
Nah ich Ihnen. Plumpgerüstet, mürrisch, schleppend
Stolpert, knarrt er, knurrt er durch die Dichterwälder
(Dichterwälder ist nicht übel) unsrer Deutschen.
Aber ganz gemütlich läßt sich drin erzählen,
Und es kommt mir vor, als wenn Matrosen, Schiffer
Hinter ihren Bier- und Portergläsern lügen,
Einer sehr erstaunten Landphilistersippschaft
Mordgeschichten aus Manila, China, Japan
Mit gelassner Miene, mit Tabak im Munde,
Ruhig, etwas finster, ernst zum Besten geben,
Untermischt zuweilen mit fatalem Schmunzeln,
Wenn zu dumm die gläubigen Zuhörer starren.
Gräßlich klingt der Silbenschlag in »gläubigen Zuhörern«;
Was, ein Siebentakter auch noch? Apage!

Dieses Buch, des Sommers Spende, eignet Ihnen.
Trafen wir nicht im soliden, frommen Hamburg,
Fromm ist Hamburg sehr, denn wahrlich, heißt es, leichter
Ziehen durch ein Nadelöhrchen die Kamele,
Als ein Reicher jemals komm»e«t in den Himmel,
Und da wollen die Kommerzen sich versichern

Auf die Sterne, und sind deshalb frumbe Leute –
Also, trafen wir uns nicht im frommen Hamburg
Viel zu lustigen Stunden und zu lustigen Fahrten?
Saßen wir nicht oft bei Pfordte und am Dornbusch,

Austern, Hummern, Krebse sehr gewandt vertilgend,
Und dazu das wundervolle Pale Ale trinkend?
Gingen wir nicht weit in schönen Einsamkeiten,
Othmarschen und hinter Bahrenfeld, spazieren,
Uns von allem unterhaltend, was die Erde
Bietet: Liebe, Stiefelwichse, Kriegen, Fischmarkt,
Lüge, Neid, Verlogenheit, Gemeinheit, Herrschsucht,
Und so weiter. Nur von einem sprachen niemals,
Gottes Tod! wir: von der deutschen Literatur.

Und erinnern Sie sich unsrer stillen Gärten,
Die wir hier und dort an fernen Wegen fanden,
Wo uns Grogk kredenzt ward, mitten in der Hitze,
Grogk des Nordens; was auch wären ohne Grogk wir.
Und die Finken schlugen, und die Maienbäume
Freuten sich im Sonnenlichte, und wir freuten
Uns, daß wir der Riesenstadt nicht mehr im Schoße
Saßen, keine Häuser sahen, keine Menschen.
(...)

Liebster Falke, wie Sie lachen können! Gar zu
Gerne hör ich dieses köstliche Geplätscher,
Wenn ein wenig Bosheit sanft hindurch sich trichtert.
Wie Sie lachen können! Wenn Sie sich entsinnen:
Glühheiß flirrt der Julitag, es war bei Flottbek,
Ich erzählte, daß ich gestern einen Freund,
Der die „Seestadt" Hamburg kennen lernen wollte,
Endlich auch nach „Sehenswürdigkeiten" führte,
Warum sind sie nicht im Baedeker verzeichnet,
Die besonders Fremde höchlichst interessieren:
Und wir landeten Josephistraße tausend,
Wo die Honourables sitzen, die am Tage,
Ach, so sittsam, ehrbar durch die Gassen wandeln,
Haute-Finance, Fondsmakler, Jobber, Direktoren,
Selbstverständlich alle reichtumüberlastet.
Ob sie hier als Glieder von Vereinen hausen,
Gar vom christlichen Verein der Jünglinge? Oh!
Heuchelei, du süßes, süßes Turteltäubchen.
Nur ein einziges Getränk gibts dort: Champagner.
Mohr, Portier, und smyrnischer Teppich, faustdick schwellend,

Folgende
Doppelseite:
An der Palmaille wohnten Detlev von Liliencron und Richard Dehmel, Hans Christian Andersen war hier bei Pius Warburg zu Gast, der mit Johannes Brahms manchmal vierhändig Klavier spielte. Ihr schönes Gesicht erhielt die Straße durch den Dänen Christian Friedrich Hansen, der 1784 königlich dänischer Landbaumeister in Altona wurde.

Echte Bronzen, Ampeln, Kronen, Glühlichtflammen,
Ungeheure Spiegel, und Fauteuils, die weichsten,
Und die Hauptsache, der Liebeshof, mit Schleppen,
Ungelogen, vier-fünf Meter langen Schleppen.

Eine kleine Ungarin mit schwarzen Haaren,
Stahlblau schwarzem Haar, Baszom Teremtette, blieb
Meine Nachbarin. Ein einzig deutsches Sätzchen
Konnte sie nur radebrechen: „Ei' Flass Sekt noch."
Auf den Marmortischen lagerten Journale,
Lagen unsre prächtigen Familienblätter:
„Gartenlaube", „Über Land und Meer" und, oh, die
Alte „Deutsche Rundschau" mußt ich selbst hier finden,
Auch „Daheim", das keusche, schwamm, oh, oh, dazwischen.
„Jordansbächlein", „Kidronsquellchen" fehlten leider.
Und am Himmelbette fand ich aufgeschlagen
„Freie Bühne" und „Moderne Kunst" mit, ja, mit
Kunst von Dehmel, Bierbaum, Liliencron und Falke.
Nie vergess im Leben Ihr Gelächter ich.[2]
(...)

Als Liliencron 1909 starb, gab Dehmel dessen Briefe heraus. Er mußte unter 21.000 Postkarten und Briefen eine Auswahl treffen. So bieneneifrig hatte Liliencron seine Korrespondenzen betrieben. In seinem Vorwort bemühte sich Dehmel, das Bild vom „lieben Detl", der ein Schwerenöter und Kindskopf war, zu korrigieren. Er selber hatte von dem Freund an die 3.000 Briefe erhalten, oft mit so überschwenglichen Lobeshymnen, daß er diese Korrespondenz gar nicht veröffentlichen mochte.
Die Palmaille geht in die Breite Straße über. Am Horizont ist die Spitze des Michaelisturms zu sehen. Rechts führt der Weg zwischen den roten Backsteinhäusern mit grünen Fensterrahmen über den trompetenförmigen Platz runter zum Hafen. Blick auf Blohm und Voss, Dock 11, auf all die vielen Schlepper, Barkassen, Kräne, auf die ferne Kulisse von Landungsbrücken, Tropenkrankenhaus und vom Meteorologischen Institut sowie Hafenstraße. Auf dem Türmchen des Eckhauses dreht sich eine Windfahne. Ein Butt – nicht von Günter Grass. Die prachtvoll restaurierte Fischauktionshalle, wo jeden Sonntag in aller Herrgottsfrühe Tausende von Kleintieren einziehen. Piepsen, Krähen, Gackern, Flöten, Maunzen, Raunzen. Und alles will an Mann und Frau gebracht werden. Denn bis um zehn Uhr jeden Sonntag ist hier Fischmarkt. Dabei kann einer auch mit 'ner goldenen Uhr nach Hause gehen oder getragenen Stiefeln, Größe achtund-

vierzig, oder einem Arm voll tropischen Grüns oder einem Sack Bananen. Bananensack? Ringelnatz!!! Leibhaftig ist ihm nicht mehr zu begegnen, aber im Geiste ist der Seefahrer aus Sachsen hier zu Hause wie kein anderer Dichter. Setzen wir uns auf eine Eisenstange an der Fischauktionshalle, lassen die Beine übers Wasser baumeln und hören wir Ringelnatz zu: „Die Weihnachtsfeier des Seemanns Kuttel Daddeldu." Sie ist immer wieder schön, selbst mitten im Sommer.

Die Springburn hatte festgemacht
Am Petersenkai.
Kuttel Daddeldu jumpte an Land,
Durch den Freihafen und die stille heilige Nacht
Und an dem Zollwächter vorbei.
Er schwenkte einen Bananensack in der Hand.
Damit wollte er dem Zollmann den Schädel spalten.
Wenn er es wagte, ihn anzuhalten.
Da flohen die zwei voreinander mit drohenden Reden.
Aber auf einmal trafen sich wieder beide im König von Schweden.

Daddeldus Braut liebte die Männer vom Meere,
Denn sie stammte aus Bayern.
Und jetzt war sie bei einer Abortfrau in der Lehre,
Und bei ihr wollte Kuttel Daddeldu Weihnachten feiern.

Im König von Schweden war Kuttel bekannt als Krakeeler.
Deswegen begrüßte der Wirt ihn freundlich: „Hallo old sailer!"
Daddeldu liebte solch freie, herzhafte Reden,
Deswegen beschenkte er gleich den König von Schweden.
Er schenkte ihm Feigen und sechs Stück Kolibri
Und sagte: „Da nimm, du Affe!"
Daddeldu sagte nie „Sie".
Er hatte auch Wanzen und eine Masse
Chinesischer Tassen für seine Braut mitgebracht.

Aber nun sangen die Gäste „Stille Nacht, Heilige Nacht".
Und da schenkte er jedem Gast eine Tasse
Und behielt für die Braut nur noch drei.
Aber als er sich später mal darauf setzte,
Gingen auch diese versehentlich noch entzwei,
Ohne daß sich Daddeldu selber verletzte.

Und ein Mädchen nannte ihn Trunkenbold
Und schrie: er habe sie an die Beine geneckt.
Aber Daddeldu zahlte alles in englischen Pfund in Gold.
Und das Mädchen steckte ihm Christbaumkonfekt
Still in die Taschen und lächelte hold
Und goß noch Genever zu dem Gilka mit Rum in den Sekt
Daddeldu dacht an die wartende Braut.
Aber es hatte nicht sein gesollt,
Denn nun sangen sie wieder so schön und so laut.
Und Daddeldu hatte die Wanzen noch nicht verzollt,
Deshalb zahlte er alles in englischen Pfund in Gold.

Und das war alles wie Traum.
Plötzlich brannte der Weihnachtsbaum.
Plötzlich brannte das Sofa und die Tapete,
Kam eine Marmorplatte geschwirrt,
Rannte der große Spiegel gegen den kleinen Wirt.
Und die See ging hoch und der Wind wehte.
Daddeldu wankte mit einer blutigen Nase
(Nicht mit seiner eigenen) hinaus auf die Straße.
Und eine höhnische Stimme hinter ihm schrie:
„Sie Daddel Sie!"
Und links und rechts schwirrten die Kolibri.

Die Weihnachtskerzen im Pavillon an der Mattentwiete erloschen.
Die alte Abortfrau begab sich zur Ruh.
Draußen stand Daddeldu
Und suchte für alle Fälle nach einem Groschen.
Da trat aus der Tür seine Braut
Und weinte laut:
Warum er so spät aus Honolulu käme?
Ob er sich gar nicht mehr schäme?
Und klappte die Tür wieder zu.
An der Tür stand: „Für Damen."

Es dämmerte langsam. Die ersten Kunden kamen,
Und stolperten über den schlafenden Daddeldu.[3]

Zum Fischmarkt gehört noch die Erinnerung an Rudolf Kinau von Finkenwerder, der Plattdeutsch schrieb wie sein sieben Jahre älterer Bruder Hans, der sich

Gorch Fock nannte. Rudolf Kinau war Beamter an der Fischhalle. Erzählungen fangen bei ihm so an: „Dat is al jümmer so wesen, un ward woll ook so blieben: Wenn son ganz lütt Kind – son lütten Jungen – bi de Mudder up'n Schoot ligt, – denn könt wi uns dat mit'n besten Willn ne dinken, dat düsse Lütt ook mol – oolt un gries ward."[4]

„Der Kopf ist rund, damit die Gedanken die Richtung wechseln können." Das steht in keinem Buch geschrieben, sondern wurde an eine Mauer gesprayt. Wir wechseln hier nicht nur die Richtung der Gedanken, was die literarischen Spaziergänge ohnehin dauernd verlangen, sondern auch die Richtung des Weges. Wenden uns nach Westen und haben ab jetzt wahrscheinlich den Wind von vorn, womit sich nicht gut segeln, aber bestens laufen läßt. Große Elbstraße. Das ist eine Meile für offene Augen, offene Ohren, offene Sinne und offene Herzen. Nichts ist mehr architektonisch fein wie oben am Goldrand der Endmoräne, an der Palmaille. Aber hier unten kapiert jeder, warum im Altonaer Wappen die Tore offen – weltoffen – stehen. (Die im Hamburger Wappen fest geschlossen sind.) An der Großen Elbstraße wird der Fluß zum Strom, der die Nähe des Meeres ahnen läßt. Es riecht nach Meer und Fisch.

Köhlbrandt- oder eine der nächsten Treppen rauf auf die halbe Höhe, um am Olbersweg und weiter am Altonaer Balkon den grandiosen Blick über die Hafenlandschaft zu haben! Vorbei auch an der schönen Südseite des Baurs-Palais', wo heute keine Feigen und Weintrauben mehr wachsen, die im 19. Jahrhundert bei feinen Abendessen als Dessert auf den Tisch kamen. Heute weht am Haus die Fahne der Reederei Essberger. Von hier aus werden Schiffe in alle Welt dirigiert.

Wo heute die Seefahrtsschule steht, Ecke Rainvilleterrasse, ging es zu Beginn des 19. Jahrhunderts äußerst kultiviert zu. Im Nobelrestaurant „Rainville", auch ein Gebäude von Ch. F. Hansen, wurde königlich gespeist. Der Dichter Ludwig Tieck rühmte den herrlichen Ausblick auf die Elbe, den es von diesem Gartenrestaurant aus zu genießen gab. Das Haus ist vergangen. Der Blick ist geblieben. Zu der Anmut der Elbhügel hat sich die Dramatik der bis zum Horizont reichenden Industrielandschaft zu Füßen der Sandberge hinzugesellt. Der Schopenhauerweg führt auf halber Höhe zum Donnerspark. Manchmal ist die Welt von ausgleichender Gerechtigkeit. Der Philosoph Arthur Schopenhauer, dem Goethe mahnend ins Album schrieb: „Willst Du dich deines Wertes freuen / So mußt der Welt du Wert verleihen", dieser kluge Mann hatte eine schwere Kindheit in Hamburg gehabt (siehe Spaziergang I, Seite 21). Der nach ihm benannte Weg ist leichtfüßig und wegen seiner Schönheit beschwingten Herzens zu gehen.

An den Hängen des heutigen Donnerspark gab es im 17. Jahrhundert einen Weinberg und Ende des 18. Jahrhunderts das Landhaus des Georg Heinrich Sieveking. Dieser gebildete Kaufmann, der einige Zeit als Hamburgs Gesandter in

Paris gelebt hatte, traf sich mit seinen Freunden morgens am Elbstrand, um Verse zu lesen. Zum Beispiel Texte von Klopstock. Der Dichter feierte alljährlich auf dem Sievekingschen Landsitz seinen Geburtstag. Die kultivierte Geselligkeit, die damals im gehobenen Bürgertum von Hamburg herrschte, wurde sommers weitergetragen auf die Landsitze längs der Elbchaussee. 80 Gäste am Abend waren keine Seltenheit.

Der Weimarer Schriftsteller Karl August Böttiger beschrieb nach einem Hamburg-Besuch im Jahr 1795, wie munter es damals an Sonntagen auf dem Sievekingschen Landsitz zuging:

„Gegen 2 Uhr nachmittags kommen aus allen Gegenden Kutschen und Fußgänger. Die Salons, der Garten, alles füllt sich mit Menschen, die einander nicht kennen, einander nicht vorgestellt werden, oft selbst der Dame des Hauses nicht bekannt sind. Ich habe zwei Sonntage da gespeist. Das erste mal waren 80, das zweite mal 70 Couverts in zwei großen Speisesälen gelegt, und noch waren überzählige Gäste.

Für den Fremden mag dies ein ganz angenehmes Schauspiel sein. Es ist eine congregatio gentium wie am jüngsten Gericht und eine Zungenvermischung wie in der Pfingstepistel. Da war beide mal der letzte Sprößling aus dem Hause Gonzaga, ein Prinz ohne Land, aber mit vielem Verstand und ein erklärter Demokrat, gegenwärtig. Da waren ein paar reiche Holländerinnen, die vor Juwelen glänzten. Da saß ein Engländer aus Liverpool neben einem Republikaner aus Bordeaux, neben ihnen eine Dlle Feraud, die an Dumouriez' Seite focht und mit ihm emigrierte, und neben ihr in scherzhaftem Gespräche Barthelemy, ein Bruder des Baseler und Agent der Republik. Weiter oben ein schwedischer Konsul, der aus Marokko zurückgekehrt war, in Unterredung mit einem Paar englischen Juden aus St. Domingo und einem Amerikaner aus New Yersey. Der Bankier Küstner aus Leipzig saß dem ehrlichen Büsch gegenüber. Mir hatte mein Glücksstern das erste mal den wackern Reichardt zum Nachbarn und Exegeten der Tischgesellschaft gegeben, da mein anderer Nachbar, ein muffiger Emigrant, nirgends recht anzuzapfen war. Mich mußte also dies bunte Gewühl recht angenehm unterhalten, weil ich mich durchaus in einer neuen Welt befand.

Auch nach Tisch, wo in einem andern Salon Kaffee getrunken und ein Emigrant als Virtuos auf dem Klavier beklatscht wurde, hatte das bunte Getümmel kein Ende. Nur erst gegen Abend, wenn der Torschluß allgemeine Retirade befiehlt, mögen die Wirte etwas zur Besonnenheit kommen."[5]

Auch in der Zeit der Spätromantik hatten die Hamburger und Altonaer Kaufleute gerne Künstler zu Gast. An Stelle des Sievekingschen Landhauses ließ der Bankier Bernhard Donner in der Zeit von 1835 bis 1855 sein weitaus prächtigeres „Donner-Schloß" errichten. (Es wurde im Zweiten Weltkrieg zerstört.) Der Maler Wilhelm von Kaulbach (1805–1874) hatte einen großen Freskenschmuck dafür geschaffen. Wie es im „Donner-Schloß" zuging, beschreibt sehr amüsant die Tochter des Malers, Josepha, die mit ihren Eltern damals einen Ausflug von Hamburg nach Altona machte: „Nun pilgerten wir also bei einer rasenden Hitze an den Häusern entlang, dem schönen Altona zu. Papa, weit voraus, pustend und räsonierend, ich in der Mitte und endlich weiter hintendrein die Mutter, den Rock hochgeschürzt wegen des lästigen Staubes und den Häuserschatten klüglich aufsuchend. In der Villa endlich, staubig und erhitzt angekommen, wurden wir von der Schar der Bedienten (die in ihren grünen, kurzen Atlasbeinkleidern und mit ihren undurchdringlichen Mienen einen ewig unvergeßlichen, erhabenen Eindruck auf mich machten) mit Naserümpfen und Kopfschütteln empfangen. Papa machte dieses Inkognito, dieses heimliche Überfallen, großen Spaß, während für mich der Spruch, ,Kleider machen Leute', viel Wahres und unendlichen Wert hatte. Frau X. (Etaträtin Donner, Anm. d. V.) empfing uns mit Jubel und war von hinreißender Liebenswürdigkeit. Ich schüchterne Person aber verbrachte in diesem Feenpalaste, angetan mit einem unendlich einfachen aufgefärbten schwarzen Reisekleidchen, die ungemütlichsten Stunden meines Lebens, denn ich war durchdrungen von meiner Unwürdigkeit, von meinem Unvermögen, in solch fürstlichen Räumen zu existieren, zu atmen, und hatte vor diesen märchenhaften Lakaien, die meiner Winke harrten, unbändigen Respekt. Die Eltern fühlten sich zu meinem Erstaunen sehr behaglich in der Pracht ...“[6]

Am Ende des Schopenhauerwegs führt der Lüdemanns Weg runter nach Neumühlen, zum Fähranleger und Museumshafen. Hier beginnt Övelgönne; früher Siedlungsplatz der Hamburger Tran-Brenner, wo es infernalisch stank, dann Fischer- und Lotsendorf und heute immer noch mit viel Strand, einem schmalen Plattenweg zwischen Gärten und Häusern und keiner Straße für Autos ausgestattet. Dazu Peter Rühmkorf, der in Övelgönne wohnt: „Dieser jahrhundertealte Mangel an Zufahrt hat mittlerweile einen Anachronismus entstehen lassen, den man eine Kulturlagune nennen kann oder einen Ort, wo die Zeit stillsteht, egal, die bizarre Landschaft kann sich über Mangel an Zuspruch nicht beklagen, sie gibt keine Prospekte über sich aus, sie braucht keine Reklame, sie zählt lieber gar keine Besucherzahlen und duldet den Wochenendandrang eher, als daß sie ihn begrüßt.

Abgesehen von den fünfeinhalb Restaurants lebt hier nämlich niemand vom Fremdenverkehr, im Gegenteil, man bietet, ohne dafür zu kassieren: *Erstens* einen linden- und gaslaternengesäumten Wanderweg von etwa tausend Metern Länge. *Zweitens* den Anblick einer wunderlich verwürfelten Häuserzeile mit dörflichem Kleineleuteklassizismus hier, windlukenbewehrten Backsteintraufenhäuschen dort (die ältesten aus den Baujahren 1720 bis 1730) und architektonischen Anklängen an Monte Carlo und Biarritz gleich nebenan. *Drittens* eine Schaufensterpassage, fast holländisch, mit tiefen Einblicken in private Wohnvitrinen. *Viertens* ein Hinterhofleben am Fuß des dicht begrünten Elbhangs, das sich allerdings nur ungern besichtigen läßt. *Fünftens* die unverwehrte Einsicht in eine Vorgartenkultur, die den Kunstbegriff naive Gärtnerei nahelegt. *Sechstens* den Elbstrom, hier fünfhundert Meter breit und durch die Gartenparzellen stückweise und im individuellen Rahmen zu betrachten. *Siebtens* das gegenüberliegende Ufer, Athabaskahöft, Petroleumhafen, Parkhafen, Esso und BP, da ist das Idyll zu Ende, da wird der Profit ausgekocht."[7]

Siebenmal Övelgönne. Dort, wo diese Bizarrerie aus Klein und Groß zuende geht, ist zwischen den Häusern Nr. 89 und 90 die Himmelsleiter an den Elbhang gelehnt. Hier wohnte Hans Leip, der in der Langen Reihe hinterm Hauptbahnhof geboren wurde und viel umherzog. Durch ihn ist die Himmelsleiter in die Literatur eingegangen, und zwar in seinem Roman „Jan Himp und die kleine Brise". Wer nach Hamburg kommt, muß sie lesen, die Övelgönne-Geschichte von dem blonden Bootsvermieterjungen Jan Himp am Fuß der Treppe und der mutigen Reederstochter Kyri Sandvoss oben von der Elbchaussee. Da poltert eines Morgens der Seemann Willy, Jans Bruder, die Himmelsleiter runter. „Er war lange weggewesen, anderthalb Jahre so zwischen Asien und der Westküste auf Trampfahrt und endlich mit einem gelegenen Dampfer zurück. Er hatte den salzwassergebleichten Seesack geschultert und trug unter dem anderen Arm etwas braunes Zottiges. Das war ein kleiner Braunbär, den er im vorletzten Hafen gegen seine Sonntagsstiefel eingetauscht hatte. Und den schenkte er gleich seinem Bruder Jan, und er habe ihn auf Celebes eigenhändig im Wipfel eines Tamaringobaumes aus der Gewalt einer Riesenschlange befreit."[8]

So toll geht es zu in Övelgönne, dessen Name von dem Sprichwort „Übel gegönntes Brot schmeckt am besten" herkommen soll.

Die Himmelsleiter hoch. 126 Stufen. Von der einen Welt in eine andere. Unten Övelgönner Gemisch, oben Elbchaussee-Noblesse. Immer noch eine der schönsten Straßen, die wir nun in östlicher Richtung zurückgehen. Träumen möchte man da von einer anderen Zeit, als die Chaussee noch nicht zwei- und vierspurig von Autos befahren wurde, sondern die Menschen zu Pferde, zu Fuß oder mit dem Boot über die Elbe zu ihren Landhäusern vor den Toren des damals dänischen Altona hinauskamen, und der Fortschritt 1850 ein weißer Privatomnibus war, die „Dame blanche", die vierspännig und einmal täglich den Sandweg zwischen Altona und Blankenese befuhr. Das vornehm betuchte Wohnen an der Elbchaussee ist laut geworden. Die Ohren leiden. Doch die Augen können einem immer noch übergehen. Nicht wegen der Kühe, die schräg gegenüber der Himmelsleiter, auf der „trockenen" Seite der Chaussee, eine teure Weide mit Elbblick abgrasen dürfen, sondern wegen der Villen, der Gärten, Parks und immer wieder wegen des unbezahlbaren Blicks über die Elbe, der am Horizont von der eleganten Köhlbrandbrücke wie von einem stählernen Regenbogen aufgefangen

Folgende Doppelseite: Övelgönne: „... man bietet, ohne dafür zu kassieren: *Erstens* einen linden- und gaslaternengesäumten Wanderweg von etwa tausend Metern Länge. *Zweitens* den Anblick einer wunderlich verwürfelten Häuserzeile mit dörflichem Kleinleuteklassizismus hier, windlukenbewehrten Backsteintraufenhäuschen dort (die ältesten aus den Baujahren 1720 bis 1730) und architektonischen Anklängen an Monte Carlo und Biarritz gleich nebenan..."
(Peter Rühmkorf)

wird. Viel steht hier unter Denkmalschutz. Natürlich Nr. 186, das weiße Säulenhaus, das der Hamburger Rußlandkaufmann und Reeder Wilhelm Brandt Anfang des 19. Jahrhunderts für sich bauen ließ. Heute wohnt da eine persische Prinzessin, und ein Wappenschwan spuckt am Eisentor Goldstücke. Einst war die Villa Schauplatz in Wim Wenders Film „Der amerikanische Freund".

Nicht weit von der Elbchaussee, links in den Hohenzollernring rein, wohnt Wolf Biermann, der sich, als er aus der DDR ausgebürgert wurde und in seine Heimatstadt Hamburg zurückkam, auf die Suche nach der Göttin Hammonia machte, wie früher einmal Heinrich Heine: „Deutschland. Ein Wintermärchen."

Bei Hamburg riecht der Elbefluß
Schon sehr verführerisch
Nach Nordsee und nach Engelland
Nach Teer und Hochseefisch

Da weht der herbe Wind vom Meer
Der so das Fernweh reizt.
Dort, wo die Elbe von Natur
Die strammen Schenkel spreizt

Liegt Hamburgs Hafen, herrlich breit
Ein toller Liebesgarten
Wo Tanker ankern, sich entleern
Und fülln für neue Fahrten

Im Riesenschoß der Schutzgöttin
Hammonia, der guten
Da schlafen Schiffskolosse und
Viel tausend kleine Schuten

Ein Liebesgarten für die Welt und
Fruchtbar ohnemaßen
Von Kränen dicht bewachsen, tief
durchfurcht von Wasserstraßen.[9]

Biermann findet seine Göttin Hammonia in einer Altonaer Fischhalle. Bevor wir zu Heinrich Heine kommen, eine kleine Gedenkminute für Hölderlins Diotima an der Susettestraße. Susette Gontard war die Tochter des Hamburger Lustspieldichters Hinrich Borkenstein (siehe Spaziergang II, Seite 52). Sie wuchs in Ottensen auf und heiratete mit 17 Jahren den Frankfurter Bankier Gontard. „Höl-

derlin begegnete der schwarzhaarigen, schwarzäugigen Schönheit mit dem blü-
tenweißen Teint in Frankfurt. Susette war inzwischen 24 und hatte vier Kinder.
Hölderlin sollte ihren Sohn Henry erziehen – und verfiel auf der Stelle dem Zauber der Mutter."[10]

Der Dichter machte die Schöne aus Altona mit seinen schwärmerischen Versen
unter dem Namen „Diotima" unsterblich.

Noch eine kurze Abschweifung an die Elbchaussee Nr. 74 a. Hier begann 1951
die Bekanntschaft zwischen dem damals 21 Jahre alten Peter Rühmkorf und dem
56jährigen Hans Henny Jahnn. Rühmkorf schreibt darüber: „Der erste Besuch
bei diesem großen Mann war allerdings fürchterlich. Zwar hatte Jahnn mir einen
freundlichen Willkommensgruß mit Tinte aus Butterbrotpapier geschickt; auch
einiges Weise und Thesenhafte darin zum besten gegeben, beispielsweise, ein
Genie kann nicht weniger geben als es hat' (das war mein Bier, das war genau
mein Fall!); als ich dann aber an einem hübsch bereiften Januartag vor Elbchaussee 74 a stand und noch vor der Tür von einem wütigen Teckel verbellt wurde
..., begann ein Verhängnis seinen Lauf zu nehmen, das mich bald in neuerliche
Verstörungen stürzen sollte. Das erste Mißverständnis war dabei noch recht allgemein und hing damit zusammen, daß Jahnn (über den ich mir in Eile fabulöse
Informationen eingeholt hatte) mir keineswegs als seine eigene Bronzebüste begegnete, nicht mal wie ein Holzschnitt von Barlach, sondern in schlappenden
Filzlatschen und mit mausgrauer Strickweste. Gewissermaßen um mir freundlich
entgegenzukommen, beging er dann die Taktlosigkeit, mich zu fragen, ob ich
mich auch so häßlich empfände. Das war, wie ich später erfuhr, *sein eigenes*
Lebensproblem, es war allerdings auch das meine, an das mit so groben Fingern
gerührt zu sehen, mir allerhöchsten Widerwillen verursachte."[11]

Wie die Begegnung dann eher noch schlechter als besser weitergeht, ist bei
Rühmkorf nachzulesen.

Endlich zu Heinrich Heine, in die Elbchaussee Nr. 31. Wir stehen vor dem Gartenhaus des Bankiers Salomon Heine (1767–1844), der gerne als der reiche Onkel des armen Dichters apostrophiert wird. Der große Sommersitz, den der
Neffe böse „Affrontenburg" nannte, steht nicht mehr. Das Gartenhaus ließ sich
der Bankier als Refugium bauen, denn ihrem Namen zum Trotz ging es in der
„Affrontenburg" meist munter und laut zu.

Harry Heine, der sich später Heinrich nannte, (siehe auch Spaziergang I, Seite
10 f., und Spaziergang II, Seite 31 ff.) kam mit 18 Jahren zum erstenmal zum
Onkel nach Hamburg. Er verliebte sich der Reihe nach in seine jungen Cousinen. Da sie ihn aber nicht liebten, wurde aus dem Unglück ein Glück für die
deutsche Dichtung, das „Buch der Lieder". Er stritt sich – als Ort ist da durchaus das Gartenhaus vorstellbar – viel mit seinem Onkel um Geld, weil er gerne
mehr gehabt hätte, als Salomon ihm gab. Er litt in Hamburg und machte seinem

Leid in unzähligen Versen Luft. In einem Brief aus dem Jahr 1823 schrieb er über Hamburg:

Mein Elysium und Tartarus zu gleicher Zeit!
Ort, den ich detestiere und am meisten liebe,
wo mich die abscheulichsten Gefühle martern
und wo ich mich dennoch hinwünsche
und wo ich mich gewiß in der Folge oft befinden werde.[12]

Als er später „Deutschland. Ein Wintermärchen" schrieb (1844), bedachte er die Deutschen mit beißendem Spott. Aber er dachte in seinem Pariser Exil auch mit Sehnsucht an Hamburg zurück.

Ich seufzte des Nachts und sehnte mich,
daß ich sie wiedersähe,
die alte Frau, die am Dammtor wohnt;
das Lottchen wohnt in der Nähe.

Auch jenen edlen alten Herrn,
der immer mich ausgescholten
und immer großmütig beschützt, auch ihm
hat mancher Seufzer gegolten.

Ich wollte wieder aus seinem Mund
vernehmen den „dummen Jungen!"
Das hat mir immer wie Musik
im Herzen nachgeklungen.[13]

Mutter und Schwester am Dammtor. Der Onkel, der ihn schalt. Wieder faßte Heinrich Heine seinen Schmerz in Verse. Diesmal das Heimweh. Das Gartenhaus ist seit einigen Jahren eine kleine Gedenkstätte für den Dichter und den Bankier. Beide haben viel für Hamburg getan. Der eine mit Worten, der andere mit Taten. Nehmen wir Abschied von dem großen Dichter mit einem seiner kleinen eleganten, frechen Gedichte, die jedem Sonnenuntergang über der Elbe im Nu die Sentimentalität austreiben.

Das Fräulein stand am Meere
Und seufzte lang und bang,
Es rührte sie so sehre
Der Sonnenuntergang.

Im Heine-Haus an der Elbchaussee, wo heute an den Bankier Salomon Heine und den Dichter Heinrich Heine erinnert wird, darf man sich Onkel und Neffe vorstellen, wie sie über ein durchaus brisantes Thema diskutieren: Geld für den armen Neffen aus dem Portemonnaie des reichen Onkels. Die „Affrontenburg", Salomon Heines großes Landhaus, steht nicht mehr.

Mein Fräulein! Sei'n Sie munter,
Das ist ein altes Stück;
Hier vorne geht sie unter
Und kehrt von unten zurück.[14]

Ein kleiner Abstecher nach Ottensen (Rothe-, Karl-Theodor-, Arnemannstraße).
Vielleicht erinnert sich dieser oder jener dabei noch an seine Kinderzeit und die
Schmöker von Sophie Wörishöffer (1839–1890). Sie wurde der „Karl May von
Altona" genannt. Ihre vielgelesenen Abenteuerromane brachten die weite Welt
ins Kinderzimmer. Aber genau wie Karl May hatte die Wörishöffer die weite
Welt nie selber gesehen. Auf Anraten ihres Verlegers schrieb sie unter S. Wöris-
höffer, denn einer Frau hätte man diese Abenteuerphantasien gar nicht zugetraut.
Die Altonaer Autorin war übrigens eine Cousine von Detlev von Liliencron.
Der Weg führt zu unserer letzten literarischen Station, dem Grab des Dichters
Klopstock an der Christianskirche. Die Einweihung des Gotteshauses fand 1783
statt. Ottensen war damals ein kleines dänisches Dorf. Der König in Kopenhagen
hatte den Bau verfügt und auch den Namen. Nach der Zerstörung im Zweiten
Weltkrieg wurde die Kirche nach alten Plänen wieder errichtet. Auf den alten
Grabsteinen des seit 1929 geschlossenen Friedhofs findet sich auch der Name
Therese Halle, geborene Heine. Eine von Heinrich Heines schönen, spröden
Cousinen. Der Dichter ist oft zum Grab Klopstocks rausgewandert. Was er dabei
empfunden hat, ist nachzulesen:
„Die Ufergegenden der Elbe sind wunderlieblich. Besonders hinter Altona, bei
Rainville. Unfern liegt Klopstock begraben. Ich kenne keine Gegend, wo ein to-
ter Dichter so gut begraben liegen kann wie dort. Als lebendiger Dichter dort
zu leben, ist schon weit schwerer. Wie oft hab ich dein Grab besucht, Sänger
des Messias, der du so rührend wahr die Leiden Jesu besungen! Du hast aber
auch lang genug auf der Königstraße hinter dem Jungfernstieg gewohnt, um zu
wissen, wie Propheten gekreuzigt werden."[15]
Aber aller Augenmerk gilt natürlich dem Grab Klopstocks unter den hohen Linden an der Südseite der Kirche. Auf dem Grabstein steht: „Bey seiner Meta und
bey seinem Kinde ruht Friedrich Gottlieb Klopstock. Deutsche nahet mit Ehrfurcht und mit Liebe der Hülle eures größten Dichters." Meta Klopstock, geb.
Moller, die eine vielbewunderte, kluge Briefeschreiberin war (die in den sechziger Jahren unseres Jahrhunderts wiederentdeckt wurde), starb lange vor ihrem
Mann. Die Beerdigung Klopstocks an ihrer Seite geschah in einer so staunens-
werten Trauerveranstaltung, wie sie sich für einen deutschen Dichter nie wiederholt hat. Die Würdigung war zugleich der Abgesang auf die hohe Zeit der Kultur
in der zweiten Hälfte des 18. Jahrhunderts (siehe Spaziergang II, Seite 44).
Die Glocken aller fünf Hauptkirchen begannen zu läuten, als sich am 22. März

1803 der Trauerzug in der Hamburger Innenstadt in Bewegung setzte. Bis Ottensen säumten 50.000 Menschen seinen Weg. Senatoren, Künstler, Kaufleute, das diplomatische Corps folgten dem Sarg, dem drei Mädchen in weißen Gewändern und Körben voller Frühlingsblumen voranschritten.

Beenden wir unseren Spaziergang da, wo der Trauerzug endete. Schließen wir mit einem Gedicht des berühmten Klopstock.

Die Sommernacht

Wenn der Schimmer von dem Monde nun herab
In die Wälder sich ergießt, und Gerüche
Mit den Düften von der Linde
In den Kühlungen wehn;

So umschatten mich Gedanken an das Grab
Der Geliebten, und ich seh in dem Walde
Nur es dämmern, und es weht mir
Von der Blüthe nicht her.

Ich genoß einst, o ihr Todten, es mit euch!
Wie umwehten uns der Duft und die Kühlung.
Wie verschönt warst du von dem Monde
Du, o schöne Natur.[16]

Folgende Doppelseite: „Bey seiner Meta und bey seinem Kinde ruhet Friedrich Gottlieb Klopstock. Deutsche nahet mit Ehrfurcht und mit Liebe der Hülle eures größten Dichters." So lautet die Grabinschrift. Im Schatten der Altonaer Christianskirche wurde Klopstock 1803 beerdigt. Die Glocken aller fünf Hamburger Hauptkirchen läuteten ihm zu Ehren. Im Hafen tuteten die Schiffe und alles, was in der Stadt Rang und Namen hatte, folgte seinem Sarg.

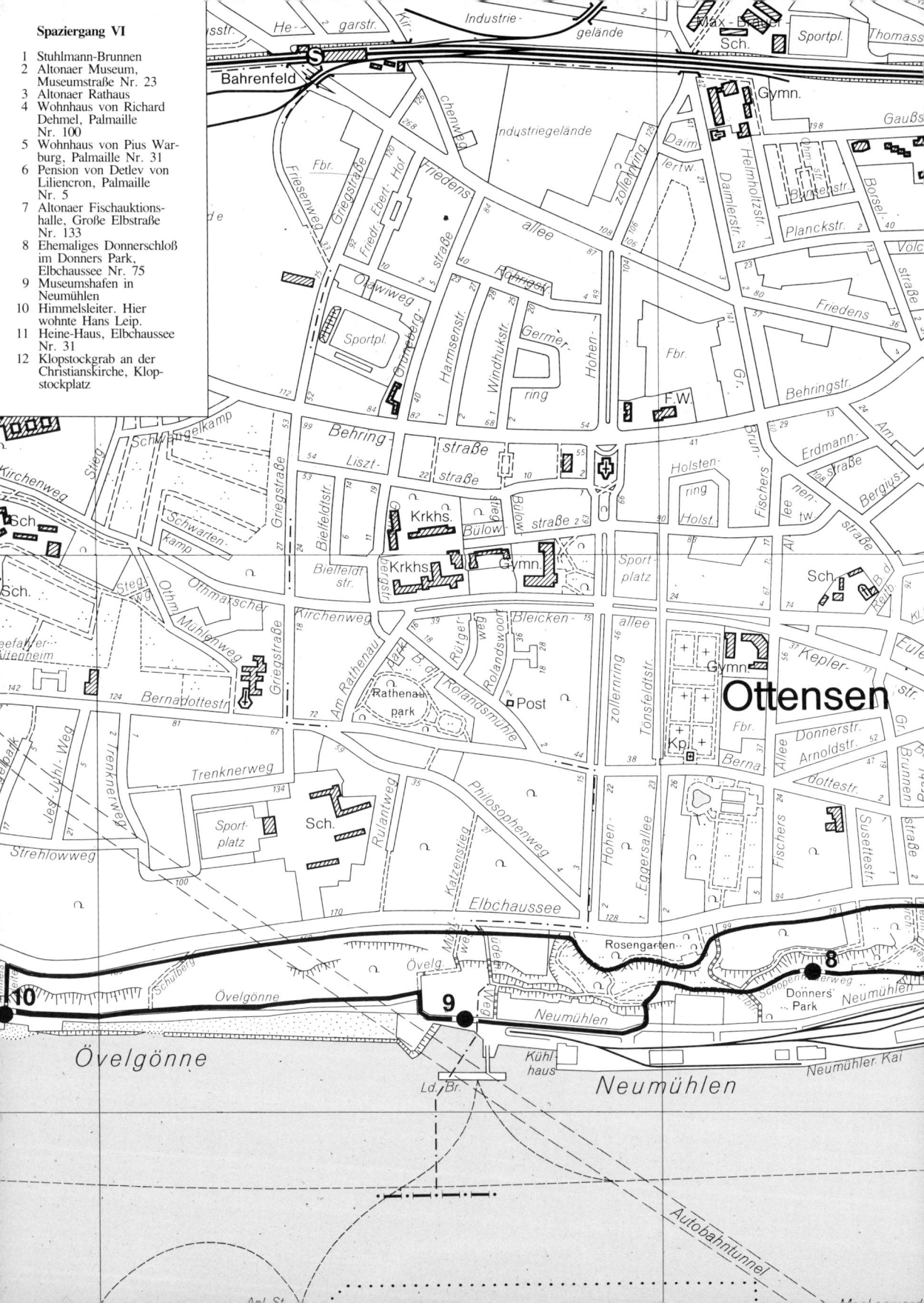

Othmarschen
●
Klein Flottbek
●
Nienstedten

Begegnung mit: Hubert Fichte, Siegfried Lenz, Otto Ernst, Caspar Voght, Madame de Staël, Ernst Barlach, Dirks Paulun, Gorch Fock (Hans Kinau), Arno Schmidt, Hans Henny Jahnn, Brigitte Kronauer und vielen anderen.

Dieser Spaziergang hat drei Trümpfe: den Elbuferweg zwischen Teufelsbrück und Nienstedten, den Jenischpark und die alten Villenstraßen der Elbvororte, die mit ihren Gärten und hohen Bäumen den Parks an der Elbchaussee Konkurrenz machen. Nirgendwo auf der Erde gibt es eine vergleichbar schöne Kette von Orten gehobener bürgerlicher Wohnkultur wie hier zwischen Altona und Blankenese, wo die Eiszeit am Nordufer der Elbe Endmoränen zu anmutigen Hügeln aufgeschoben hat. Der Weg geht meistens durchs Grüne und dauert zwei Stunden.

„Ich fahre in die Stadt", sagen die Leute aus den Elbvororten, wenn sie Hamburg meinen. Und in der Tat: Sehr lange sind sie noch nicht Bürger der Freien und Hansestadt. Erst hatte vor den Toren Hamburgs der dänische König das Sagen, dann der preußische, dann die Herren im Altonaer Rathaus und erst mit der Eingemeindung Altonas (1937) gehörten alle zusammen zu Hamburg. Zu diesem Zeitpunkt aber hatten die Hamburger schon längst die schönen Hügel an der Elbe als noble Wohnvororte entdeckt.

Der Spaziergang vom S-Bahnhof Othmarschen führt nicht nach Westen in die Waitzstraße mit ihren feinen Geschäften, sondern macht zuerst einen Schlenker nach Norden. In der Dürerstraße Nr. 9 hat von 1963 bis zu seinem Tod Hubert Fichte gewohnt. Er war ein großer Spaziergänger und kannte seine Heimatstadt wie seine Westentasche. Das ist aufs Schönste in seinen Romanen nachzulesen (siehe auch Spaziergang II, Seite 40, und Spaziergang V, Seite 100 f.). Wenn Fichte seine Wohnung in dem roten Backsteinhaus verließ, führte sein Weg meist an die Elbe.

Unser Gang führt auf Umwegen zum Fluß. Durch die Reventlowstraße rechts in die Jungmann- und gleich wieder links in die Preußerstraße. So sehr man den Erzähler Siegfried Lenz am Anfang der Straße in das großzügige Jugendstilhaus mit der Eule am Giebel hineinwünscht – da wohnt er nicht. Denn auch in Hamburg, wie überall, sind die Dichterstuben selten wie gemalt. Aber immerhin. Der Schreibtisch von Siegfried Lenz, einem der größten Erzähler seit 1945, steht an dieser idyllischen Wohnstraße in eleganter Biegung. Und die Bäume! Sie sind hier so schön wie auf unserem ganzen Spaziergang. Immer wieder Grund genug, nach oben zu schauen. Und dabei auch den Himmel zu sehen, der hier weiter ist als anderswo und so nordisch hell, daß sich manche Menschen ihr Leben lang nicht von den Elbvororten trennen mögen oder auf jeden Fall immer wieder hierhin zurückkehren.

Daß Siegfried Lenz in Ostpreußen geboren wurde, wissen seine Leser. Daß er seit 1951 in Hamburg lebt, ist ebenfalls nicht zu überlesen. Das kommt in der „Deutschstunde" vor, seinem großen Romanepos über die deutsche Vergangenheit, das Lenz berühmt machte. Das ist sogar aus den Titeln seiner Bücher zu entnehmen: „Einstein überquert die Elbe bei Hamburg", „Leute von Hamburg", „Die Wracks von Hamburg". „Was Heine für Julius Campe, das bedeutet Siegfried Lenz heute für den Verlag"[1], schreibt Gert Ueding in seiner Geschichte des Hamburger Verlags Hoffmann und Campe. Der Schriftsteller an der Elbe und der Verlag an der Alster sind seit vielen Jahren ein guteingespieltes Paar. Und wie kommen Sie mit den Hamburgern zurecht, Herr Lenz? Die Antwort ist nachzulesen in seinem kleinen Buch „Leute von Hamburg", wo der Schriftsteller sagt, wie man sich von ihnen begeistern oder befremden läßt. „Da nimmt man am besten ein Rumglas, ein geschliffenes, altmodisches, langstieliges Rumglas, man verschafft sich einen Fensterplatz in einer Kneipe – falls die Sonne mal irrtümlich scheinen sollte, kann man ja auch auf die Veranda hinausziehen –, und nach geduldiger Vorbereitung kann die Suche beginnen: man hebt das Glas gegen die Vorübergehenden, nimmt sie auf wie mit einer mitteilsamen Linse, bannt und sammelt sie. Gleich merkt man: Hamburger sind Leute, die sich selbst für Hamburger halten. Isoliert, durch den Schliff des Rumglases gebrochen, unterhaltsam verzerrt und auf mittlere Distanz gebracht, sind die Vorübergehenden auf einmal zu Geständnissen über sich selbst bereit. Gebrochen durch dein Rumglas, geben die Hamburger Aufschluß über sich selbst. Unbestaunt, solange sie sich dem bloßen Auge bieten, geben die Leute von Hamburg zum Staunen Anlaß, wenn sie in die eigensinnige Linse eines Rumglases hineingeraten."[2]

So macht das also manchmal der Ehrendoktor der Hamburger Universität und Friedenspreisträger des Deutschen Buchhandels, Siegfried Lenz.

Vier Ecken weiter (durch die Droysen- in die Walderseestraße; ein Schlenker nach rechts in die Park- und gleich links in die Grottenstraße) stößt man auf die Otto-Ernst-Straße. Hier wohnte einmal ein Schriftsteller, von dem ein kleines

Hier, in der Othmarscher Otto-Ernst-Straße Nr. 17, wohnte der Schriftsteller Otto Ernst. Das Buch, das er über sein Töchterchen „Appelschnut" schrieb, wurde 500.000 Male verkauft. Unter dem Dach der kleinen Villa leben heute die Nachkommen von Otto Ernst. Unter ihnen auch die inzwischen über 90 Jahre alte „Appelschnut".

Buch 500.000 Male verkauft wurde. Die Straße trägt seinen Namen. Und wer diesen hört, Otto Ernst, der denkt sofort an „Appelschnut". Genauso gemütvoll wie das Buch ist das Haus (Nr. 17), in dem der Schriftsteller mit seinen vier Töchtern wohnte. Auch heute noch ist die kleine Villa bis unters Dach lebendig mit seinen Nachkommen. Die über neunzig Jahre alte Senta-Regina Möller-Ernst, alias Appelschnut, tat in den achtziger Jahren nichts lieber, als aus dem Buch vorzulesen, in dem sie ein süßes Gör von drei Jahren ist. Ihr Vater hat in der Erzählung alle Niedlichkeiten dieser kleinen Person aufgeschrieben.

„Eigentlich heißt mein dreijähriges Töchterchen Roswitha; aber ich sage immer ‚Appelschnut'. Man darf diesen Namen nicht ins Hochdeutsche übersetzen; ‚Apfelschnautze' klingt roh, klingt gräßlich. ‚Schnauzer', ‚Schnäuzchen' käme der Sache schon näher, deckt sie aber nur zum Teil. ‚Schnut' umfaßt nämlich nicht nur Mund und Nase, sondern so ein ganzes kleines Gesichtchen, das man noch ganz und gar in eine Hand nehmen kann. Ja, zuweilen umfaßt es einen ganzen fünfundzwanzigpfündigen Menschen; wenn er eine geniale Bemerkung macht, sagt man: ‚Du Klooksnut', wenn er im Feuerungsverschlag verspielt und Steinkohlen gegessen hat: ‚Du Swattsnut'. Und da nun Roswitha nicht nur zwei rote Wangen hat, sondern alles in allem genommen ausschaut wie ein rundes, blankes, rotes und goldenes, zum Einbeißen herausforderndes Früchtlein, so hab' ich in einer begnadeten Stunde den Namen ‚Appelschnut' gefunden. ‚Appelschnut' ist unübersetzbar."[3]

Mit dem Wort „unübersetzbar" machen wir einen geistigen Hauruck-Sprung von der kleinen Villa des Schriftstellers zum Neubau des „Christianeums" in der Otto-Ernst-Straße. Hier soll den Schülern alles übersetzbar sein. Ins Griechische, Lateinische, Hebräische, Englische, Französische, Russische und neuerdings auch ins Chinesische. „Des Königs Schule spricht Latein" hieß es bei der Gründung des Gymnasiums, das unter diesem Titel 1988 sein 250jähriges Bestehen feierte. Eine Eliteschule wollte der dänische König Christian VI. damals haben. Sein Wunsch ging in Erfüllung. Die Oberstute des „Christianeums" hatte bis zum Ende des dänischen Gesamtstaates, 1864, sogar Universitätsrang. Zu Recht ist die Schule heute stolz auf ihre Bibliothek. Kostbare Bücher stehen darin. Stolz ist man auch auf einige Schüler, die später „große Männer" wurden. Zum Beispiel der Historiker Theodor Mommsen, der 1902 den Nobelpreis für Literatur erhielt.

Der König hatte der Schule ein eigenes Siegel verliehen. Eine strahlende Sonne über einem mit zarten Pflänzchen bewachsenen Hügel. Zu diesen „Pflänzchen" zählte auch der Dichter Heinrich Wilhelm von Gerstenberg (1737–1823), dessen düstere Tragödie „Ugolino" heute genauso nicht mehr gelesen wird wie das Hauptwerk seinem Freundes Klopstock „Der Messias". Beide Dichter sind in Al-

tona begraben, Klopstock an der Christianskirche (siehe Spaziergang VI, Seite 138 f.), Gerstenberg auf dem 1878 geschlossenen Heilig-Geist-Kirchhof am heutigen S-Bahnhof Königstraße/Ecke Behnstraße. Mehr als heute ehrte man seinerzeit auch den Lustspieldichter Christoph Unzer, der von 1775 bis 1792 am „Christianeum" unterrichtete. Im Altonaer Theater wurde er zusammen mit Goethe und Lessing verewigt.

Was die Schule einmal sehr ehrte: Sie nahm schon in der zweiten Hälfte des 18. Jahrhunderts jüdische Schüler auf, in einer Zeit, als Juden zu den öffentlichen Schulen des Deutschen Reiches noch nicht zugelassen wurden.

Dieser gute Geist der Aufklärung führt uns direkt auf den Weg zu Caspar von Voght hinüber zum Jenischpark (über Blumenpfad, Flottbektal, Ohnsorgweg, Hochrad). Bei der Annäherung an diesen großen Mann aus Hamburgs kultureller Blütezeit um 1800 möchte man wünschen: Ach, gäbe es noch mehr von seinem Schlag! Der Kaufmann Caspar Voght (1752–1839) war gebildet und reich. Er hatte Lebensart und liebte das feine Leben, ohne dabei die andere Seite aus den Augen zu verlieren. Er verbesserte in seiner Heimatstadt die Armenpflege und wirkte in Wien, Berlin, Marseille und Lissabon an der Reform sozialer Einrichtungen mit. Er sorgte für eine Veränderung der katastrophalen Verhältnisse in den Gefängnissen der damaligen Zeit. Als ihn der Kaiser in Wien für seine Verdienste zum Baron machte, lehnte Voght den Titel keineswegs ab. Obwohl das strengem, hanseatischem Brauch entsprochen hätte.

Im Tal der Flottbek kaufte Voght fünf Bauernhöfe auf und machte daraus ein Mustergut. Dieser unruhige und vielseitige Geist ließ nicht nur einen der herrlichsten Parks (Jenischpark) an der Elbe anlegen – nach dem Muster der *ornamented farms* in England –, sondern führte auch den Kartoffelanbau ein, was damals neu war. Er ließ Orchideen züchten und eine Baumschule anlegen.

Kartoffeln und Orchideen. Voght war ein Pragmatiker und ein Schönheitssüchtiger. Das Landhaus, das er sich inmitten seiner Ländereien baute, war überraschend bescheiden, Baron-Voght-Straße Nr. 63. Dieses Gebäude war zu seiner Zeit Mittelpunkt des gesellschaftlichen und kulturellen Lebens, das sich um den Baron kristallisierte, und nicht das große Herrenhaus im Jenischpark.

Voght hatte sich lange in Frankreich, Italien und der Schweiz aufgehalten. Er lud den Dramatiker Pierre Augustin Beaumarchais in sein Landhaus, der durch die Vertonung seiner Texte durch Mozart („Die Hochzeit des Figaro") und Rossini („Der Barbier von Sevilla") heute noch weltberühmt ist. Auch Stendhal („Le rouge et le noir" – „Rot und Schwarz") kam nach Hamburg und begeisterte sich für die schöne Stadt an der Elbe. Und Madame de Staël, deren Buch über Deutschland („De l'Allemagne", 1810) von Napoleon konfisziert wurde, das aber ein für allemal das Bild des Deutschen als Dichter und Denker in den Köpfen der Franzosen festsetzte.

Baron Voght, von dem bekannt war, daß er einen sonderbaren Widerwillen gegen Bekanntschaften mit berühmten Frauen hatte, hielt seinen ersten Eindruck von Madame de Staël sehr genau fest. „Sie ist nicht schön, nicht groß, nicht gut gebauet, keinen teint, geht ohne Grazie – etwa 36 Jahre alt, schönes Haar, sehr schöne Arme und Hände, Augen voll Geist und Leben, im Gesicht ein Ausdruck von Güte und Freundlichkeit, den Mund mißzirt eine vorstehende Unterlippe. Ein Engländer würde etwas zu Dreistes, Männliches in ihrem ganzen Wesen finden … Sie hört mit Geist und Verstand was man ihr sagt – faßt schnell und ist für Gegengründe äusserst billig, wiederholt sie sogar offt mit mehr Grazie und Energie als sie gesagt worden sind, denn so habe ich nie reden hören. Es ist ein Zauber, eine Inspiration in ihren Worten und aller Gedanke kräfftig, wahr, tief gefühlt und aus der Fülle eines unerschöpflichen Reichthums."[4]

Caspar Voght hat genau hingesehen und hingehört. Er war ein Frauenkenner. Geheiratet hat er in seinem Leben nie, dafür aber sehr geliebt. Zu seinem Unglück eine Frau, die schon verheiratet war. Über die großzügige Orthographie seiner Aufzeichnungen soll sich niemand wundern. Das war zu seiner Zeit durchaus erlaubt. Der große Weimarer Dichter, den er besuchte und verehrte und der ihn schätzte, wird bei ihm einfach „Göhte" geschrieben. Darüber regte sich damals niemand auf.

Caspar Voght mußte seine Flottbeker Ländereien verkaufen, als das Handelshaus, das er zusammen mit seinem Freund Georg Heinrich Sieveking betrieb, Pleite machte. Käufer war der damalige Hamburger Bausenator Martin Johann Jenisch. Er zog 1834 in das prächtige quadratische Herrenhaus ein, das nach den Plänen der Architekten Forsmann (Hamburg) und Schinkel (Berlin) an der schönsten Stelle des Parks errichtet worden war. Wobei „schön" immer in bezug auf den besten Elbblick gilt. Heute ist das Haus Museum und jedermann kann in Filzpantoffeln durch das „Schönerwohnen" des 19. Jahrhunderts wandern und den Blick in den Park und auf die Elbe genießen. Dichter haben hier nicht mehr geschlafen. Aber Charles de Gaulle durfte in der alten Pracht ein Nickerchen machen, als er 1962 zusammen mit Konrad Adenauer die Stadt besuchte.

Dafür liegt östlich vom Jenischhaus, in einer Senke des Parks, ein Gebäude, das sogar den Namen eines Dichters trägt. Das Ernst-Barlach-Haus. Es ist dem Dichter und Bildhauer gewidmet, der 1870 vor den Toren von Hamburg, in Wedel, geboren wurde. (Siehe auch Spaziergang I, Seite 8, und Spaziergang VI, Seite 117). Das stille, strenge Atriumhaus (Architekt: Werner Kallmorgen) wurde Anfang der sechziger Jahre von dem Barlachfreund und Mäzen Hermann F. Reemtsma gestiftet.

Barlach war ein sehr norddeutscher Künstler. Die von ihm geschaffenen Gestalten sind schwer und spröde und meist nicht ohne Pathos. Die Heiterkeit des Lebens ist bei ihm sehr verborgen. Ein kauziger Witz findet sich viel eher in seinen

Folgende Doppelseite: Das Jenischhaus darf heute – in Filzpantoffeln – betreten werden. In dem Museum ist die großbürgerliche Kultur des 19. Jahrhunderts ausgestellt. Bausenator Martin Johann Jenisch war 1834 in das prächtige quadratische Herrenhaus eingezogen, das ihm die Architekten Forsmann (Hamburg) und Schinkel (Berlin) gebaut hatten.

Dramen („Der blaue Boll", „Die echten Sedemunds", „Der arme Vetter"). Ein bißchen spökenkiekerhaft und verschroben sind seine Werke alle – eben norddeutsch –, was bei ihren Inszenierungen häufig zu einer Überfrachtung mit Tiefsinn führt. Ein Mißverständnis, das Barlach einmal selbstironisch karikiert hat, als er meinte, er sei zwar eigentlich ein boshafter alter Affe, aber den Leuten mache es nun mal Spaß, ihn für einen gutherzigen Theologen zu halten. Über seine Jugend schrieb der Künstler: „Dazumal litt ich obendrein hart an dem Begehr nach Bewunderung und Geltung und ergab mich weidlich dem Kultus des falschen und erschwindelten Bestauntwerdens – so malte ich mir aus dem Tuschkasten eine rotklaffende Wunde auf die Stirn, ging auch gehoben von der eingebildeten Würde als Sozius eines wüsten Abenteuers damit auf die allerdings nicht mehr taghelle Straße, weiß aber nicht, ob irgend jemand von dieser Mordgeschichte Notiz genommen hat. Zugleich rüttelte ich die Schwingen und warf mich in den Äther, wo er sich am grenzenlosesten breitet. Mein Raptus einer ungeschorenen Reim- und Versschreiberei regte sich bald in wutartigem Schuß, bald gefiel er sich in einem vertrackten Zuschnitt von Putzigkeit."[5]
Nirgendwo ist eine Annäherung an diesen schwermütigen Doppeltbegabten so gut möglich wie im Barlach Haus.
Der Gang zur Elbe, durch den Park, ist dann wieder ein sehr beschwingtes Vergnügen. Am südlichen Rand, der „trockenen" Seite der Elbchaussee, wohnte in einem der kleinen Häuser am Park der Missingsch-Dichter Dirks Paulun. Ein liebenswerter Poet, der aus Hamburger Mundart seine Schreibart machte. Als typischer Hansestädter wurde Paulun in Schanghai geboren, wo sein Vater die Tung-chi-Universität gründete und das Paulun-Hospital. Wie Thomas Mann, Joachim Ringelnatz, Franz Werfel, Hans Erich Nossack und noch viele andere Schriftsteller machte er eine kaufmännische Lehre. In den Kabaretts der Hamburger Bohemiens, „Bronzekeller" vor dem Krieg und „Wendeltreppe" nach dem Krieg, stand er wie ein schlankes schwankendes Schilfrohr auf der Bühne und trug seine Verse vor. Wunderbare Mischung aus Gentleman und Bohemien. Was Missingsch ist? Das ist am ehesten zu verstehen, wenn man ein Gedicht von Dirks Paulun laut liest. Zum Beispiel dieses Plädoyer für sprachlichen und ökologischen Wildwuchs:

SCHENKICH DIHR!
Lihbes Hamburch, ich weiß,
du bissn fewöhnte Dahme
unt hassn Haufm Feehrer –
krichst jehde Menge Bluhm –
ellergante, lankstihlige, toire,
Rohsn, Nelkng, Ochidehn

unt was nich alles – 's Jah runt.
Alles hohchgezücht – aussn Glasshaus.

Nu solls mah'n Appwexlunk hahm.
Happ pah wilde Bluhm geflückt
als klein bescheine Egenzunk,
dassich sie dir zu Fühssn lehch
unt ans Hehrz!
Waxn alle in dein eing Gahrtn,
wo er nich so gefleecht is,
sonnern halpweechs natührlich.
Hatja nochn gans Teil Unkrauteckn:
Kaimauern, Elpstax, Bahndemme,
Santkuhln, Feltwehge, Knix …
Auch in dein Weldern unt Pahrx
unt sogah mittn inner Statt:
Schrottlahger, Kanahluhfer…

Kuck, was für nette Wiltgewexe!
Seerohsn, zihrliche Zillas,
gelbe Ihris, lilla Fingerhuht,
rohter Mohn, pompöhse Pumpehsl,
manches wie ausn Mehrchenbuhch:
Wollgrass, Schachbluhm,
Walttulpm, Feilchen,
spiddlige Feltstihfmütterchen.
Das alles fon selpst gewaxn,
bewehrt sich in freier Wiltbahn
unt blüht un duftet
ohne behörtliche Flehge …
Kunztöck: Roosnfeste machn!
Abber wer denkt an wilde Bluhm?
Feranstalt'n Fest für Zittergrass?
Macht Geschrei fon Annemohn?
Jelengerjelieber? Silberdistehln?
Solln ihn ma Ehre erweisn.
Weil doch alle ehdeln Flanzn,
die sint je aus willn gezücht!
Hahm alle mah klein angefang
unt sint aus Ungkroitern herforentwicklt.

Folgende
Doppelseite:
Der Jenischpark mit
seinen seltenen
alten Bäumen gehört zu
der Kette von Grün-
anlagen, die rund um
die Herrenhäuser an der
Elbchaussee im 18.
und 19. Jahrhundert ent-
standen. Die Besitzer
ließen sich häufig Pflan-
zen aus aller Welt
mitbringen, in deren
Schatten die Besucher
der heute öffentlichen
Parks im Sommer ganze
Tage verbringen können.
Im Jenischpark ist außer
dem Jenischhaus auch
noch das Barlachhaus zu
besichtigen.

Aber je lenger sie da an rumdoktern –
opp das Bluhm sint ode Epfl
oder Ertbeern –
unt sie immer mehr verehdln,
denn mit eima feliern sie ihrn Duft,
unt sehn nur noch aus.
Ode sie wern umfruchba:
femehrn sich blohs duich Appleger.

Müssn auf wilde Stemme gefroppft wern,
weil sie kein Saft genuch hahm.
Denn sint wider Holzepfl nöhtich,
Hecknrohsn unt sonz was wildes,
dassi von forne anfang könn
mit Kroizn un Züchtn.

Und denn noch eins: stellifor,
dass kein Wihsnbluhm 'mehr giebt,
Puhstebluhm unt Fegissmeinnich,
opp denn übehaupt noch jemant Luß hat,
lebennige Junge zur Welt zu bring?
Was solln die Göhrn denn flückn?
Odern jung Mann poehtisch wern,
wenn kein wildn Feilchen dasint,
dasser da an duftn kann?

Genauso is mitter Spraache!
Wenn da nur noch Duhden
unt Beamte zu sahng haam,
denn wirzi umfruchtba –
feliert ihrn Saft un Duft.
Nee, laßman die Volxeele wuchern
unt ihre wildn Blühtn treibm.
Minstens is intressant
un denn – gans bestimmt –
leß zich was aus empohrzüchtn.[6]

Viel bekannter als Dirks Paulun war und ist Gorch Fock. Überqueren wir die
Elbchaussee und gehen auf den Anleger von Teufelsbrück (wo man übrigens
auch sehr schön mit der Fähre von den St. Pauli-Landungsbrücken aus ankom-

men kann). Auf dem gegenüberliegenden Ufer ist Finkenwerder, wo die Wiege von Hans Kinau stand, der sich später Gorch Fock nannte. „Seefahrt ist not!", diesen Roman über die Finkenwerder Fischers- und Fahrensleute las nach dem Ersten Weltkrieg fast jeder deutsche Junge. Da war der Autor schon tot; 1916 in der Schlacht im Skagerrak gefallen.

„*Erster Stremel:* ,Insonderheit aber bitten wir dich für die, die auf dem Wasser ihre Nahrung suchen. Segne, segne die Fischerei auf der See und im Fluß, behüte Mann und Schiff in allen Gefahren!'

Pastor Bodemann beugte den grauen Kopf tiefer als zuvor. Da hatte er laut und warm für seinen alten Kaiser gebetet, laut und warm, wie es ihm von Herzen kam, nicht leise und kalt, wie sein Vorgänger, ein zäher Welfe, der nur der kirchlichen Vorschrift nachgekommen war: ,Laß deine Gnade große werden über deinen Knecht Wilhelm, unsern Kaiser und Herrn, und über das ganze kaiserliche Haus.'

Die gefurchte Stirn berührte fast das schwarze Tuch, mit dem die Kanzel vom Sonntag Reminiszere bis zum stillen Freitag bedeckt war. Es schien, als wenn die Stimme ihm versagte und er aufhören müßte. Und er hielt überwältigt inne und ließ die große Stille kommen.

Totenstill wurde es in der Kirche auf Finkenwärder. Regungslos saß die Gemeinde. In die Augen kam eine Dunkelheit wie von aufsteigenden Tränen.

Und die See nahm das Wort, die Nordsee, die Mordsee – mit ihren jagenden, zerrissenen Wolken, mit ihrem pfeifenden, brausenden Sturm, mit ihren haushohen, schäumenden, brüllenden Seen, mit Brand und Wetterleuchten, mit Dünung und Gewitter, – mit geborstenen Segeln, gebrochenen Masten, blakenden Notfackeln, verlorenen Wracken und hilferufenden Fahrensleuten.

Und es war niemand da, der nicht ihre Stimme vernommen hätte.

Die hellhaarigen Jungen auf den Bänken neben dem Altar, die als große Schleefen zu den gegenübersitzenden Konfirmandinnen hinübergelacht und ihnen zugenickt hatten, verjagten sich, legten verschämt die Hände zusammen und sahen vor sich hin, weil ihnen in der heiligen Stille die Väter und Brüder in den Sinn kamen, die draußen waren, und weil sie daran dachten, daß sie nach Ostern selbst in die Fischerei hineinkamen.

Auch bei den rotbäckigen Mädchen wurde es still. Alle falteten rasch die Hände, und manches Kinderherz bebte – vergessen war, daß sie abends am Deich einzuhüten hatten und daß die Jungen dort vor den Fenstern trommelten und pfiffen, bis sie hineingelassen wurden und Blindekuh oder Sechsundsechzig mitspielen durften."[7] So war das vor dem Ersten Weltkrieg auf Finkenwerder.

Nach den Bombenangriffen des Zweiten Weltkriegs befuhr ein anderer Dichter die Elbe bei Flottbek und Finkenwerder. Arno Schmidt kam mit dem Fahrrad aus der Heide und überquerte den Fluß im gekaperten Segelboot.

Folgende Doppelseite: Winterlicher Sonnenuntergang über der Elbe bei Teufelsbrück. Links am anderen Ufer liegt Finkenwerder, wo die Schriftstellerbrüder Hans Kinau, genannt Gorch Fock, und Rudolf Kinau aufwuchsen. In seinem Roman „Seefahrt ist not!" hat Gorch Fock seine Jugend an der Elbe und seine ersten Fahrten mit dem Finkenwerder Fischkutter die Elbe runter beschrieben.

„Großschot in der Rechten, Steuer in der Linken, und es war Zeit, daß ich rüber kam, denn ich dachte den bekannten langen Schlaf zu tun. Wie ist die Formel: das Segel soll den Winkel zwischen Windrichtung und Fahrtrichtung halbieren: so glitt ich über den blauen langen Strom, neckte mich mit den graziösen Wellchen, hielt aus Spaß eine Zeitlang auf Flottbek zu und sah auch oft zurück, um mir die Neuenfelder Bake als Zielpunkt für die Rückfahrt genau einzuprägen. Sorgfältig festmachen das Boot (und dem Tau etwas Spielraum geben, wenn nachher das Wasser fällt). Dann stieg ich in die nächste rassige Villa: nee: war zu muffig drinnen; also entrollte ich meine Decken auf der Veranda."[8]

Wenige Jahre später kam Arno Schmidt (siehe Spaziergang IV, Seite 92 und 96, und Spaziergang V, Seite 100 und 102 f.) etwas weiter stromabwärts an. (Wir machen den Promenadenweg zu Fuß.) Ob er das Restaurant Jacob in Nienstedten, Elbchaussee Nr. 401, im Taxi (wie seine Frau Alice in ihren Tagebüchern schreibt) oder auf dem Tandem (wie andere behaupten) erreichte, ist noch nicht ganz geklärt. Jedenfalls war er von dem Verleger Ledig-Rowohlt zum Essen eingeladen, zusammen mit den beiden Schriftstellern und Rowohlt-Lektoren Kurt Marek (C.W. Ceram) und Wolfgang Weyrauch. Alice Schmidt war dabei und hat das „Schlemmen mit Rowohlt" beschrieben:

„Zu Jakobs, ein ganz vornehmes Restaurant mit Garderobe und befrackten Kellnern, wurde Abendbrot essen gegangen. In die Glasveranda mit Ausblick auf die Elbe. Schön die Lichter am anderen Ufer. Alle Tische frei, dann setzten sich an den einen noch ein paar Herren. U. jetzt wurde geschmaust! Vornehmstes Gedeck mit Fischvorgericht u. Fleisch Hauptgericht. In Fett gebackene Kartoffelspähnchen, gefüllte Tomaten usw. usw. Apfelmus. U. hinterher Eis mit Sahne (A. & Ledig: Käseplatte) & zwischendurch: Wein & Cocktail. U. gequalmt wurde von den 3 anderen! U. viele Flaschen Wein: Bocksbeutel, ne ziemlich teure Sorte, mehrere Flaschen (…) – S war fast mitternacht. Der Kellner präsentierte die Rechnung (sie schienen alle nur noch auf unsern Aufbruch zu warten). Sie mußte enorm hoch sein. 3! 50 Mark Scheine und noch anderes Geld legte Ledig hin. – (Meine Herrn! U. das nennt sich dann Gesetz gegen allzugroßen Spesenverbrauch!) (…) Schön die Lichter drüben auf der Elbe & die Lichtreklamestraßen. – Vor unserm Hotel verabschiedet & auf morgen mittag um 1 verabredet. – Wir waren alle recht schön angeheitert, aber bei vollem Verstande."[9]

So kann's gehen im traditionsreichen Restaurant Jacob, wo die gastronomischen Ahnen in Öl gemalt an der Wand hängen. Das berühmteste Gemälde vom Weinrestaurant Jacob ist in der Kunsthalle zu bewundern. Max Liebermann hat es gemalt. Es zeigt die lindenbeschattete Terrasse über dem Strom.

Wir bewegen uns gegen den Strom. Von Jacob zu der berühmten kleinen Nienstedtener Dorfkirche an der Elbchaussee, wo „man" heiratet, um anschließend quer über die Elbchaussee zu Jacob zum Hochzeitsessen zu strömen. Die kleine

Backsteinkirche ist über zweihundert Jahre alt. Bereits im 17. Jahrhundert gab es an dieser Stelle schon ein kleines Gotteshaus, zu dem auch die Blankeneser am Sonntag kamen. Deshalb heißt die kleine Straße am hohen Ufer zwischen Blankenese und Nienstedten heute noch „Blankeneser Kirchenweg". Als „Kerspel Nigenstede" wurde die Kirche schon 1297 in einer Urkunde erwähnt. Gasthaus, Kirche, Friedhof. Ein Lebensdreierlei, an dessen Endpunkt wir wieder auf hohe Literatur stoßen. Auf dem Nienstedtener Friedhof sind zwei Hamburger Schriftsteller beerdigt, ohne die unsere Literatur sehr viel ärmer wäre: Hans Henny Jahnn und Hubert Fichte. Peter Rühmkorf, der bei Jahnn Sargträger sein durfte, hat das Begräbnis skizziert. Trauriges und Komisches liegen im allgemeinen dicht beieinander – und hier auch im besonderen.

„… als wir Hans Henny Jahnn zu Grabe trugen, Anfang Dezember 59, was allerdings alles andere als ein Anlaß zum Lachen war, weil wir ihn alle sehr geliebt hatten; nur daß Hans Henny sich seinen Sarkophag ein bißchen zu wuchtig konstruiert hatte, mit einem Metallkasten innen, wie man sich herumerzählte, einem Messing-Inlett, um der Verwesung so viel Widerstand wie möglich entgegenzusetzen, und wir nachgeborenen Leidtragenden mußten alle drei Schritt lang ins Knie gehen, Huchel in unfreiwilligem Gleichtakt mit Nossack und ich neben Yngve Trede, und die Berufsträger kommandierten im Chor ‚Uuunnnd allzamm aaaab! – Uuuund auf!', und der ganze Friedhof mit seinen ernsthaften Lebensbäumen und Ligusterhecken schudderte vom unterdrückten Lachen…"[10]
Nördlich vom Friedhof führt die Rupertistraße vorbei. Nur wenige wissen, wo in dieser Straße Brigitte Kronauer ihren Schreibtisch hat. Und wir werden den Teufel tun, die genaue Adresse dieser Autorin, die eine der wichtigsten in der Gegenwartsliteratur ist, zu verraten. Denn Brigitte Kronauer möchte ungestört arbeiten. Sie mischt im hanseatischen Literaturbetrieb durchaus nicht mit. Schaden tut das gar nichts. Denn es gibt ja ihre Bücher. Zum Beispiel den Roman „Rita Münster". Das Ereignis der ersten Sätze paßt nicht schlecht zu dem hinter uns liegenden Spaziergang: „Da, damals, die kleine alte Frau im grellen Gras: Was für Knöchelchen! Manchem zuckte sicher der Arm, sie zu nehmen und ohne zu fragen als lustig schimpfenden Vogel in einen Baum zu setzen. Mit winzigen Absätzen trat sie auf Gänseblumen, kreuz und quer ging es über die Wiese. Das große Haupt machte mit, wie das Körperchen ohne Widerstand, Wollen, Plan sich ziehen und rumreißen ließ, ganz nach den Wünschen des Hundes an ihrer, an seiner Leine. Ein Mops im Geschirr, der unberechenbare Figuren lief. Schließlich führten ihn enge Spiralen an einen Punkt. Er saß, sie stand still bei der erwählten Stelle, geduldig, warf einen knappen Blick auf das erledigte Geschäft, auch zum düsteren Himmel – beifällig nickte der schwere Kopf –, rief: ‚Nun aber ab!' und zog, jetzt plötzlich voll Energie, mit frischem, selbstbewußtem Getrappel ohne Nachsicht den Mops mit sich fort."[11]

161

Folgende Doppelseite: Die Nienstedtener Dorfkirche ist über 200 Jahre alt. Hier heiratet „man" und geht anschließend zu Jacob zum Essen. Der hinter der Kirche verborgene idyllische Ortskern ist wenigen bekannt.

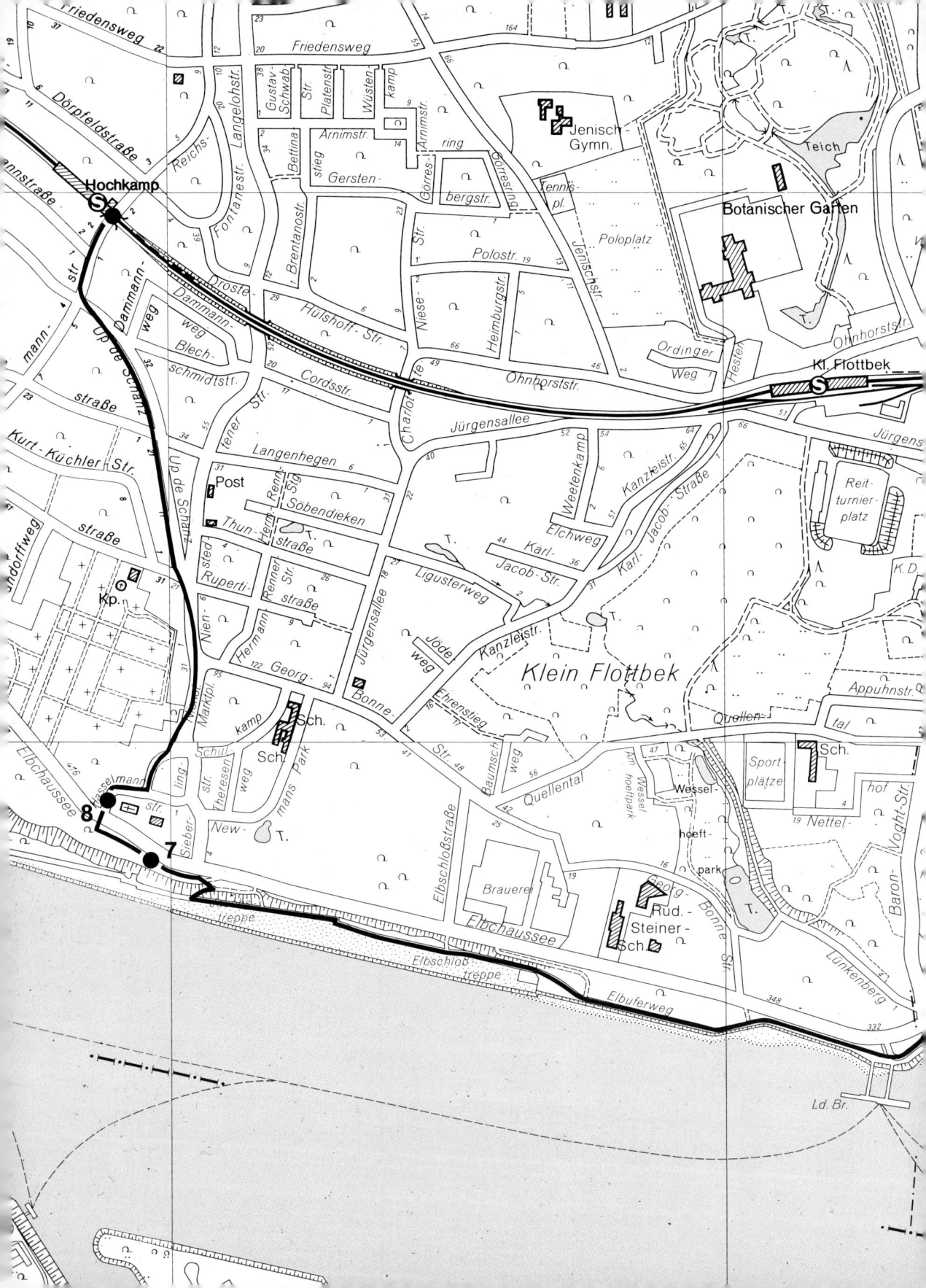

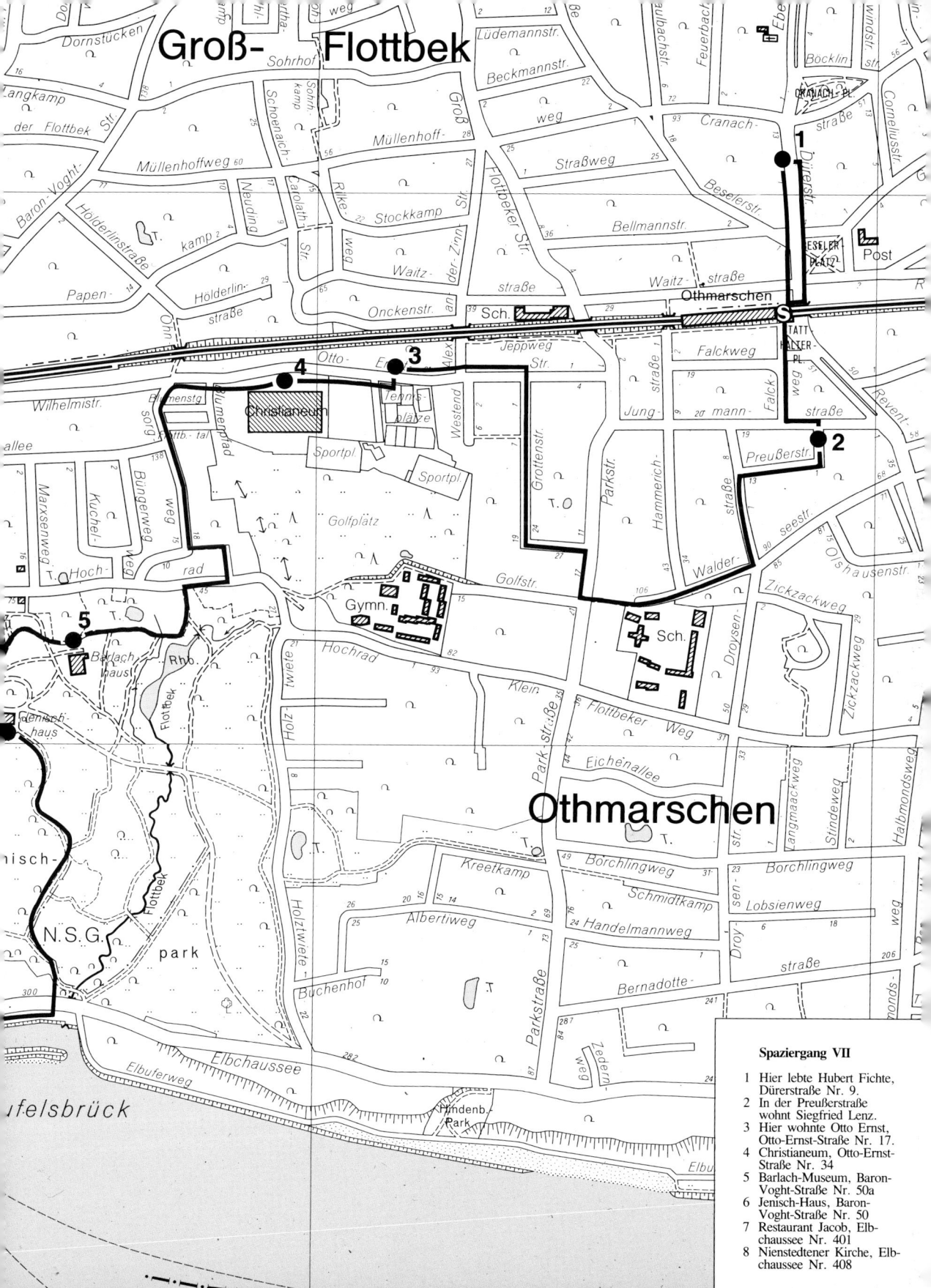

Groß- Flottbek

Othmarschen

1

2

3

4

5

Christianeum

Gymn.

Sch.

N.S.G.

park

Blankenese

Elbe
Süllberg

Begegnung mit: Hans Henny Jahnn, Alfred und Martin Andersch, Horst Janssen, Wolfgang Borchert, Walter Kempowski, Gustav Frenssen, Thomas Ayck, Wilhelm M. Busch, Hans Leip, Golo Mann, Ida und Richard Dehmel, Eva-Maria Alves und vielen anderen.

Die Dichter wissen, daß es ein Glücksfall ist, in seinem Leben nach Blankenese verschlagen zu werden. Das alte Verzauberungsspiel „Wer hat den schönsten Elbblick?" wird hier täglich – und nächtlich – neu inszeniert. Unser Weg führt vom Hirschpark zum Baurs Park, durch das Treppenviertel, über den Kiekeberg und den Süllberg. Die Elbe zu Füßen der zusammengewürfelten Häuser am Hang ist drei Kilometer breit. Ebbe und Flut, Wolken und Sonne sorgen für unendliche Metamorphosen. Wir werden immer wieder stehenbleiben und schauen. Gehzeit: etwa zwei Stunden.

Viele berühmte, bekannte oder wichtige Leute wohnen heute in Blankenese. Am liebsten im Treppenviertel am Südhang dieser lieblichen Eiszeit-Moräne oder in den stillen Villenstraßen dahinter. Als Blankenese noch Fischerdorf war und jeder zweite Einwohner Breckwoldt hieß, kannte man sich. Heute läßt man sich gern in Ruh. Die Journalisten, die Künstler, die Kaufleute wollen hier Privatmensch sein. Bitte kein Aufsehen! Der Small talk am Käse-, Kräuter- oder Apfelstand auf dem Wochenmarkt reicht.
Da zeigte man bei Festen früher viel mehr Flagge. Zum Beispiel die Godeffroys. Zu den Winterfesten, die Cesar IV Godeffroy vor 200 Jahren in seinem Landhaus im Hirschpark gab, kamen die Gäste in Schlitten über die zugefrorene Elbe. „Man" war Reeder und reich und kannte keine Jahreszeit für die Feste im schönen klassizistischen Herrenhaus an der Elbe, das sich von 1789 bis 1792 Cesar IV Godeffroy von dem dänischen Architekten Christian Friedrich Hansen (siehe Spaziergang VI, Seite 117) hatte bauen lassen. In den anderen Landhäusern an der Elbchaussee wurde nur im Sommer gefeiert.

Aber für den Hirschpark ist immer „Saison", zu allen vier Jahreszeiten: wenn in der Lindenallee, die in über 200 Jahren zu einem hohen Dom gewachsen ist, schwerer süßer Blütenduft hängt, wenn in der Rhododendronallee die Knospen springen und das Damwild im Gehege seine Jungen ausführt, wenn die Kastanien von den uralten Bäumen fallen, wenn der kleine Bauerngarten vor „Witthüs Teestuben" bunt ist oder Schnee alles zu einem Schwarz-Weiß-Gemälde verzaubert. Bevor es literarisch wird, noch ein paar Worte zu dem herrschaftlichen Godeffroyschen Besitz. Es ist Hansens „erstes bedeutendes Bauwerk seiner Altonaer Zeit. Die großartigen Garten- und Parkanlagen im englischen Stil wurden schon von den Zeitgenossen gerühmt. Die Lindenallee stammt aus der Zeit vor Godeffroy. Das Hirschgehege, nach dem die gesamte Anlage später den Namen ‚Hirschpark' erhielt, wurde von Johann Cesar IV Godeffroy (1813–85) angelegt."[1] Heute trainieren hinter der klassizistischen Fassade des ehemaligen Landhauses die Schüler der Ballett- und Gymnastikschule Lola Rogge.

Ländlich sieht das reetgedeckte Nachbargebäude aus: das damalige sogenannte „Kavaliershaus" (um 1800 erbaut). Heute kann man dort bei klassischer Musik selbstgebackenen Kuchen genießen und gemütlich Tee schlürfen. An der östlichen Giebelwand der „Witthüs Teestuben" ist in Augenhöhe ein Terracottakopf befestigt mit einer Tafel darunter: „Hier lebte Hans Henny Jahnn, Dichter, Orgelbauer, Forscher, 1894–1959."

„Ein eiskalter Nebel war von der Elbe heraufgezogen und hatte Hamburg-Blankenese eingehüllt. Es war der 1. Dezember 1959, der dritte Tag nach dem Tode Hans Henny Jahnns. Er war in einem Hamburger Krankenhaus an einem Herzanfall mit nachfolgender Lungenkomplikation gestorben. Nun lag er aufgebahrt zwischen Kerzen in seiner Bibliothek an der Stelle, wo sonst sein Flügel gestanden hatte. Da ruhte er, den Kopf auf ein gelb-grünes Kissen gebettet. Ein Photo zeigt seine Augen geschlossen, seine Züge besinnlich und entspannt"[2], schreibt sein Biograph Thomas Freemann.

Und weiter: „Hans Henny Jahnn, der in die Hamburger Legende einging, war der Jahnn des Hirschparkkreises der Nachkriegszeit – unverblümt, bizarr und doch bedacht auf bürgerliches Ansehen. Er wurde nie müde, seine Mitbürger vor den Kopf zu stoßen, und betrachtete sie mit unverhohlener Verachtung. Nach seiner Auffassung war die Gesellschaft ein ‚Tiergarten', steckte die westliche Zivilisation in der ‚Jauche des Christentums'."[3]

Jahnn war mit dem Lessing- und dem Kleist-Preis ausgezeichnet worden. Er hatte die Freie Akademie der Künste in Hamburg mit gegründet. (Siehe auch Spaziergang V, Seite 103, Spaziergang VI, Seite 135, und Spaziergang VII, Seite 161.) Der in Stellingen Geborene war aber sein Leben lang viel zu maßlos und neugierig, als daß er je ein Bild aus dem bürgerlichen Heldenleben hätte abgeben können. „... der Künstler muß jenseits der Abgrenzungen und Moralzäune ein

Verkünder des Schöpfungsprinzips sein; er muß es notfalls mit Zähnen und Klauen gegen Dogmen, Gerechtigkeiten und Gefängnismauern verteidigen. Es gibt keinen Künstler, der diesen Namen verdient, der nicht gleichzeitig Harmoniker wäre. Also der Geheimlehre der ältesten und größten Tradition angehörte. Und damit scheiden Epigonen, Wetterfahnen und Tagesdiener aus der Betrachtung aus. Zwar, sie verwirren das Bild der jeweiligen Gegenwart. Haben es allzeit zu verzerren verstanden. Die großen Linien können sie nicht umbiegen."[4] Am meisten gelesen wird heute noch der Roman „Fluß ohne Ufer", den Jahnn in der Emigration auf Bornholm schrieb. Am meisten geklatscht wird noch über seine homosexuellen Neigungen und seine Großfamilie, mit der er alle Lebensformen durchprobierte.

Nach einem Rundgang durch den Hirschpark machen wir uns auf den weiteren literarischen Weg und gehen einen der Trampelpfade am Hang runter zum Mühlenberg. In einem der schneeweiß gestrichenen alten Fischerhäuser wohnte bis zu seinem Tod 1992 Martin Andersch. Seinem 1988 erschienenen Buch „Spuren Zeichen Buchstaben. Über das Schreiben von Schrift, das Experimentieren mit Alphabeten und das Interpretieren von Texten" stellte er einen Spruch von Aristoteles voran: „Gesprochene Worte sind die Symbole der geistigen Erfahrung und geschriebene Worte sind die Symbole der gesprochenen." Andersch war Buchkünstler und Schriftkünstler. Als Hochschullehrer gab er die Ästhetik der Schriftzeichen an seine Studenten weiter.

Martin Andersch war der jüngere Bruder des Schriftstellers Alfred Andersch (siehe Spaziergang IV, Seite 92). Die widerborstige Brüderlichkeit, die ab und an zwischen den beiden herrschte, hat Alfred Andersch in der Erzählung „Brüder" beschrieben, die von einem gemeinsamen Spaziergang an der Elbe berichtet. Wobei er die Situation nur leicht verschleierte, indem er den älteren (also sich selber) Franz und den jüngeren Jakob nannte. Kurz vor Beginn des Krieges: „Sie hatten Blankenese erreicht und gingen die Strandstraße entlang. In den Cafés saßen heute nur wenige Gäste. Die kleinen Kapitänshäuser weiter oben am Hang waren mit weißer Ölfarbe dick überstrichen. Dick und weiß hockten sie im dunklen Spätsommergrün ihrer Gärten. ,Vielleicht fang ich mal an zu malen', sagte Franz. Er sagte immer solche Sachen, die Jakob erbitterten und unruhig machten. Franz wollte malen, Franz wollte schreiben. Statt dessen war er Angestellter in der Werbeabteilung einer Papierfabrik, schrieb Anzeigentexte. Außerdem war er schon verheiratet, hatte ein Kind. Malen würde er nie, dachte Jakob. Nicht mit dem Kopp! Franz war einen Kopf größer als Jakob, schlank, sein Gesicht war blaß, flächig, seine Stirn war sehr hoch, er trug eine Hornbrille mit scharfen Gläsern, minus zehn Dioptrien. Obwohl sie sehr verschieden aussahen, ähnelten sich die Brüder doch. Zum Beispiel hatten sie die gleichen braunen, ziemlich kleinen Augen und die gleichen kurzen, drahtigen Haare, nur daß

Folgende Doppelseite: Die schönen Schwingungen in Baurs Park verdanken wir dem Altonaer Konferenzrat Georg Friedrich Baur (1768-1864). Für seinen Park ließ er Erde aus dem Alten Land anfahren. Sein Landhaus kann heute jeder betreten. Das Blankeneser Ortsamt hat hier seinen Sitz.

169

sie bei Jakob rötlich waren, bei Franz dunkelbraun."[5] Selbstdarstellung an der Elbe. Hier Alfred Andersch.

Am Mühlenberg geht am Westhang die Panzerstraße hoch. Sie ist bereits eine der gemütlichen, altmodischen Treppen von Blankenese. Oben links wohnte bis zu seinem Tod 1995 in seiner „Burg" ein anderer Selbstdarsteller, der nicht nur einen Genietick, sondern auch Genie hatte. „Ich bin Zeichner", sagte Horst Janssen (siehe auch Spaziergang III, Seite 59 f.) und war dabei auch noch ein so exzellenter Schreiber, daß mancher Schriftsteller vor Neid erblassen mag.

Daß Janssen ein großer Landschaftszeichner ist, weiß alle Welt. Und so schreibt er über dieses Thema: „Über Landschaft läßt sich nicht streiten. Wo einer unter zwei Gewittern Götterdämmerung empfindet, fühle ich mich gemüüütlich. Wenn ich im Windschatten einer Uferböschung hocke, wenn die ersten Böen von rückwärts her das nahe Wasser von mir wegdrängen, wenn zuvorderst dicht unterm Ufer die Luft flach über die Wasserfläche rippelt und sich weiter draußen in den See hineinwühlt, wenn von rückwärts her über meine Deckung hinweg nasse Blätter und Hölzchen und die einzelnen schweren Tropfen auf die gerippelte Wasserhaut klatschen, wenn dann das ganze Wind- und Wasserprelüde jäh abbricht und die sich hochwälzenden Gewitter das letzte Loch im Zenit verschließen und alles Geräusch aussperren, wenn diese lautlose Welt verkehrt beleuchtet wird, indem alles Licht von der Erde ausgeht und alles Gebüsch und Gras und Wasser weißlich grün vor dem himmlischen Schwarz leuchtet, dann überkommt mich große Behaglichkeit: ich verliere für einen Moment meine Identität und nichts ist da, was durch Erinnern stört."[6]

Solche Sätze machen frische Augen und hellen Kopf. Doppelte Lust am Spaziergang durch Baurs Park, wo am Ende der schönen Rasenschwünge der stattliche „Katharinenhof" steht. Unsere Füße gehen auf Erde aus dem Alten Land. Der Kaufmann Georg Friedrich Baur, der Gründer des Parks, ließ sie in Lastkähnen vom jenseitigen Ufer der Elbe herbeitransportieren. Vorher war da nur ein kahler Sandhügel gewesen. Als der Altonaer Baur (siehe Spaziergang VI, Seite 117) die Sache in die Hand nahm, wurde daraus ein romantischer Park mit seltenen Bäumen, drei kleinen Tempeln, Grotten, Waldhütten, einer künstlichen Ruine und vieles andere mehr – ganz nach dem Geschmack der Zeit. Bereits 1803 hatte Baur den „Kanonenberg" aufsetzen lassen, von dem aus die Schiffe des Kaufmanns auf der Elbe mit Böllerschüssen begrüßt wurden. Der Konferenzrat, 1768 geboren, konnte sein Anwesen lange genießen. Mit Kind und Kindeskindern. Er hatte elf Söhne und Töchter, 34 Enkel und 22 Urenkel und wurde 96 Jahre alt. Die zweigeschossige, prächtige Villa (den Namen „Katharinenhof" erhielt sie erst 1923 durch den neuen Besitzer L.R. Müller) wurde in der Zeit von 1829-1836 nach Plänen der Architekten Johann Matthias Hansen sowie Ole Jörgen Schmidt errichtet. Heute ist das Ortsamt Blankenese Herr im Haus. Um Bücher geht es nebenan, im „Musenstall". In der Eduard-Hallier-Bücherei stehen 37.000 Bände. Jedes Buch wird im Schnitt viermal im Jahr gelesen. Viel geistiger Umsatz! Früher standen unter dem Dach die Pferdekutschen der Baurs, mit denen sie auf dem Sandweg, der heutigen Elbchaussee, nach Altona fuhren. Ein Abstecher zum 1984 installierten Richtfeuer am Kanonenberg. Elbblick! Fast schon ein bißchen Meer. Und doch noch schönes Ufer. Drüben das Alte Land. Stromabwärts der Schweinesand, eine Insel unter Naturschutz, die das Wasser auf einen Kilometer Länge teilt. Bei Ebbe sind hier Sandbänke, auf denen sich alle Jahre wieder mal eine Robbe sonnt.

„Kosmische Stündchen" auf der Parkbank bei Sonnenuntergang. Eine Lindenallee führt wieder zur Literatur. Wer sich bei dem nun folgenden Weg durchs Treppenviertel hier und da verirrt, dem passiert das Normale. Einen geraden Weg gibt es hier nicht. Das schöne Labyrinth, in dem das Verlaufen zum Vergnügen wird, hat einen großen Leitfaden. Die Elbe. Dahin findet jeder auf irgendeinem Weg immer wieder zurück.

Das weiße Haus auf der Ecke Baurs Weg/Bröers Treppe war, bevor es Anfang der siebziger Jahre umgebaut wurde, ein ansehnliches Gebäude. Der Heimatschriftsteller Gustav Frenssen (1893–1945) ließ es aus dem Erlös für seinen Bauernroman „Jörn Uhl" bauen. Eine Blut- und Bodenliteratur, die dem Nationalsozialismus den Boden bereiten half. Nach 1933 war Frenssen ein überzeugter Propagandist des Dritten Reichs.

Schicksal von Häusern, Schicksal von Menschen. Unter dem Dach dieses dann umgebauten Hauses lebte bis 1988 der Journalist und Schriftsteller Thomas Ayck, ein besonders Empfindsamer und Aufrechter. Er wurde 1939 geboren, als die von Frenssen propagierte Ideologie in die Katastrophe führte. In einem Gedicht hat Ayck über Horst Janssen und sich geschrieben. Bei dem großen Zeichner hat er viele Stunden lauschend und schauend gesessen und einen Film über ihn gedreht.

1.

Ich habe Angst vor dir,
ich habe Angst um dich.
Du verletzt und streichelst
mit jedem Strich
dich selbst und andere.
Du zeichnest Erinnerungen
in die Haut
bis du unter den gelben Zellen
das All aufdeckst,
in dem du dich verlierst.

Folgende Doppelseite: Vom Blankeneser Kiekeberg und Süllberg geht der Blick weit über die Elbe. Im Strom liegen Schweine-, Neß- und Hahnöfersand. Die bewachsenen Sandbänke stehen unter Naturschutz. Hahnöfersand ist Jugendhaftanstalt und war das „Vorbild" für die Insel in Siegfried Lenz' Roman „Deutschstunde", in dem der Bilderdieb Siggi Jepsen eine Strafarbeit über die Freuden der Pflicht schreibt.

Du zeichnest,
um dich zu verlieren.
2.
Landschaften, Blumen,
die Bäume, Gesichter,
Selbstporträts
sind für dich
„natura morte".
Getötete Natur
ist deine Kunst,
ausgestreckt zwischen Sandkorn
und Himmelszelt, voller Chaos.
In der Nacht erlebst du
bis zum Morgengrauen deinen Tod.
Manchmal wachst du auf.
3.
Blumen eitern unter deinen Händen.
Violett und gelb singen sie
von der Kreuzigung:
Es ist vollbracht.
Im lustvollen Schrecken
zeigst du die tötliche
Schönheit.[7]

Wir gehen Baurs Weg, rechts Oestmanns Treppe zum Strandweg. Die Elbe, die
Gärten, die Häuser. Wie es manchmal darinnen aussieht, hat Walter Kempowski
beschrieben. Es ist die Zeit, als er 1956 aus der DDR nach Hamburg kam.
„Durch Rita erhielt ich eine Einladung für ein Privatkonzert in Blankenese. Autos kamen knirschend vorgefahren, und drinnen wurde einem der Mantel abgenommen von zwei adamsapfeligen Oberschülern, und von oben waren Flöten-
läufe zu hören, und im Schlafzimmer übte jemand auf der Geige immer wieder
dieselbe Stelle: Vermutlich war es Rita, die sich da noch den letzten Schliff ver-
paßte, auf diese Stelle würde man nachher mal achten müssen beim Konzert, ob
die nun endlich funktioniert.
Damen und Herren saßen in dem großen, mit flackernden Kerzen dekorierten
Aussichtswohnraum, Panoramablick auf die Elbe, die nun dunkler und immer
dunkler wurde, wogegen die Kerzen heller und immer heller strahlten: Was das
wohl für ein Blick gewesen war, damals, als Hamburg brannte."[8]
Es gibt ihn hier noch, den Hang zum Großbürgerlichen. Aber wer könnte in
Blankenese das Kleinbürgerliche übersehen und das Maritime, das an diesem Ort

die Großen und die Kleinen gleichmacht. Wer am Strand über den Dreckrand des letzten Hochwassers und die Rippelmarks im Sand geht, sollte die Augen weit stellen. Wie Wolfgang Borchert (siehe auch Spaziergang III, Seite 75 f., und Spaziergang IV, Seite 88 f.):

Blick von Blankenese

„Links liegt Hamburg. Da, wo der viele Dunst liegt. Und der kommt von dem vielen Lärm, von den Menschen und der Arbeit, die da sind, in Hamburg. Drüben liegt Finkenwerder. Aber Finkenwerder ist klein, denn es liegt da ganz drüben, und dazwischen liegt der Strom. Und drüben, das ist ziemlich weit. Rechts liegen noch ein paar Häuser und manchmal eine Straße oder ein Graben. Und dann liegt da nachher bald die Nordsee. Und da liegt viel Dunst. Von dem vielen Wasser, das da ist.

So ist das links, drüben und rechts. Hamburg und Finkenwerder und die Nordsee. Und hinten?

Hinten liegen ein paar Wiesen und ein paar Wälder. In den Wiesen und den Wäldern liegen Kühe, Kuhfladen, Nebel, Nächte. Liegen Kaninchen, Sonne, Heidekraut und Pilze. Hin und wieder liegen Strohdächer dazwischen, Misthaufen, Fuchslöcher, Regenpfützen und Knickwege. Aber sonst nicht viel. Und nachher liegt da auch bald Dänemark.

Oben liegt der Himmel und da liegen die Sterne drin.

Darunter liegt die Elbe. Und da liegen auch Sterne drin. Dieselben Sterne, die im Himmel liegen, liegen auch in der Elbe. Vielleicht sind wir gar nicht so weit ab vom Himmel. Wir in Blankenese. Wir in Barmbek, in Bremen, in Bristol, Boston und Brooklyn. Und wir hier in Blankenese. Aber man muß die Sterne natürlich sehen, die hier unten schwimmen, in der Elbe, im Dnjepr, in der Seine, im Hoangho und im Mississippi.

Und die Elbe? Die stinkt. Stinkt, wie eben das Abwaschwasser einer Großstadt stinkt: nach Kartoffelschale, Seife, Blumenvasenwasser, Steckrüben, Nachttöpfen, Chlor, Bier und nach Fisch und nach Rattendreck. Danach stinkt sie, die Elbe. Wie eben das Spülwasser von ein paar Millionen Menschen nur stinken kann. So stinkt sie aber auch. Und sie läßt keinen Gestank aus, der auf der Welt vorkommt.

Aber die sie lieben, die weit weg sind und sich sehnen, die sagen: Sie riecht. Nach Leben riecht sie. Nach Heimat hier auf der verlorenen Kugel. Nach Deutschland. Ach, und sie riecht nach Hamburg und nach der ganz großen Welt. Und sie sagen: Elbe. Sie sagen das weich und wehmütig und wollüstig, wie man einen Mädchennamen sagt. So: Elbe!"[9]

Ein Blankenese-Spaziergang führt unbedingt auf die Landungsbrücke, wo die Fähre von Cranz ankommt und die Fähren von St. Pauli und Altona weiterfahren nach Wittenbergen, Schulau, Lühe und Stadersand. Hans Leip, der oben am

Von unterschiedlicher Schönheit ist die Häuserkette, die am Strandweg das Labyrinth des Blankeneser Treppenviertels begrenzt. Eine der schönsten Perlen ist dieses Haus im Altländer Stil, an dessen Giebelseite der Spruch des plattdeutschen Dichters Klaus Groth steht: „Nord un Süd, de Welt is wiet, Ost un West, to Hus is best."

Süllberg wohnte, bevor er sich nach dem Krieg an den Bodensee zurückzog, hat über den Anleger, der „Op'n Bulln" heißt, geschrieben. Zu einer Zeit, als die Teenager noch Backfische genannt wurden.

„Der Blankeneser Bullen? Nichts als ein langer guter Landeponton. Eine Stunde unterhalb Hamburgs. Von der gartengrünen Uferkrempe wie eine Harke in den Strom gelegt. (Harkt sich damit die Ausflügler zusammen, die Bauernfrauen aus dem Alten Land und wer vorzieht, gen Stade, Cuxhaven oder zum Nord-Ostsee-Kanal zu Schiff und nicht mit der Eisenbahn zu fahren. Die großen Schiffe fahren vorüber, selbst die nach Helgoland). Blankeneser Bullen. Auf dem einen Ende wohnen der Bullenvize, der Toilettenwärter und die Strompolizei, auf dem anderen Ende steht eine Taverne. Die hundert Meter dazwischen sind kahl wie die Schanze eines Kreuzers. Nur oberhalb eines Rettungsringes hängt eine einsame Schiffsglocke, gerettet aus einer Havarie des vorigen Jahrhunderts. Brigg-Schiff Luise von Stettin steht zwischen Barock-Ornamenten bronzen darauf zu lesen. Die Blankeneser Backfische und die blauen Steuermannsschüler, ihre Brüder und die Freunde ihrer Brüder und ein paar Kapitäne und Lotsen auf Ruhegehalt gehen da hin und her. Und die Leute aus der Stadt, die den Strom bewundern wollen. Die Bullenplanken liegen lang und schmal wie bei einem Schiffsdeck; sie sind auch sozusagen ein richtiges Schiffsdeck, leise wiegend, auf und ab schwingend in Flut und Ebbe. Die großen Kielfurchen pflügen daran entlang. Die Schiffahrt der Welt ist zum Greifen nah, die sonderbaren Gefäße voll Fracht und Mensch. Sie kommen 'rein, sie gehen 'raus (raus und rein, anders nennt man das hier nicht) von und nach Neuyork, Rio, Havanna, Kapstadt, Hongkong, Waikiki und Paradeis.

Der Ostwind riecht hier nach Hafen, nach Petroleum, Teer, Sackleinen, Rost, Kohlenschwalch, Fußholz und Gewürz. Der Westwind riecht hier nach See. Bei Westwind stehen die betagten Lotsen an den Bollwerken und schnacken weniger als sonst, und ihre verkniffenen Augen sind feucht vor Alter und Erinnerung. Na schön! In der Bullen-Taverne, in der Ecke ,bei Tür', da sitzen gegen Abend vor Sonntag immer ein paar deftige Leute, die noch hier und da auf Posten sind. Nicht gerade auf Seefahrtsposten. Leider meist im Gegenteil. Aber immerhin. Die Taverne ist nämlich wie eine Schiffsmesse, niedrig, säuberlich, ganz aus schmalen hölzernen Planken gefügt, verflucht gemütlich. Die Stunden rutschen da aalglatt durch die Finger. Und ringsrum sind lauter Gnadenfenster. Über Nord sind sie prall gefüllt mit dem Garten-Gebirge Blankenese. Über Süd ist nichts als Wasser und Himmel mit einer blaßblauen Biese Lüneburger Heide dazwischen, und dieses andere Ufer ist meistens nur stückweise sichtbar, es fädelt sich sozusagen unermüdlich durch den Überseeverkehr hindurch. Die Farben über Süd – man darf es ohne Überheblichkeit sagen – sind jede Viertelstunde anders, zumeist in der Skala Perlmutt, mit überraschenden Möglichkeiten zwi-

schen tropisch und polar. Und die Wellen-Widerscheine flitzen an der meerschaumgelben Decke. Genügt, was? Und im Dunkeln die Lichter, der sterngespickte Berg gen Nord, die wandelnden Kajütsaugen über Süd, die Leuchtbänder der Promenadendecks, die angestrahlten Schlote (möchte wissen, welcher Werbeleiter welcher Reederei zuerst auf diese hübsche Nachtreklame verfallen ist) und die himmelhohen Toplichter, und die Positionslampen, smaragd und rubin, Steuerbord, Backbord, Ausreise und Heimkehr, Hoffnung und Liebe."[10]
Ziemlich auf der Höhe des neuen Unterfeuers am Strandweg (Aussichtskanzel!) liegt das Restaurant „Zum Bäcker". Dort geht die Treppe mit dem schönen Namen Rutsch hoch. Links, ganz versteckt am Steilhang, liegen zwei Reetdachhäuser. In dem unteren wohnte der auf Finkenwerder geborene Maler Eduard Bargheer. Heute wird dort sein Nachlaß gehütet. In dem oberen hielt sich einige Zeit Golo Mann auf. In seinen Erinnerungen schreibt er:
„Blankenese. Das Haus ‚Am Rutsch‘, mit Gärtchen oder Terrasse, auf halber Höhe zwischen der Stadt und der Elbe. Der Blick auf den breiten, immer belebten Strom, belebt besonders am Abend, wenn die großen Passagierdampfer ausfahren mit Lichtern und Musik. Unten am Quai ein Landesteg mit Bar, in der man Grog trinkt, Fischer, Seeleute. ‚Kalte Nacht, Blick auf das Wasser, Sterne am Himmel, Lichter am anderen Ufer, ein Dampfer, dessen rote Lampen sich im Wasser spiegeln. Dächer terrassenförmig den Berg hinunter.‘ Spaziergänge am Fluß entlang oder auf der Höhe. Dort ist es flach, zu flach für meinen Sinn, aber es gibt Wäldchen."[11]
Drei außerordentlich verschiedene literarische Temperamente – Wolfgang Borchert, Hans Leip, Golo Mann – und wie sie die Elbe bei Blankenese sehen. Oben am Rutsch, die Elbterrasse ein wenig gen Osten weitergewandert, sieht einer geradezu königlich auf die Elbe. Und ist sich immer noch für keinen Witz zu schade: „Wußten Sie schon, daß es als unfein gilt, einem Auto in die Bremsbacken zu kneifen?" Otto Waalkes aus Ostfriesland in der „Elbburg" am Süllberg!
Bevor wir Schnudts Treppe raufgehen, ein Abstecher zur Elbterrasse Nr. 12. Unterm Dach hatte Wilhelm M. Busch (1908–1987) seinen Zeichentisch, der immer auch ein Schreibtisch war. Busch hat ungezählte Bücher illustriert. Wer liest, der hat mit Gewißheit ein Buch mit Zeichnungen von ihm im Regal stehen. Aber Busch konnte auch wunderbar erzählen. Und schreiben. Er hatte seine Reviere: St. Pauli, das Hansa-Theater, den Zirkus.
Er besaß einen guten Blick und ein Herz für Menschen, besonders für die Menschen am Rand der Gesellschaft. Während unter uns am Bullen ein weißes Fährschiff von den St. Pauli-Landungsbrücken festmacht, hier ein kleines Kapitel aus seinem Milieu:
„Ein schönes, vielleicht ein bißchen zu schönes Mädchen in feuerrotem, beängstigend kurzem Kleidchen zu platinblondem Haar hopst denkbar ungeschickt, in

denkbar ungeeigneten zierlichen Schuhen, zwei Eimer schwenkend, über den nach einem Regen völlig aufgeweichten Zirkusplatz zum Hydranten. Mit ihren schwachen Kräften, breitgespreizt die schlanken Beine, stemmt sie sich auf den Druckhebel, quietscht auf, als das Wasser in vollem Strahle in ihren Eimer strullt. Wie sie unter der Last der schweren Eimer, die ihr die schmalen Schultern tief hinunterziehen, zu dem Wohnwagen schwankt, frage ich, wer sie denn sei, die ich bisher hier noch nicht gesehen hatte. Ja, das sei doch der Besuch vom Pausenaugust. Später, während der Nachmittagsvorstellung, stehe ich mit auf dem Sattelplatz. ‚Ach, weißt du, das ist meine Nichte. Die freut sich immer, wenn wir alle Jahre mal wieder nach Hamburg kommen. Nach Hause darf sie doch nicht mehr. Die wollen von ihr nichts mehr wissen, seit sie hier auf St. Pauli auf den Strich geht. (...) Immer bringt sie den Kindern was mit. Soll ich ihr sagen, daß sie nicht wiederkommen soll? Nicht mehr wiederkommen darf, gerade wegen der Kinder?‘ Er guckt mich mit seinen verschminkten Augen über die runde knollige Nase hinweg fragend an. ‚Soll ich den Moralischen machen, gerade ich, der dumme August? Der Mann, der die Ohrfeigen bekommt?‘“[12]
Nein, sollte er nicht. Schnudts Treppe rauf, wo oben Schuldts Bier- und Kaffeegarten ein Geheimtip für lufthungrige Genießer ist. Selbstgebackener Kuchen mit Elbblick! Links an der Süllbergsterrasse, im Haus Nr. 37, wohnte Hans Leip. Wir gehen um den Süllberg herum und erklimmen den Gipfel von Norden, immerhin 75 Meter hoch. Das tat auch – sehr verliebt – im Sommer 1885 der Nervenarzt Sigmund Freud aus Wien, Arm in Arm mit Martha Bernays aus Wandsbek. Ein Jahr später durfte er die schöne Wandsbekerin endlich heiraten, nachdem er lange um sie geworben hatte und sich von Wien kommend immer wieder in einem Dachstübchen am Wandsbeker Markt einquartiert hatte. Aber mehr als Spaziergänge im Wandsbeker Gehölz oder ein Ausflug zum Süllberg wurden von der zukünftigen Schwiegermutter nicht gestattet. Sigmund Freud wurde der Vater der Psychoanalyse. Und er konnte schreiben. Allein 1.500 Briefe gingen an seine Geliebte in Wandsbek.
In demselben Jahre näherte sich ein anderer Verliebter dem Süllberg, der auf nicht weniger gelungene Weise das Schreiben verstand: Detlev von Liliencron. (Siehe Spaziergang VI, Seite 117 f.) „Nach dem Süllberg muß man mit der Droschke nachts ein Uhr fahren, wenn die Nachtigallen schlagen auf der Flottbeker Chaussee und in den Villengärten ... Und im Taxameter sitzt ein liebes süßes Mädel, das man der Frühlingsnachtkälte wegen in seinen eigenen grauen Herrenmantel eingehüllt hat. Und dann von zehn zu zehn Minuten: ‚Halt, Dimpler, Töv'n Ogenblick.‘ Und die Nachtigallen singen. Dann nach drei Minuten: ‚So, Dimpler, nu man werr jü!‘ (wieder zu). Ja, ja, das sind so Erinnerungen...“[13]
Heute gilt der Süllberg als eine der nobelsten Wohnadressen der Hansestadt. Stille und Elbblick müssen teuer bezahlt werden.

Folgende Doppelseite: Als Richter Dehmel 1912 mit seiner Frau Ida in dieses Haus einzog, das ihm von Freunden geschenkt worden war, begann hier eine Zeit reger literarischer Geselligkeit. Seit 1991 wurde das Dehmel-Haus schrittweise restauriert und ist heute ein lebendiges Kulturforum für Literatur und bildende Kunst.

Hinter der Insel Schweinesand liegt die Gefängnisinsel Hahnöfersand. Da ließ Siegfried Lenz (siehe Spaziergang VII, Seite 145) in seinem Roman „Deutschstunde" den jungen Häftling Siggi Jepsen, der ein Bilderdieb war, eine Strafarbeit schreiben mit dem strengen Titel „Freuden der Pflicht". Der Junge tut sich schwer mit dieser nachgeholten Deutschstunde: „Und bin ich trotzdem einmal nahe daran, anzufangen, fällt mein Blick unweigerlich auf den zerschrammten, an Ketten hängenden Anlegeponton, an dem die gedrungene, messingblitzende Barkasse aus Hamburg festmacht, um pro Woche, sagen wir mal, bis zu zwölfhundert Psychologen abzusetzen, die sich geradezu krankhaft für schwer erziehbare Jugendliche interessieren. Ich kann nicht wegsehen, wenn sie den gekrümmten Strandweg heraufkommen, ins blaue Direktionsgebäude geführt werden und nach üblicher Begrüßung, womöglich auch nach Ermahnungen zu Vorsicht und unauffälligem Forschen, ungeduldig hinausdrängen, scheinbar absichtslos über unsere Insel schwärmen und sich an meine Freunde heranmachen: an Pelle Kastner zum Beispiel, an Eddi Sillus und den jähzornigen Kurtchen Nickel. Vielleicht interessieren sie sich deshalb so für uns, weil die Direktion errechnet hat, daß jeder, der auf dieser Insel gebessert worden ist, nach seiner Entlassung mit achtzigprozentiger Wahrscheinlichkeit nicht wieder straffällig wird."[14]

Elbabwärts liegt auch Wittenbergen. Den Fähranleger gibt es noch, das Gasthaus nicht mehr, das dem Schriftsteller Ernst Barlach als Vorlage in seinem Drama „Der arme Vetter" diente. Das Gebäude stand bei der großen Sturmflut 1976 bis unters Dach im Wasser und wurde später abgerissen.

Am nördlichsten Punkt der Süllbergsterrasse beginnt die Richard-Dehmel-Straße. Mit der Benennung wurde der Dichter ausgezeichnet, der zu Lebzeiten große Verehrung genoß und nach seinem Tod leider schneller in Vergessenheit geriet als andere. (Siehe auch Spaziergang VI, Seite 117 ff.) Am Ende der Straße, Haus Nr. 1, hat er bis zu seinem Tod, 1920, gewohnt. Das großzügige Domizil war ein Geschenk seiner Freunde. Zusammen mit dem Architekten Walther Baedecker hatte Dehmel hier seine Pläne von einem Haus verwirklichen können, in dem sich Privatleben und literarische Geselligkeit mühelos unter einem Dach vereinigten. 1912 hatte er mit seiner Frau Ida Einzug halten können. Ihn hatte besonders die Landschaft vor der Haustür seines neuen Heims angezogen, denn sie erinnerte ihn an die Mark Brandenburg, wo er als Sohn eines preußischen Försters aufgewachsen war.

Dehmels Dichtung hatte zu seinen Lebzeiten große Wirkung. Arnold Schönberg und Richard Strauß haben sich davon zu Vertonungen beflügeln lassen. Außerdem war er ein unermüdlicher Fürsprecher und Förderer junger Poeten. Der Kleist-Preis, eine der wichtigsten literarischen Auszeichnungen, ist auf seine Initiative zurückzuführen. Er wurde nie müde, Briefe zu beantworten.

„Sehr geehrter Herr Dehmel, seien Sie mir nicht böse, wenn ich Ihnen wieder einmal mein junges Herz ausschütte! Aber ich bin so unglücklich, so tief in mir zerfahren! O Ihr erster Brief! Das war eine meiner glücklichsten Stunden!"[15] So schrieb ihm zum Beispiel der junge Johannes R. Becher, der später einmal (1954) Minister für Kultur in der DDR werden sollte.

Richard und Ida Dehmel hatten 1901 geheiratet. Für beide war es die zweite Ehe. Es wurde eine nahezu ideale Partnerschaft. Ida Dehmel engagierte sich für die Kunst und für die Frauen in der Kunst. Sie gründete die Gedok (Gemeinschaft deutscher und oesterreichischer Künstlerinnen), in deren zahlreichen Ortsverbänden noch heute Künstlerinnen aller Sparten zusammen arbeiten.

Das Richard-Dehmel-Haus steht heute unter Denkmalschutz. Seit 1991 wird die Villa behutsam restauriert, die wertvolle Inneneinrichtung mit Werken von Peter Behrens, Henry van de Velde und Emil Orlik wiederhergestellt. Claus Grossner, der jetzige Besitzer, hat die Dehmel-Villa wieder zu einem Kulturzentrum gemacht, in dem Literatur und bildende Kunst gefördert werden.

Weiter auf der Blankeneser Landstraße gen Osten zum Ausgangspunkt unseres Spaziergangs zurück. Doch gleich auf der linken Seite liegt noch die Anne-Frank-Straße. Früher war sie nach Gustav Frenssen benannt. Spät, Anfang der achtziger Jahre, besann man sich und fand, daß die Straße nicht mehr den Namen des Heimatschriftstellers tragen solle, der ein überzeugter Propagandist des Nationalsozialismus gewesen war. Wer die Romane von Gustav Frenssen etwas kennt, wird feststellen, daß rechts und links der Anne-Frank-Straße der Schriftsteller noch weiterhin geehrt wird: Jörn-Uhl-Weg, Babendiekstraße.

Der Dichterin, die in den achtziger Jahren in der Anne-Frank-Straße wohnte, ist das jüdische Mädchen nah und der Blut- und Boden-Dichter gänzlich fern. Das Hamburg von Eva-Maria Alves ist Blankenese, die Elbe, die Eisschollen, die halbversunkenen Boote, die bis zur Unkenntlichkeit zugekleideten Spaziergänger.

Da schwimmt der
Winter kalt
Im Fluß
Dahin wie er
Sich forteist und
Einkühlt und hart
Ein Bett sich
Für sich
Schürft.[16]

Folgende Doppelseite: Drei Kilometer ist die Elbe bei Blankenese breit. Im Winter stauen sich auf den Sandbänken und am Ufer die Eisschollen. Ebbe und Flut tragen sie den Strom runter und rauf. Das Geräusch der sich aneinander reibenden Schollen vergißt niemand. Eisschollenspringen, wie früher, traut sich heute keiner mehr.

185

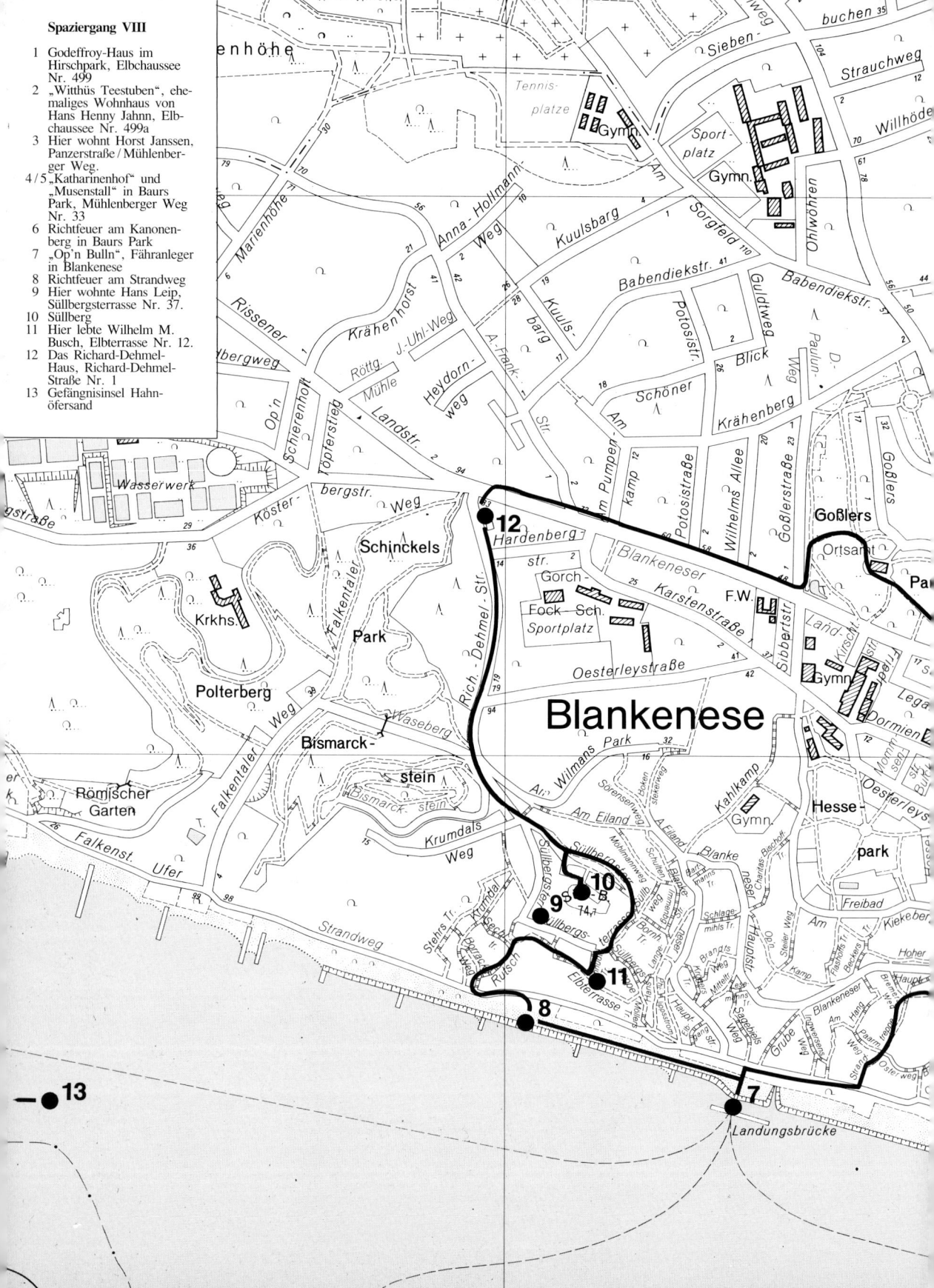

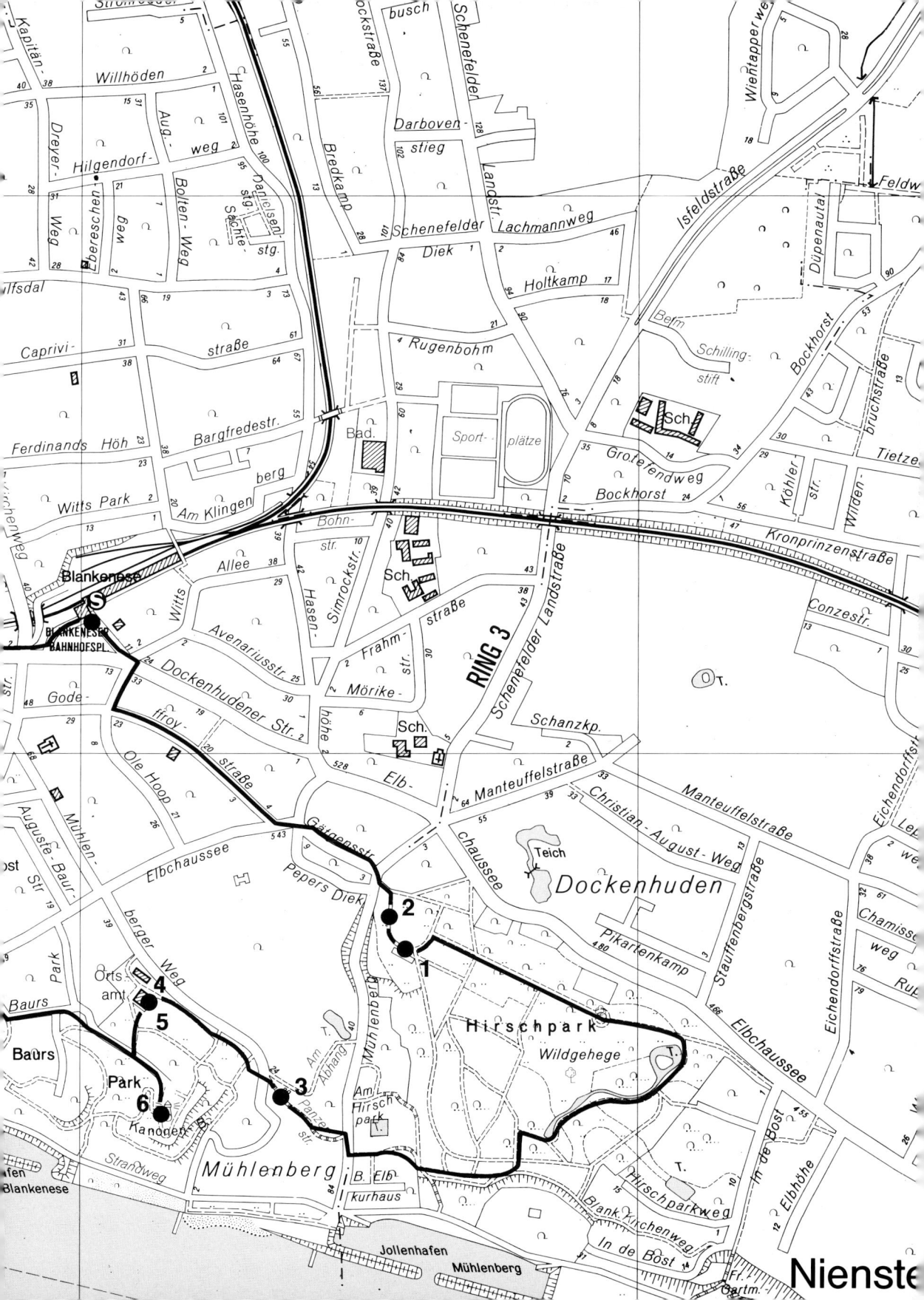

Winterhude
•
Kampnagelfabrik
•
Stadtpark

„Einer meiner liebsten Bauten", nannte Fritz Schumacher das 1914 bezogene neue Domizil von Hamburgs ältestem Gymnasium (1529), der Gelehrtenschule des Johanneums zu Hamburg. Harry Graf Kessler, Hans Erich Nossack, Walter Jens oder Ralph Giordano saßen hier auf der Schulbank. Giordano mußte das Johanneum verlassen, als Juden dort nicht mehr geduldet wurden. In seinem Roman „Die Bertinis" hat er die Zeit beschrieben.

Begegnung mit: Andreas Gryphius, Ralph Giordano, Harry Graf Kessler, Martin Opitz, Johann Christoph Gottsched, Willi Bredel, Friedrich Hölderlin und vielen anderen.

Der rote Faden dieses Spaziergangs ist die Stadtentwicklung. Natürlich wird die Literatur dabei nicht aus den Augen gelassen. Was hat sich in den vergangenen hundert Jahren in der Großstadt getan? Das ist an unserem Weg beispielhaft zu sehen. Die Stichworte sind: Gründerzeit und Neues Bauen, Industriekanal wird zum Freizeitkanal, die Kampnagelfabrik als Ort der Kultur, Jarrestadt und Stadtpark. Gehzeit: 80 Minuten.

Zufall? Neben dem U-Bahnhof Sierichstraße ist eine sehr kurze Straße dem Barockdichter Andreas Gryphius (1616–1664) gewidmet. In einem seiner schmerzlichen Gedichte hat er gesagt, wohin alles Bauen hier auf Erden führt. Ein schöner Introitus für unseren „Stadtentwicklungsweg".

Es ist alles eitel
Du siehst, wohin du siehst, nur Eitelkeit auf Erden.
Was dieser heute baut, reißt jener morgen ein;
Wo jetztund Städte stehn, wird eine Wiese sein,
Auf der ein Schäferskind wird spielen mit den Herden;

Was jetztund prächtig blüht, soll bald zertreten werden;
Was jetzt so pocht und trotzt, ist morgen Asch und Bein;
Nichts ist, das ewig sei, kein Erz, kein Marmorstein.
Jetzt lacht das Glück uns an, bald donnern die Beschwerden.

Der hohen Taten Ruhm muß wie ein Traum vergehn.
Soll denn das Spiel der Zeit, der leichte Mensch, bestehn?
Ach, was ist alles dies, was wir für köstlich achten,

190

Als schlechte Nichtigkeit, als Schatten, Staub und Wind,
Als eine Wiesenblum, die man nicht wiederfind't!
Noch will, was ewig ist, kein einig Mensch betrachten.[1]

Anders als Gryphius leben wir heute mit mehr Vergnügen im Hier und Jetzt.
Und schauen auch ganz gerne, wo es denn seine Wurzeln hat. Gehen wir durch
die Straße Elebeken, genannt nach Margarethe Elebeken, Domina des Klosters
St. Johannis von 1671 bis 1701 (siehe Spaziergang III, Seite 69 f.). Schönste
Hamburger Jugendstilfassaden, entstanden um 1910.

Die Dorotheenstraße war die Verbindung zwischen der Uhlenhorst und dem
Dorf Winterhude. Viele Häuser wurden im Krieg zerstört. Aber noch ist hier
der Übergang der Gründerzeitarchitektur zum Bauen der Schumacher-Ära zu erkennen. Dieser hanseatische Heimatstil wurde um 1925 abgelöst vom „Neuen
Bauen". Der Rundbau auf der Ecke Dorotheen-/Maria-Louisen-Straße entspricht
diesem Architekturstil und ist einer der bedeutendsten Entwürfe des Architekten
Karl Schneider für Hamburg. (Das Haus am Falkenstein, Grotiusweg Nr. 79,
heute Puppenmuseum, wurde ebenfalls von ihm errichtet.) Der 1892 in Mainz
Geborene hatte sich mit 31 Jahren in der Hansestadt als Architekt selbständig gemacht. Er war Mitbegründer der Künstlergemeinschaft Sezession. 1935 emigrierte er nach Amerika, wo er zehn Jahre später in Chicago starb.

Wenige Meter entfernt von dem Schneider-Bau steht an der Maria-Louisen-
Straße Nr. 114 das Johanneum. Genau muß es heißen: Gelehrtenschule des Johanneums zu Hamburg. So genau nimmt es zum Beispiel auch Walter Jens (siehe
Spaziergang III, Seite 76) mit seiner alten Schule. (Nachzulesen in seiner Kurz-
biographie für das Schriftstellerlexikon des P.E.N. der Bundesrepublik.) Jens besuchte das Traditionsgymnasium von 1933–1941. Hans Erich Nossack (siehe
Spaziergang II, Seite 33, und Spaziergang IV, Seite 96 f.) hatte hier 1919 Abitur
gemacht.

Ein Mitschüler von Walter Jens, Ralph Giordano, mußte das Johanneum bald
verlassen, weil er Jude war. Über die Verfolgung und das Leiden seiner Familie,
die hier für Tausende anderer Familien steht, hat Giordano in seinem großen Romanepos „Die Bertinis" geschrieben. Sein Buch hat zahlreiche Menschen er-
schüttert. Viele sahen die Verfilmung im Fernsehen. Giordano hat 40 Jahre an
diesem schweren Erinnerungswerk geschrieben. „Der erste und schönste Lohn
war die Eloge des großen Humanisten Heinrich Böll auf ‚Die Bertinis' im ‚Spiegel'. Sie hat dem großen Roman die Tür zu seinem nationalen und internationa-
len Erfolg aufgestoßen"[2], meinte Giordano später.

Lesen wir den Anfang des Kapitels, in dem Cesar und Roman Bertini zum
erstenmal das Johanneum betreten:

„Am 1. April 1933, begünstigt durch ein Gesetz der gerade untergegangenen

Weimarer Republik, das den erwerbslosen Pianisten von der Zahlung des Schulgeldes bis auf einen symbolischen Betrag entband, schickte Alf Bertini seine Söhne Cesar, elf Jahre fünf Monate, und Roman, fast auf den Tag zehn, unter die Kinder der Vornehmen und der reichen Kaufleute, auf das Humanistische Gymnasium der Freien und Hansestadt Hamburg, auf die Erste, die Gelehrtenschule in der Winterhuder Maria-Louisen-Straße – das Johanneum! An ihrem Jungferntag begleitete Lea die beiden noch einmal. Auf dem Barmbeker Bahnhof stiegen sie in die Hochbahn, um drei Stationen weit zu fahren. Unterwegs, zwischen den Bahnhöfen Stadtpark und Borgweg, richtete die Mutter leise Worte der Ermutigung und Erbauung an Cesar und Roman und erklärte ihnen, daß dies der Beginn einer bedeutenden Epoche in ihrem Leben sei, nun, da sie in enge Beziehung zu Wissenschaft und Bildung träten. Aber sie sprach nur mit halber Kraft, sozusagen stellvertretend für Alf Bertini, der nicht mitgekommen war. Zwar hatten sie ihn inständig darum gebeten, der Vater jedoch hatte barsch abgewinkt, ohne Gründe zu nennen. (…) Stumm nickend ließen die beiden nun den Zuspruch über sich ergehen, desto entsetzter vor der unbekannten Zukunft, je näher sie der neuen Schule kamen. Auf der Station Sierichstraße stiegen sie aus, gingen ein Stück die Dorotheenstraße hinunter, bogen in die Maria-Louisen-Straße ein und standen vor der Gralsburg des Johanneums."[3]

Als Ralph Giordano im Frühjahr 1988 zum erstenmal seit seiner Vertreibung von der Schule vor den Schülern des Johanneums las, überraschte ihn die neue Atmosphäre von Freiheit an diesem Ort ehemaligen psychischen Terrors.

Ein anderer Schüler des Johanneums, der die Schule zwei Generationen vor Giordano besuchte, schrieb später: „Wir sollten eigentlich gar nicht Griechisch oder Latein lernen, sondern arbeiten. Arbeiten um seiner selbst willen; man wollte uns abrichten zu Arbeitstieren. Vom Ideal des Humanen, die ganze Menschheit und ihre Kultur im Kopf und Herz tragenden Menschen, das die Goethe-Zeit entflammt hatte, war nur der ungeheure Fleiß übriggeblieben, der nötig war, um den unermeßlichen Stoff aufzunehmen. Und dieser Fleiß hatte sich selbständig gemacht, wie eine Art satanischer Majestät den Thron des alten humanen Ideals usurpiert, um den Herren der neuen Zeit die für die Mechanisierung der Wirtschaft benötigten unermüdlichen und selbstzufriedenen Sklaven zu liefern."[4]

„Der rote Graf" wurde dieser Schüler später genannt. Harry Graf Kessler, 1868 geboren, Sohn eines geadelten Hamburger Kaufmanns und einer irischen Mutter. Trotz dieser Erziehung zum Fleiß verwirklichte er für sich das Ideal eines humanen, gebildeten Weltbürgers. Sein Schulweg führte noch nicht in das Backsteingebäude an der Maria-Louisen-Straße. Zu seiner Zeit befand sich das Johanneum am Speersort, neben dem heutigen Pressehaus, dort, wo im 13. Jahrhundert der Dom stand (siehe Spaziergang I, Seite 11).

Die Matthäuskirche sieht aus wie eine kleine Schwester von St. Michaelis, stammt aber nicht aus dem barocken 18. Jahrhundert, sondern aus dem Neobarock um 1910.

Das Schulgebäude, das von den Architekten Carl Ludwig Wimmel und Franz Gustav Forsmann im spätklassizistischen Stil errichtet worden war und in dem sich auch die bedeutende Bibliothek des Johanneums befand, war 1840 bezogen worden. 1943 wurde es total zerstört. Als der Lutherfreund Johannes Bugenhagen – sein Denkmal steht rechts vor dem roten Backsteingebäude – die Schule im Jahr 1529 gründete, hatte diese wichtigste Hamburger Bildungsstätte ihr erstes Domizil im alten Johanniskloster der Dominikaner, dort, wo heute das Rathaus seinen Platz hat.

Wir stehen vor dem dritten Gebäude des Johanneums. Hier wird seit 1914 gelehrt. Entworfen hat es Hamburgs großer Stadtplaner und Baumeister Fritz Schumacher. „Einer meiner liebsten Bauten"[5], wie er selbst sagte. Schumacher war von 1909 bis 1920 und von 1923 bis 1933 Baudirektor und Oberbaudirektor in Hamburg. Seine Backsteinbauten prägen die Stadt noch heute. „Das Tropeninstitut hoch über dem Elbhang in St. Pauli, das Johanneum in Winterhude, das Museum für Hamburgische Geschichte sind meisterhafte Zeugnisse der Architektur- und Städtebauauffassung Schumachers aus den Jahren vor dem Ersten Weltkrieg, nicht eigentlich modern, nicht stilprägend, keine Meilensteine der Baugeschichte aber unübersehbare Identifikationspunkte im Stadtbild."[6]

Wir biegen rechts in die Opitz- und gehen weiter in die Gottschedstraße. Der Dichter Martin Opitz erblickte das Licht der Welt etwa ein halbes Jahrhundert nach der Gründung des Johanneums. Um die Neugier auf diesen 1597 in Bunzlau geborenen und 1639 in Danzig verstorbenen Barockpoeten ein wenig zu wecken, sei hier ein Liebesgedicht von ihm zitiert.

Ach Liebste, laß uns eilen
Ach Liebste, laß uns eilen,
Wir haben Zeit:
Es schadet das Verweilen
Uns beiderseit.
Der edlen Schönheit Gaben
Fliehn Fuß für Fuß,
Daß alles, was wir haben,
Verschwinden muß.
Der Wangen Zier verbleichet,
Das Haar wird greis,
Der Äuglein Feuer weichet,
Die Brunst wird Eis.
Das Mündlein von Korallen
Wird ungestalt,
Die Händ als Schnee verfallen,

194

Und du wirst alt.
Drum laß uns jetzt genießen
Der Jugend Frucht,
Eh denn wir folgen müssen
Der Jahre Flucht.
Wo du dich selber liebest,
So liebe mich,
Gib mir, daß, wann du gibest,
Verlier auch ich.[7]

„Lob- und Gedächtnisrede auf den Vater der deutschen Dichtkunst Martin Opit-zen von Boberfeld, nachdem selbiger vor hundert Jahren in Danzig Todes verbli-chen, zur Erneurung seines Andenkens im 1739sten Jahre den 20. August auf der philosophischen Catheder zu Leipzig gehalten."[8] Diese Rede wiederum hielt der Dichter und Gelehrte Johann Christoph Gottsched (1700–1766), der ein starker Verfechter der Aufklärung war.

An der Matthäuskirche (Krohnskamp/Ecke Gottschedstraße) nähern wir uns wieder mehr der Gegenwart, als das Gebäude auf den ersten Blick vermuten läßt. Das neobarocke Gotteshaus wurde 1910 errichtet, sieht aber aus wie eine kleine Schwester der großen Michaeliskirche (siehe Spaziergang II, Seite 52). Die Häuser in der Nachbarschaft der Matthäuskirche sind Teil des neuen Woh-nungsbaus (Architekten: Erich Elingius und Karl Schneider). Einige Fassaden prunken noch mit neobarockem Heimatstil. Die Gebäude aus der Gründerzeit mit ihren Innenhöfen, in die nie die Sonne scheint, lassen ahnen, wie viele Men-schen hier einmal unter den Dächern des damals aus dem Boden schießenden Winterhude gelebt haben. Wir gehen den Poßmoorweg hinauf und überqueren auf der Barmbeker Straße den Goldbekkanal, der einmal eine wichtige Wasser-straße für die Industrie war. Nach dem Zweiten Weltkrieg wurden an den Ufern dieses ehemaligen Flüßchens von Schrebergärtnern aus Not Kartoffeln, Bohnen und Salat angepflanzt. Heute wird dort eher mehr aus Liebe gegärtnert und auf dem Wasser aus Lust oder sportlichem Bewegungsdrang gefahren. Der Gold-bekplatz, am Ende des Goldbekufers, der nach 1945 ein florierender Schwarz-markt war, ist heute ein etablierter Wochenmarkt und die Hochbunker, die uns auf unserem Weg durch Winterhude immer wieder als finstere Fassadenein-sprengsel begegnen, schützen die Menschen nicht mehr vor Bombenangriffen, sondern höchstens noch Sachen vor Wind und Wetter.

Durch die Schinkelstraße zum Schinkelplatz. Hier war das „rote" Winterhude zu Hause. Und auch heute noch werden rechtslastige Aktivitäten im Quartier kaum geduldet. Daß der Baumeister des preußischen Königs, Karl Friedrich Schinkel (1781–1841), diesem Platz seinen Namen gab, macht mehr Sinn, als es auf den ersten Blick scheinen mag. Schinkel inszenierte den Herrschenden ihre Feste, sah aber auch hin, wie es dem Volk ging und plante für eine neue, bessere Gesellschaft. Er machte sich Gedanken, wie die Wohnungen zu beheizen seien, wo Bäder eingerichtet werden könnten. Probleme, die im Bauboom der Gründerzeit zwischen 1870 und dem Ersten Weltkrieg häufig sehr vernachlässigt wurden. Am Schinkelplatz ist die Architektur der Gründerzeit in einer Geschlossenheit erhalten wie sonst nirgendwo mehr in Hamburg. Was wir an den Spuren dieses durchaus zwiespältigen Zeitgeistes aus dem preußischen Kaiserreich mögen, hat eine der gelungenen, aufklärerischen Ausstellungen Mitte der siebziger Jahre auf den Punkt gebracht. „Als Hamburg nobel war", hieß die kritische Schau. „Was uns heute empfänglich macht für die Gründerjahre, ist der sinnliche Reiz der äußeren Ausdrucksformen. Üppig dekorierte Häuserfassaden, der überschwengliche Schwulst des kaiserlichen Neo-Barocks, Plüsch, Stuck, Renommierstaffage der bürgerlichen Behausung, wirken trotz aller Widersprüche menschlicher als die kühle, kahle Beton-Monotonie unserer Städte. Doch in sehnsuchtsvollen Betrachtungen, in spitzfindig genüßlicher Sperrmüll-Euphorie ist jene Zeit nicht zu fassen. Das Entwicklungstempo in den Jahrzehnten, als Hamburg sich nobel fühlte und kräftig mitagierte in den wilhelminischen Theaterkulissen, ist unvorstellbar. Mit Wagemut, Entschlußkraft, Risikofreude, Kühnheit vor allem Neuen und Unbekannten wurde in vielen Bereichen der Grundstein für manches gelegt, was uns heute noch nützlich ist. Hamburg hat mit der industriellen Revolution und der Bevölkerungsexplosion in wenigen Jahrzehnten den Sprung von einer mittelalterlichen verwinkelten Wohn- und Kaufmannsstadt zur größten Hafenstadt des Reiches gemacht, die eine machtvolle Wirtschaftsposition innehatte."[9]

Preystraße Nr. 9. Hier sitzt die Dichterin Ginka Steinwachs, die früher in Paris sehr mit dem Surrealismus befaßt war und 1988/89 an der Hamburger Universität die Poetik-Vorlesung hielt. Sie präludiert für uns über ihr Quartier: „Die Preystraße ist nicht nach dem lyrischen Tenor Hermann Prey benannt, dessen Klavierbegleiter ich als Göttinger Kind im schwarzen Kleid mit weißem Kragen die Konzertnoten umgeblättert habe, wie man denken könnte, sondern wie man nicht so leicht denkt, nach einem Hamburger Kirchenbaumeister des fortschrittsgläubigen 19. Jahrhunderts. Diese westdeutschen Assoziationen sind aber nicht so wichtig. Denn ich nenne die Preystraße festdeutsch ganz anders, nämlich Freiheitsstraße a) und Preis der Freiheitsstraße b) und spiele dabei c) mit der Dialektik von frei wovon und frei wozu und mit Konsonanten und Vokalen d), so als ob es schwarze und weiße Tasten auf einem Steinwachsflügel wären. Das Wort ‚Flügel' ist schön. Meistens hat die Straße für mich auch noch einen katalanischen Sinn, und zwar verweist sie als Pere-rey-straße oder Carrer-p(ere)-rey auf einen mittelalterlichen König von Katalanien und Aragon, der in der gro-

Man muß es lieben und lassen, das Kampnagelgelände. Aus der Maschinenfabrik ist in den achtziger Jahren eine Kulturfabrik geworden. Kreativer, aufmüpfiger, anregender und aufregender als die etablierten Theater. „Auf Kampnagel" ist allein schon ein Gang über das chaotische Gelände am Osterbekkanal, ein Streifzug an den alten Hallen vorbei, eine unordentliche Anregung, die kein anderes Theater bietet.

ßen Hafenstadt Barcelona einen ganzen Platz für sich allein beansprucht, die Plaça-del-rey; wie sollte seiner königlichen Allmacht hier nicht wenigstens ein Sträßchen auf den lieblichen Leib geschrieben sein, und wenn nicht das ganze Sträßchen dann doch zumindest meine Ecke, wie sie bautechnisch direkt mit dem Schinkelplatz verbunden ist. Schinkelplatz. In dieser Ortsangabe, da steckt der Name des preußischen Architekten darin, der – wie ein Herr Kaiser gelb, eben kaisergelb – die Farbe schinkelgrün erfunden hat, welche sich europaweit, besonders an Fensterläden großer Beliebtheit erfreut. Ob es da wohl einen Zusammenhang gibt? Jedenfalls wird am Schinkelplatz sonnabends immer gefeiert. Der Schinkelplatz trinkt, der Schinkelplatz tanzt und der Schinkelplatz macht Musik. Aber nicht mehr lange. Hinter meinem Frisör und english haircutter Lawrence von Haarabien geht der Schinkelplatz lautlos in die Semperstraße über. Dahinter hold – holdselig – holdleutselig der Goldbekkanal und eine Erinnerung wie aus der Vorzeit ein Dampfer, die weiße Goldbek, fährt durch die Wiese, fährt durch die schinkelgrüne Wiese. Ich stehe da also und träume mich geradeaus zu den Schrebergärten der holdseligen Kolonie hinüber in eine Schattenmorelle – das also ist der Dichterin Kern – hinein…"

Weiter durch die Gertigstraße über die Barmbeker Straße und wir stoßen auf die Kampnagelfabrik. Wenn sich unsere Urenkel im dritten Jahrtausend nach Christus einmal mit der Kultur der achtziger Jahre in Hamburg befassen werden, wird Kampnagel mit Gewißheit eine Hauptrolle dabei spielen. Das kreative „Mixed Media" der Künste begann hier Anfang der achtziger Jahre. Das offene Spiel in offenen Räumen hatte seitdem ungezählte Höhepunkte. Liebe ist ungerecht. Deshalb sei hier von allen wunderbaren Veranstaltungen an eine vielgeliebte allein erinnert. Den „Bloomsday" 1988 auf Kampnagel, an dem eine Schar Unentwegter von morgens acht Uhr bis nachts drei Uhr der Verlesung des Romans „Ulysses" von James Joyce folgte, mit den Kapiteln die Räume wechselte, durch Fundus, Foyer, Probebühne, Kuppelsaal, Zwischendeck, K1, K2, K3 zog und sich dabei Kampnagel wie ein Paradies verbotener Räume erschloß. Literarischer Ort war Kampnagel schon, als auf dem Gelände noch das Eisenwerk Nagel & Kaemp produzierte. Der Schriftsteller Willi Bredel hatte hier eine Lehre gemacht. 1931 schrieb er den Roman „Maschinenfabrik N. & K.". Bredel war Mitglied der kommunistischen Partei, kam wegen „Literarischen Hoch- und Landesverrats" ins Gefängnis und floh 1934 über Prag nach Moskau. Von 1962 bis zu seinem Tod 1964 war er Präsident der Deutschen Akademie der Künste in Ost–Berlin. Über seine Jugend schrieb er: „Mit siebzehn Jahren war ich Dreherlehrling in einer Metallfabrik und Mitglied der Sozialistischen Arbeiterjugend. Es war am Ende des Ersten Weltkrieges, und auch wir Lehrlinge mußten neuneinhalb Stunden täglich arbeiten, die Überstunden nicht gerechnet. In der Mittagspause rannten wir in die Kriegsküche, wo es Tag für Tag Kohlrüben-

oder Dörrgemüsesuppe gab. Die knappe Ration Brot, mit Margarine oder Kohl-
rübenmarmelade bestrichen, war meistens schon auf dem Wege zur Arbeitsstelle
aufgegessen. Meine Eltern wohnten damals in einer kleinen Hinterhauswohnung;
ich hatte wohl einen Stuhl, hatte sogar ein eigenes Bett, aber keine Ecke, die ich
mein nennen konnte, geschweige denn ein eigenes Zimmer. Der Literatur galt
seit meiner Schulzeit meine brennende Liebe, freilich hatte ich nicht nur für Literatur, sondern auch für Geschichte und besonders für die Geschichte des gegen-
wärtigen Tages, die Politik genannt wird, ein lebhaftes Interesse. Wir Mitglieder
des Jugendverbandes waren trotz Krieg und Hunger eine fröhliche, wissenshung-
rige und stets zum Redestreit aufgelegte Gemeinschaft; wir besuchten oft Theater-
aufführungen und lasen vorher das Stück mit verteilten Rollen. Fortschritt-
liche Politiker, Schriftsteller, Wissenschaftler und Künstler hielten in unserer
Gruppe Vorträge über wichtige Perioden der Geschichte, diskutierten mit uns
über Fragen der bildenden Kunst und der Literatur, über letzte Errungenschaften
in der Technik, über neue Erkenntnisse und Entdeckungen in den Naturwissen-
schaften. Mich interessierten Geschichte und Literatur allerdings am meisten,
und nach der Fabrikarbeit las ich alles, was ich über den deutschen Bauernkrieg,
die Reformation, die bürgerlichen Revolutionen in Frankreich und die Große So-
zialistische Oktoberrevolution auftreiben konnte. Aber ich kannte auch meinen
Gerstäcker, meinen Jules Verne, meinen Dickens. Selige, unvergeßliche Stunden, in denen ich in achtzig Tagen um die Welt reiste, mit den Flußpiraten auf
dem Mississippi aufregende Abenteuer erlebte, mit David Copperfield litt, liebte
und siegte und so das bunte, schöne und böse Leben kennenlernte."[10]
Rechts in die Jarrestraße und links in die Hölderlinsallee. Mit Hölderlin durch
die Jarrestadt–Siedlung, die mit dem sozialen Impetus des zwanzigsten Jahrhunderts zwischen den Kriegen gebaut wurde. Der Dichter ist uns bereits in Altona
begegnet (Spaziergang VI, Seite 134 f.), wo seine verehrte „Diotima" geboren
wurde. An die Geliebte schrieb er: „Komm und besänftige mir, die du einst Ele-
mente versöhntest, Wonne der himmlischen Muse, das Chaos der Zeit…"[11]
Etwas ungebührlich läßt sich an das Dichterwort anknüpfen als Übergang zur
Würdigung der Jarrestadt. Das Chaos des Industriezeitalters hatte vor allem
Wohnprobleme heraufbeschworen. Fritz Schumacher, Hamburgs Oberbaudirektor, betrieb die Reform der Mietshaussiedlungen und schrieb 1926 einen großen
städtebaulichen Wettbewerb aus. Die strenge, sachliche Wohnanlage, bestehend
aus zehn großen Wohnblöcken, ließ Licht und Luft in die Wohnungen kommen.
Kinderspielplätze vor der Tür. Rasenbänke für die Alten. Das war neu. „Karl
Schneider, von Schumacher hoch geschätzt und gefördert, war der geniale Koor-
dinator des Gesamtprojektes und Architekt des in seiner Einfachheit und architektonischen Disziplin noch heute (…) imposanten, ja faszinierenden Mittelblocks mit
dem großen grünen Hof oder besser der kleinen umschlossenen Parkanlage."[12]

Der Weg führt auf der Mittelachse durch die Jarrestadt, wo heute längst nicht mehr so viele Menschen leben wie Ende der zwanziger Jahre, zum Goldbekufer. Über die Wiesendammbrücke rechts in den Wiesenstieg, wo bei den Laubenpiepern die kleine Gartenlust Orgien feiert. Ziel ist Hamburgs große Gartenlust, der Stadtpark. Fast so groß wie das Fürstentum Monaco. Größer als die Außenalster. In diesem prachtvollen Volkspark, der fast zwei Kilometer lang und ein Kilometer breit ist, geht die Großstadt spazieren. Ungelogen. In einer Woche mit gutem Wetter – irgend jemand hat sie ausgezählt – benutzen wirklich 100.000 Menschen diesen Riesengarten für ihre unterschiedlichen Bedürfnisse: flanieren, joggen, Ball spielen, sonnen, Drachen steigen lassen, Bötchen fahren. Und in die Sterne gucken; das geht am eindrucksvollsten in dem schönen, nach Entwürfen von O. Menzel (1912) errichteten Planetarium, das einmal als Wasserturm gedient hat.

Spiritus rector des weiträumigen Areals war auch hier wieder Fritz Schumacher gewesen. Die Eröffnung des Stadtparks im Jahr 1914 zeigte eine neue Zeit an. Denn vorher war hier nur einer seinem Vergnügen nachgegangen: Der reichste Grundbesitzer von Winterhude, Adolf Sierich, hatte das Gelände des Stadtparks als Jagdrevier benutzt.

Gönnen wir uns beim Gang rund um den Stadtparksee noch eine hohe literarische Kostbarkeit, eines der schönsten Gedichte von Hölderlin, durch dessen strenge Allee wir in der Jarrestadt gegangen sind.

Hälfte des Lebens
Mit gelben Birnen hänget
Und voll mit wilden Rosen
Das Land in den See
Ihr holden Schwäne,
Und trunken von Küssen
Tunkt ihr das Haupt
Ins heilignüchterne Wasser.

Weh mir, wo nehm ich, wenn
Es Winter ist, die Blumen, und wo
Den Sonnenschein,
Und Schatten der Erde?
Die Mauern stehn
Sprachlos und kalt, im Winde
Klirren die Fahnen.[13]

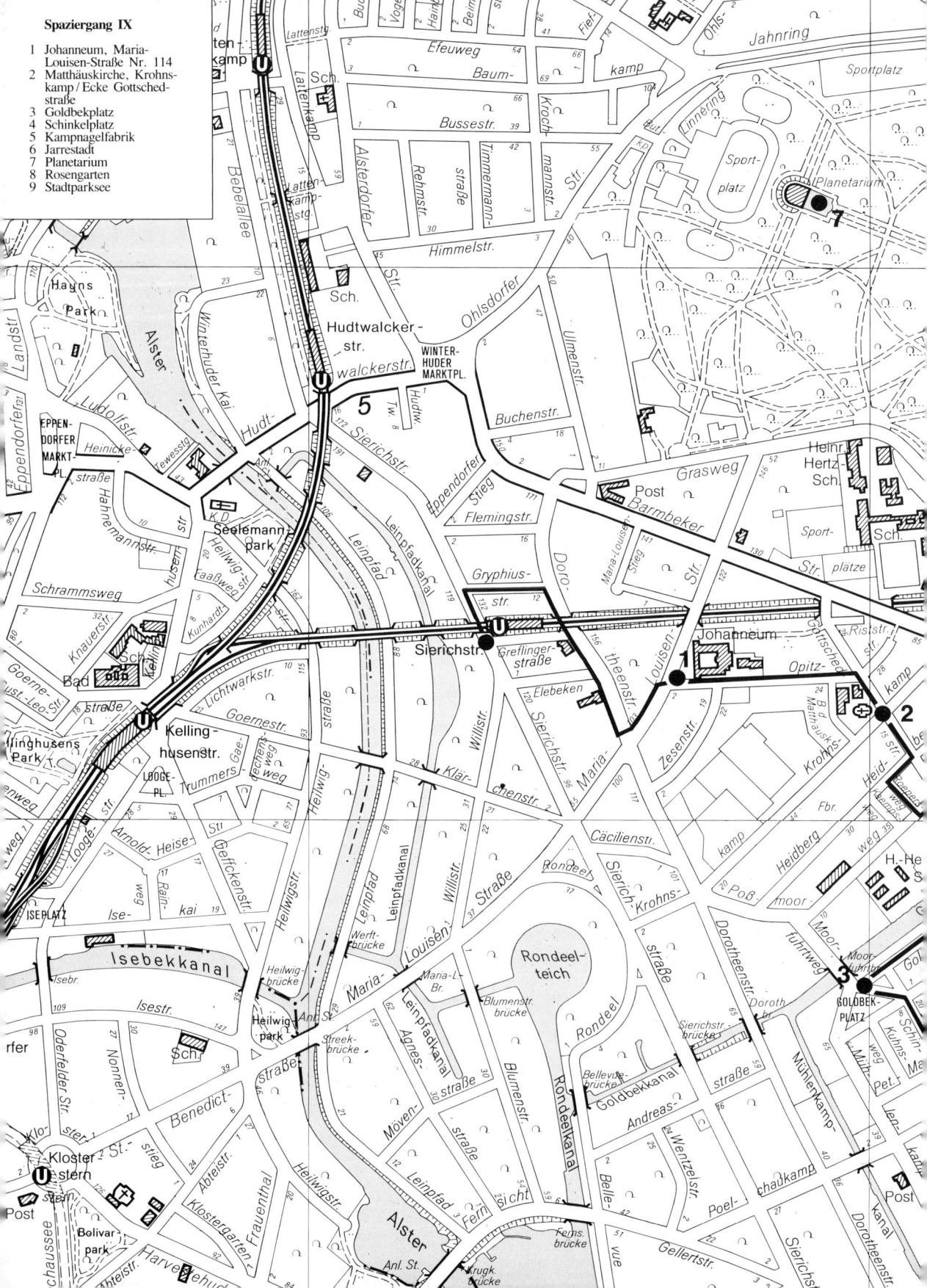

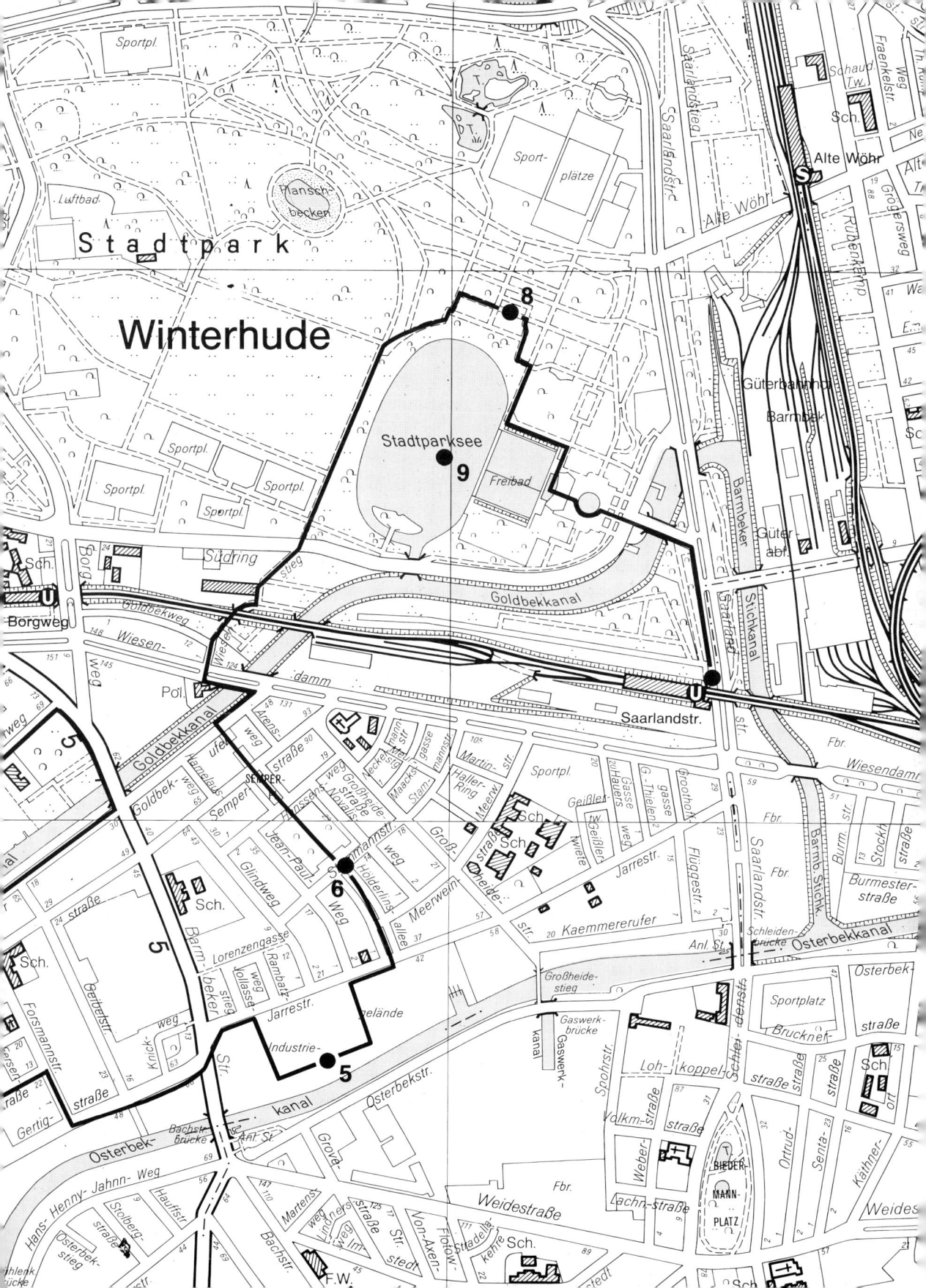

Parklandschaft
●
Friedhof
●
Ohlsdorf

*Begegnung mit: Friedrich Ludwig Schröder, Alfred Lichtwark, Fritz Schuma-
cher, Gustaf Gründgens, Julius Campe, Gustav Falke, Fritz Stavenhagen, Wolfgang Borchert, Hans Albers, Alfred Kerr und vielen anderen.*

Ohlsdorf. Das ist für viele der schönste, größte Hof des Friedens, der sich denken läßt. Der älteste Parkfriedhof Europas. 400 Hektar groß. Seit seiner Einweihung im Jahre 1877 ist er auch zu einem wunderbaren botanischen Garten und
mit seinen zahllosen Nistplätzen zu einem heimlichen Vogelparadies herange-
wachsen. Unser Weg spinnt einen literarischen Faden durch das grüne Labyrinth; wobei „Schönheit das Auge entzücken soll"[1], wie es der Gründer des
Friedhofs, Johann Wilhelm Cordes, gewollt hat. Gehzeit: zwei Stunden.

Einst lag der Friedhof weit vor den Toren der Stadt. Eine Pferdebahn war die
einzige Verbindung mit Hamburg. Das riesige Areal – zweimal so groß wie der
Stadtpark – war Bauernland gewesen. Felder, Büsche, Heidefläche. So hatte es
in Ohlsdorf einmal ausgesehen. Heute birgt Hamburgs größter Landschaftsgar-
ten, achtungsvoll einer Kultur *nach* dem Leben gewidmet, wie die Puppe in der
Puppe viele kleine Friedhöfe in sich. Er ist Erholungspark für Tausende von
Menschen, die heute ringsum wohnen, dort spazierengehen und auf über 2.000
Bänken die Stille genießen können. Natur und Kultur reichen sich auf diesen
Wegen geschwisterlich die Hand.
Ohlsdorf hat zwei Väter. Gartenbaudirektor Otto Linne (1869–1937) verwirklichte in den zwanziger Jahren seine Vorstellung von einer architektonisch klar
gegliederten Anlage. Hier war einmal einem Spaziergänger zu begegnen, den an
diesem Ort so schnell keiner vermutet hätte: Samuel Beckett. In seiner Erzählung
„Erste Liebe" schreibt der irische Dichter („Warten auf Godot") über seine Vorliebe für Friedhöfe: „Ich gehe da recht gern spazieren, lieber da als anderswo,
glaube ich, wenn ich schon ausgehen muß. (…) Entweder irre ich, die Hände
auf dem Rücken, zwischen den Steinen, den geraden, den schiefen und den lie-

genden herum und halte eine Inschriftenlese. Sie haben mich nie enttäuscht, die Inschriften, es finden sich immer drei oder vier derart komische, daß ich mich an das Kreuz oder an die Säule oder an den Engel klammern muß, um nicht zu fallen. Meine habe ich vor langer Zeit schon verfaßt, und ich bin immer noch zufrieden, ziemlich zufrieden. Meine anderen Schriften sind noch nicht ganz trocken, da ekeln sie mich schon an, aber meine Grabschrift gefällt mir immer noch. (...) Darum beeile ich mich, sie an dieser Stelle niederzuschreiben, ehe es zu spät ist:

Hier ruht, der vor ihm geflohen bis zuletzt,
so daß es ihn nicht früher geflohen als jetzt.

(...) Ich zog Ohlsdorf bei weitem vor, besonders den Teil von Linne, auf preußi-schem Boden, ... obgleich ich dort niemand kannte, außer dem Tierbändiger Hagenbeck, nur vom Hörensagen. Auf seinem Grabmal sieht man, glaube ich, einen aus Stein gehauenen Löwen. Der Tod mußte wohl das Gesicht eines Löwen haben, für Hagenbeck. Autobusse kommen an und fahren ab; sie sind zum Bersten voll mit Witwern, Witwen und Waisen. Wäldchen, Grotten und Teiche mit Schwänen spenden den Betrübten Trost.“[2]

Wilhelm Cordes (1840–1917), der Gründervater des großen Gartens, träumte romantisch von einem verwunschenen Landschaftspark, in dem die Pflanzen das Grab verdecken sollten. Was daraus wurde, hat Wolfgang Borchert beschrieben, der früh verstorbene Hamburger Dichter, (siehe auch Spaziergang III, Seite 75 f.), an dessen Grab unser Spaziergang vorbeiführen wird:

„Hamburg! – Das sind die tropischen vollen Bäume, Büsche und Blumen des Mammutfriedhofes, dieses vögeldurchjubelten gepflegtesten Urwaldes der Welt, in dem die Toten ihren Tod verträumen und ihren ganzen Tod hindurch von den Möwen, den Mädchen, Masten und Mauern, den Maiabenden und Meerwinden phantasieren. Das ist kein karger militärischer Bauernfriedhof, wo die Toten (in Reih und Glied und in Ligusterhecken gezwungen, mit Primeln und Rosenstöcken wie mit Orden besteckt) auf die Lebenden aufpassen und teilnehmen müssen an dem Schweiß und dem Schrei der Arbeitenden und Gebärenden – ach, die können ihren Tod nicht genießen! Aber in Ohlsdorf – da schwatzen die Toten, die unsterblichen Toten, vom unsterblichen Leben! Denn die Toten vergessen das Leben nicht – und sie können die Stadt, ihre Stadt, nicht vergessen!“[3]

Auch die Stadt hat ihre Toten nicht vergessen. Das beginnt am Haupteingang an der Fuhlsbüttler Straße mit einem Schlößchen wie aus fröhlichen Barockzeiten. In Wirklichkeit befinden wir uns am 1911 eingeweihten Sitz der Friedhofsverwaltung. An der Cordes-Allee links führt ein Weg in den Althamburgischen Gedächtnisfriedhof hinein. Wer hier liegt, hat sich um die Stadt verdient gemacht. (Bei der Friedhofsverwaltung gibt es eine Karte mit der genauen Lage der einzel-

Folgende Doppelseite: Der Althamburgische Gedächtnisfriedhof in Ohlsdorf ist mit viel Würde für Menschen eingerichtet, die sich um Hamburg verdient gemacht haben. Viele wurden hier nachträglich zur letzten Ruhe gebettet, als die innerstädtischen Friedhöfe aufgelöst wurden. Das 1877 eingeweihte Gelände ist heute wie eine grüne Lunge für die umliegenden Stadtteile. Ohlsdorf ist Europas größter und ältester Parkfriedhof.

nen Gräber.) Zum Beispiel Friedrich Ludwig Schröder (1744–1816) ruht hier.
(Siehe Spaziergang II, Seite 41 f.). Um diesen größten Menschendarsteller des
18. Jahrhunderts zu würdigen, der Hamburgs Theater zu dem seinerzeit bedeutendsten machte, hier ein biographischer Abriß über dieses geniale Artistenkind:
„Früh auf der Bühne, zuerst (mit drei Jahren) Kinderrollen, dann Tänzer, erfolg-
reich in Bedientenrollen. Bedeutend ist vor allem Schröders erste Hamburger Direktion (1771–1780) (…) Er förderte die Stürmer und Dränger, spielte Goethes
‚Götz von Berlichingen‘ und ‚Clavigo‘, er schrieb einen Dramatiker-Wettbewerb
aus. (…) Erst in den späteren Shakespeare-Inszenierungen wagte er, der sich als
Komiker abgestempelt glaubte, an große Charakterrollen heran. Die bedeutend-
ste Leistung der ersten Direktion Schröders waren seine Shakespeare-
Aufführungen, die den Autor auf der deutschen Bühne durchsetzten. (…) Nach
persönlichen Querelen Aufgabe der Direktion, triumphale Gastspiele in ganz
Deutschland, ab 1781 Schauspieler am Burgtheater, 1785 in Altona, 1786–1798
zweite Hamburger Direktion. (…) Seine sorgfältig vorbereiteten Shakespeare-
Inszenierungen stehen am Anfang der Versuche, einen literarisch orientierten
Spielplan aufzubauen."[4]

Ein Leben für das Theater. Etwas abseits nach Osten hin ist eines großen Thea-
termachers aus unserem Jahrhundert zu gedenken.

Der Grabstein von Gustaf Gründgens leuchtet weiß. Wie Schröder war Gründgens Schauspieler, Regisseur und Theaterleiter. Von 1955 bis 1962 führte er als
Intendant das Deutsche Schauspielhaus (siehe Spaziergang V, Seite 104). Seine
Inszenierung von Goethes „Faust" wurde legendär. Gründgens spielte den Me-
phisto. Eine Lebensrolle. Er hatte sie schon 1932 am Staatlichen Schauspielhaus
in Berlin gespielt. An der Bühne, die er dann von 1934 bis 1944 als Intendant
leitete. „Die stärkste Seelenkraft, die Geisteskraft ist bei diesem Mephistopheles.
Immer mehr kommt es bei Gründgens auf den gefallenen Engel hinaus. (…)
Zwar ein saftigtierisches Denkergeschöpf – doch mit Schwermutschatten. Diese
Schwermut hißt er im Engelkampf leider am falschen Ort. Hier nicht, bitte! Die
Racker sind von hinten appetitlich anzusehen?, also unweinerlich; höllenhumo-
rig. Zuletzt macht er einen verzweifelten Gestus … nach oben. Auch diese Gebärde haftet."[5] So schrieb der gefürchtete Berliner Theaterkritiker Alfred Kerr
über Gründgens als Mephisto. Kerrs Grab ist nur wenige hundert Meter entfernt
ebenfalls auf dem Ohlsdorfer Friedhof.

Gehen wir zurück zur Achse des Althamburgischen Gedächtnisfriedhofs. Links
ist der Grabstein für den Maler Philipp Otto Runge (1777–1810). Einige der
schönsten Bilder des Romantikers hängen in der Hamburger Kunsthalle. Daß
Runge auch Kindermärchen in Hamburger Platt nacherzählte, entsprach ganz
dem Geist seiner Zeit. „Dat is nu all lang her, woll twee Dusent Johr, do was
dar een rick mann, de hadde eene schoine frame Frou, un se hadden sik beede

seer leef, hadden averst kene Kinner, se wünschten sik averst seer welke, un de frou bedt so veel dorum Dag un Nacht, man se kregen keen und kregen keen/ – vor eerem huse was een hoff, darup stund een Machandelboom, ünner den stün de Frou enns in'n Winter, un schalt sik eenen appel – un as se sik den appel so schalt, so snet se sik in'n finger, un dat blot feel in den snee – ach, sed de frou, un süft so recht hoch up, un sach dat bloot för sik an / un was so recht wehmödig, had ih doch een Kind so roth as Bloot un so witt as Snee. (...)"[6] Das ist der Anfang des Märchens vom Machandelbaum, wie ihn Runge erzählte und das 1808 abgedruckt war in der von Achim von Arnim herausgegebenen „Zeitung für Einsiedler".

Hundert Jahre später rückte Alfred Lichtwark den Maler wieder ins Scheinwerferlicht. Der Museumsdirektor und der Künstler ruhen heute dicht nebeneinander. Das Grabmal des 1914 verstorbenen Direktors der Hamburger Kunsthalle (siehe auch Spaziergang V, Seite 103) wurde von Fritz Schumacher entworfen. Hamburgs berühmter Oberbaudirektor (siehe Spaziergang IX, Seite 194 sowie 200 f.) fand ebenfalls seine Ruhe auf dem Gedächtnisfriedhof.

Die Mittelachse führt, nicht ohne Pathos, auf die 1904 von dem Bildhauer Xaver Arnold geschaffene Christus-Statue zu. Im großen Gesamtkunstwerk, das dieser Friedhof ist, gibt es viele einzelne Kunst-Stücke. Wenn sie aus Stein sind, wie der Christus, haben sie heute ziemlich zu leiden. Die verschmutzte Luft setzt ihnen zu. Auch die Steine sind nicht mehr ewig.

Wir gehen durch den Buchenhain. Zweite Kreuzung links auf Kapelle eins zu. Am Sechs-Wege-Stern vor den Lärchen rechts. Links liegt das von Fritz Schumacher entworfene Krematorium. Langsam tauchen wir ein in den Urwald von Ohlsdorf. Ist er am schönsten zur Rhododendronblüte im Juni? Oder wenn in Sommerhitze das Harz der Nadelbäume riecht? Oder im Herbst das Laub bunt ist? Oder im Winter alles zur Schwarz-Weiß-Grafik wird?

Der Engel aus rotem Sandstein, der anmutig seine Flügel über das Urwalddickicht erhebt, ist nicht Grabwächter vor Rainer Maria Rilkes letzter Ruhestätte. Hinter den Brombeerhecken, auf dem Hügel, verbirgt sich die von dem Engel überragte Gedächtnisstätte für Senator Stahmer (1819–1896), Präses der Friedhofsdeputation.

Der Dichter Rilke war während seiner Worpsweder Zeit um die Jahrhundertwende einige Male in Hamburg gewesen. An vielen Engeln sind wir auf unserem Weg schon vorbeigekommen. Gibt es herzbewegendere Engel-Verse als Rilkes erste Zeilen der »Duineser Elegien«? Requiem für alle Ohlsdorfer Engel!

Wer, wenn ich schriee, hörte mich denn aus der Engel
Ordnungen? und gesetzt selbst, es nähme
einer mich plötzlich ans Herz: ich verginge von seinem

Dieses Tempelchen mit den zehn Säulen liegt sehr verborgen am Wege. Es ist die letzte Ruhestätte von Julius Campe, der Heinrich Heines Verleger war. Lesen kann man das nicht mehr. Das von Efeu eingesponnene Grabmal trägt keinen Namen.

stärkeren Dasein. Denn das Schöne ist nichts
als des Schrecklichen Anfang, den wir noch grade ertragen,
und wir bewundern es so, weil es gelassen verschmäht,
uns zu zerstören. Ein jeder Engel ist schrecklich.
Und so verhalt ich mich denn und verschlucke den Lockruf
dunkelen Schluchzens. Ach wen vermögen
wir denn zu brauchen? Engel nicht, Menschen nicht,
und die findigen Tiere merken es schon,
daß wir nicht sehr verläßlich zu Haus sind
in der gedeuteten Welt...[7]

Was wissen wir über das Wesen der Engel, die so zu Hause sind auf diesem Friedhof? Einfacher machen es uns andere Grabfiguren mit ihrer Bedeutung. Ein Schiff. Hier ruht ein Seemann. Eine Leier. Für den verstorbenen Musiker. Ölzweige für Frieden. Rosen für Liebe. Fackeln für erlöschendes Leben. Sanduhren für die hineilende Zeit.

Nahe der Teichstraße, nicht weit vom Rondeel am Nordteich, liegt ein von Efeu überwuchertes Festungstürmchen. Die Grabstätte von Julius Campe. (Siehe auch Spaziergang I, Seite 10 f.) Zehn Säulen hat dieser sehr verborgene Tempel. Aber nirgendwo ist mehr der Name des streitbaren Verlegers zu lesen, der einmal in einem Brief an seinen größten Autor, Heinrich Heine, schrieb: „Ein Übel lasse ich, ehe ich es fürchte, nahe kommen und besehe seine Zähne oder Klauen. Nur danach wähle ich meine Waffen. Ein kurzer Säbel und ein langes Herz!"[8]

Gehen wir ein Stück. (Parallel zur Norderstraße, über den Westring.) Etwas weiter findet sich der kleine Grabstein von Gustav Falke, der zu seinen Lebzeiten oft und vergnügt mit Liliencron und Dehmel in der Altonaer Palmaille auf und ab wanderte (siehe Spaziergang VI, Seite 120 ff.). Er war vor dem Ersten Weltkrieg ein sehr geschätzter Dichter. Heute geht in eingeweihten Kreisen die Rede, eins der schönsten Werke von Falke sei seine Tochter gewesen. Wie er dichtete? So wie hier, wo sich ein Liebender an die Stelle des todkrank im Bett liegenden Freundes wünscht, der von der Geliebten gepflegt wird:

Säßest du an meinem Bett
So wie da, du süßes Kind,
Ach, dann wollte ich, ich hätt
Alle Leiden, die da sind.
Unter deinen lieben Händen,
Unter deinem holden Blick,
Würden alle, alle enden,
Doch nicht gönnts mir das Geschick.[9]

Nähern wir uns der „Dichterecke". Im sogenannten „Heideloch", was eine schöne kleine Anhöhe ist, steht der Stein für den niederdeutschen Schriftsteller Fritz Stavenhagen (1876–1906). Zu seiner Würdigung können wir uns auf einer Bank mit Blick in die Landschaft niederlassen: „Stavenhagen gilt als Bahnbrecher des plattdeutschen Dramas. Er wurde als siebtes von 13 Kindern eines herrschaftlichen Kutschers in Hamburg geboren. Nach der Schulzeit ging er zunächst in eine Lehre als Drogist, wurde dann Journalist und schließlich freier Schriftsteller. Die letzten zwei Jahre seines Lebens war er der Nachbar des Schriftstellers Gustav Falke in Groß Borstel. Die Aufführungen seiner Bühnenstücke ‚Jürgen Piepers' (1901), ‚Der Lotse' (1901), ‚Mudder Mews' (1904), ‚De dütsche Michel' (1907) und ‚De ruge Hoff' (1905) brachten ihm zwar Erfolg und Anerkennung, nicht aber das ebenso wichtige Geld. So lebte Stavenhagen als wahrer Hungerpoet ständig in finanziellen Nöten. Er wollte jedoch, wie er einmal schrieb, lieber mit Rinden und Abfällen zufrieden sein, wenn er nur geistig nicht zu hungern brauchte. Die Hungerzeit schien vorbei, als er als Dramaturg an das Hamburger Schillertheater berufen wurde. Doch das Glück war nur kurz. Wenige Wochen später starb er an einem Gallenleiden."[10]

Zu Füßen des Hügels liegen der niederdeutsche Schriftsteller Hermann Quistorf und der Schauspieler vom Ohnsorg-Theater, Carl Voscherau, dessen Sohn einmal Bürgermeister von Hamburg werden sollte.

Aber hier ist auch das Grab von Wolfgang Borchert zu finden. Immer wieder ist uns der Dichter auf unseren Wegen durch seine Heimatstadt begegnet. Immer wieder hat er Hamburg besungen. Mit einer Leidenschaft, wie es sie seit Heinrich Heine nicht wieder gegeben hatte. Borchert zu Ehren und uns zum Verweilen ein letztes Gedicht.

In Hamburg
In Hamburg ist die Nacht
nicht wie in andern Städten
die sanfte blaue Frau,
in Hamburg ist sie grau
und hält bei denen, die nicht beten,
im Regen Wacht

In Hamburg wohnt die Nacht
in allen Hafenschänken
und trägt die Röcke leicht,
sie kuppelt, spukt und schleicht,
wenn es auf schmalen Bänken,
sich liebt und lacht.

In Hamburg kann die Nacht
nicht süße Melodien summen
mit Nachtigallentönen,
sie weiß, daß uns das Lied der Schiffssirenen,
die aus dem Hafen stadtwärts brummen,
genau so selig macht.[11]

Wer sich bis hierhin noch nicht total verlaufen hat – kein Kunststück, sondern eher normal in diesem Labyrinth von Ohlsdorf –, findet auch noch zu den Gräbern von Alfred Kerr und Hans Albers. Kerr (1867–1948) war bis zu seiner Emigration 1933 der meistbewunderte und meistgehaßte Kritikerstar in Berlin. Mit seiner scharfen, witzigen Feder huldigte er dem Theater und vernichtete er dasselbe. Je nachdem. Seine Emigration nach London schnitt ihn von dem ab, was für ihn Lebenselexier gewesen war, das Theater der deutschen Sprache. In Hamburg starb er „auf der Durchreise", als er zum erstenmal wieder deutschen Boden betrat. Er wurde in Ohlsdorf beerdigt.
Gleich nebenan liegt Hans Albers (1891–1960), neben seinen Schwestern Minchen, Trinchen und Pinchen. Der „blonde Hans" aus dem Schlachterladen in der Langen Reihe (siehe Spaziergang V, Seite 107) – „Hoppla, jetzt komm ich" – hatte heimlich als Junge Schauspielunterricht genommen und war zum Idol einiger Backfischgenerationen geworden. Er singt das Schlußlied.

La Paloma
Ein Wind weht von Süd und zieht mich hinaus auf See.
Mein Kind, sei nicht traurig, tut auch der Abschied weh.
Mein Herz geht an Bord und fort muß die Reise gehn.
Mein Schmerz wird vergehn und schön wird das Wiedersehn.
Mich trägt die Sehnsucht fort in die blaue Ferne.
Unter mir Meer und über mir Nacht und Sterne.
Vor mir die Welt. So treibt mich der Wind des Lebens.
Wein nicht mein Kind. Die Tränen, die sind vergebens.
Auf Matrose ohe! Einmal muß es vorbei sein.
Nur Erinnerung an Stunden der Liebe bleibt noch an Land zurück.
Seemanns Braut ist die See, und nur ihr kann er treu sein.
Wenn der Sturmwind sein Lied singt, dann winkt mir der großen
Freiheit Glück.
Wie blau ist das Meer. Wie groß kann der Himmel sein.
Ich schau hoch vom Mastkorb weit in die Welt hinein.
Nach vorn geht mein Blick. Zurück darf kein Seemann schauen.
Kap Horn liegt auf Lee. Jetzt heißt es auf Gott vertrauen.

Am Ende knien zwei schöne traurige Frauen. Um Engel sein zu können, fehlen ihnen die Flügel. Engel aber, deren Geschlecht niemand kennt, sind auf dem Ohlsdorfer Friedhof zu Hause. Aufs schönste in Stein gehauen oder aus Bronze gegossen. Die Lieblingsgestalten der deutschen Friedhofskultur stehen oft so anmutig im Dickicht, daß es den Spaziergänger erheitert und sich alle Melancholie verflüchtigt.

Seemann, die Wacht, den Strahl doch als Gruß des Friedens.
Hell durch die Nacht das leuchtende Kreuz des Südens.
Schroff ist ein Riff und schnell geht ein Schiff zugrunde.
Früh oder spät schlägt jedem von uns die Stunde.
Auf Matrosen, ohe! Einmal muß es vorbei sein.
Einmal holt uns die See. Und das Meer gibt keinen von uns zurück.
Seemanns Braut ist die See und nur ihr kann er treu sein.
Wenn der Sturmwind sein Lied singt, dann winkt mir der großen Freiheit Glück.
La Paloma ade! Ohe!. Auf Matrosen! Ade! Ade![12]

WEM NIE VON LIEBE LEID GESCHAH DEM WARD AUCH LIEB VON LIEBE NIE

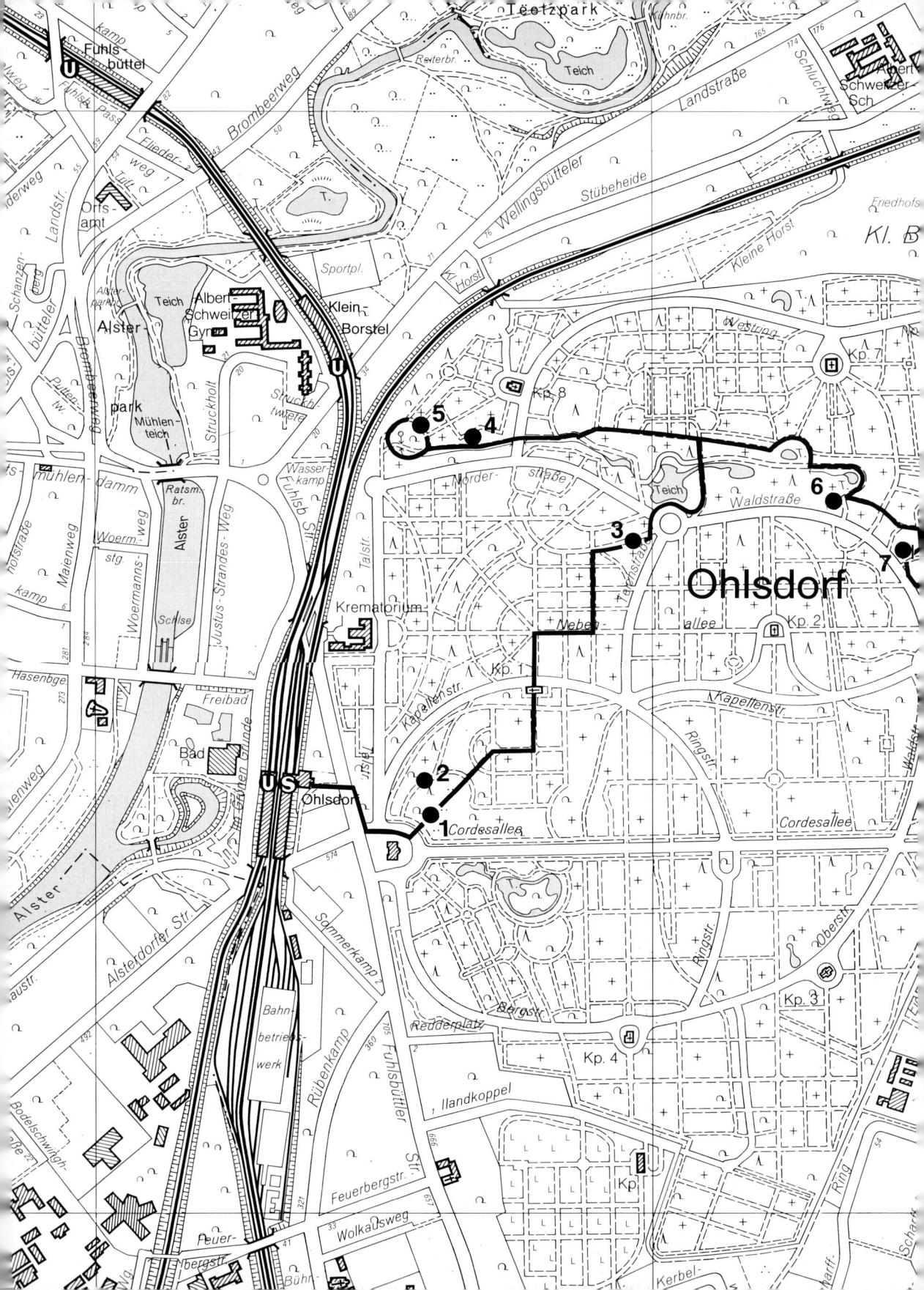

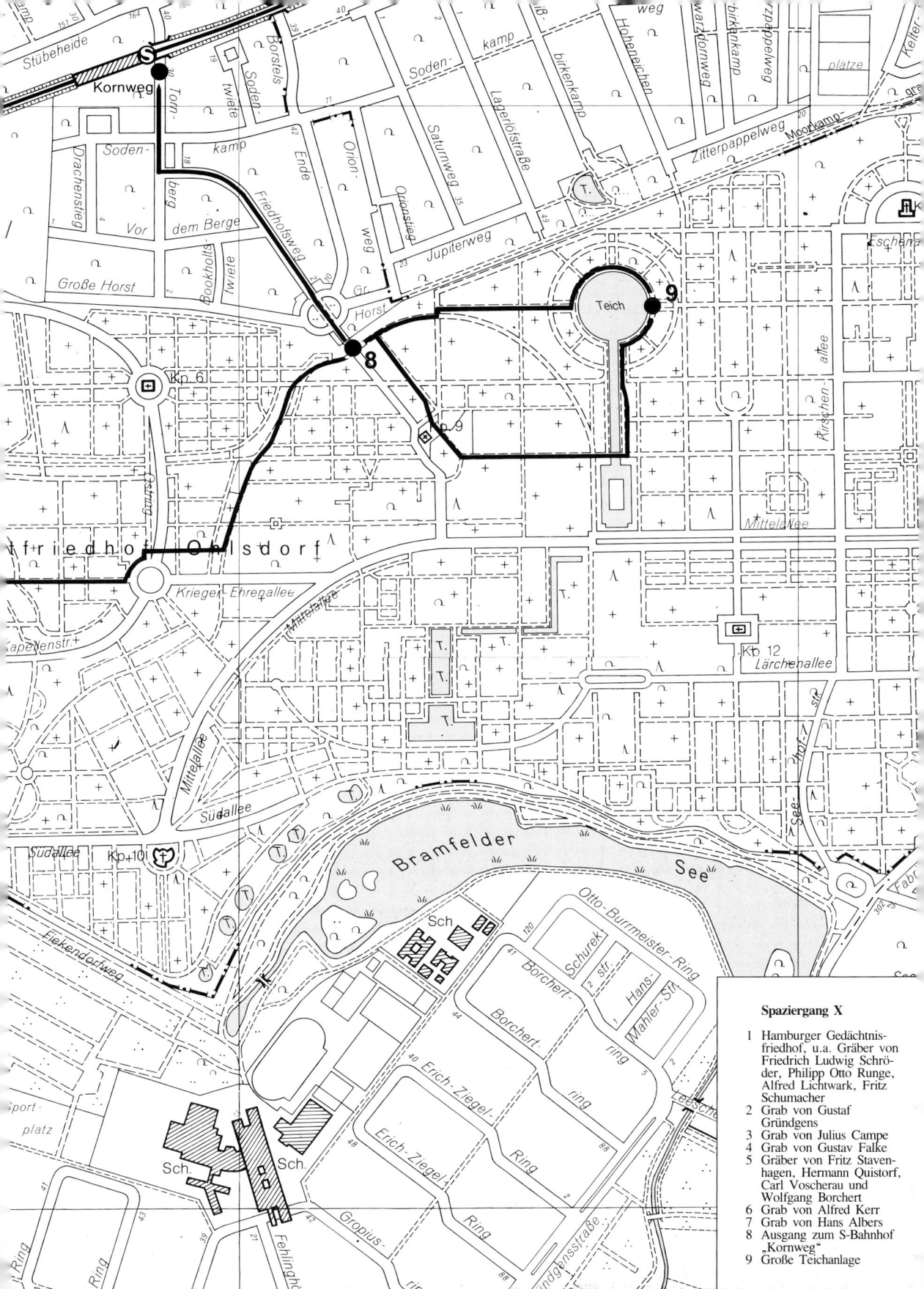

Spaziergang X

1 Hamburger Gedächtnis-friedhof, u.a. Gräber von Friedrich Ludwig Schröder, Philipp Otto Runge, Alfred Lichtwark, Fritz Schumacher
2 Grab von Gustaf Gründgens
3 Grab von Julius Campe
4 Grab von Gustav Falke
5 Gräber von Fritz Staven-hagen, Hermann Quistorf, Carl Voscherau und Wolfgang Borchert
6 Grab von Alfred Kerr
7 Grab von Hans Albers
8 Ausgang zum S-Bahnhof „Kornweg"
9 Große Teichanlage

Anhang

Spaziergang I

[1] Peter Berglar: Matthias Claudius, Hamburg 1972, S. 99

[2] Matthias Claudius: Werke. Herausgegeben von Urban Roedl, Stuttgart 1966, S. 264 f

[3] Zitiert nach Eckart Kleßmann: Geschichte der Stadt Hamburg, Hamburg 1981, S. 364

[4] Peter Rühmkorf: Die Jahre die Ihr kennt. Anfälle und Erinnerungen, Hamburg 1972, S. 45

[5] Volker Plagemann: Vaterstadt, Vaterland ..., Hamburg 1986, S. 140

[6] Peter Rühmkorf: a.a.O., S. 191

[7] Zitiert nach Gert Ueding: Hoffmann und Campe. Ein deutscher Verlag, Hamburg 1981, S. 327 (Anmerkung 120)

[8] Hans Leip: Die unaufhörliche Gartenlust, Hamburg 1953, S. 47

[9] Barthold Hinrich Brockes: Irdisches Vergnügen in Gott, Stuttgart 1963, S. 51

[10] Programm des Deutschen Schauspielhauses Hamburg, Mai 1988, S. 4

[11] Edgar Maass: Das große Feuer, Berlin 1939, S. 116 f

[12] Ders.: a.a.O., S. 128

[13] Siehe auch Moses Mendelssohn: Brautbriefe, Berlin 1936

[14] Zit. n. Karl Pisa: Arthur Schopenhauer. Kronzeuge einer unheilen Welt, Wien 1977, S. 17

[15] Aus dem Referat von Denkmalpfleger Prof. Dr. Manfred F. Fischer am 11.08.1988

[16] Helmut Heißenbüttel: D'Alemberts Ende, Neuwied 1970, S. 97

[17] Hans Leip: a.a.O., S. 10

[18] William Shakespeare: Wie es Euch gefällt (1599), in: Shakespeares Werke in zwei Bänden, Bd. 2, München 1965

[19] Eva-Maria Alves: Alsterglacis, in: Hamburg, Menschen wie Schiffe. Hrsg. von Charlotte Ueckert u. Jürgen Beißner, Hamb. 1988, S. 58

Spaziergang II

[1] Thomas Mann: Der Zauberberg, Frankfurt/M. 1963, S. 19

[2] Hans Erich Nossack: Um es kurz zu machen. Miniaturen, Frankfurt/M. 1975, S. 92

[3] Heinrich Heine: Schöne Wiege meiner Leiden, in: Ders., Sämtliche Schriften in 12 Bänden. Herausgegeben von Klaus Briegleb, Frankfurt/M. 1981, Bd. 1, S. 39 f

[4] Joachim Maass: Die unwiederbringliche Zeit, Frankfurt/M. 1985, S. 78

[5] Edgar Maass: Das große Feuer, Berlin 1939, S. 12

[6] Heinrich Heine: Aus den Memoiren des Herren von Schnabelewopski, in: a.a.O., S. 515 f

[7] Edgar Maass: a.a.O., S. 236

[8] Hubert Fichte: Die Palette, Frankfurt/M. 1981, S. 9

[9] Ders.: a.a.O., S. 10

[10] Gotthold Ephraim Lessing: Hamburgische Dramaturgie (1769), Frankfurt/M. 1986, S. 9

[11] Ders.: a.a.O., S. 10

[12] Ders.: Minna von Barnhelm (1767), Stuttgart 1962, S. 77

[13] Wolfgang Drews: Lessing, Hamburg 1962, S. 7

[14] Zitiert nach Gert Ueding: Hoffmann und Campe. Ein deutscher Verlag, Hamburg 1981, S. 382

[15] Ders.: a.a.O., S. 43

[16] Ders.: a.a.O.

[17] Friedrich Gottlieb Klopstock: Gedichte. Ausgewählt von Peter Rühmkorf, Frankfurt/M. 1969, S. 50

[18] Edgar Maass: a.a.O., S. 63 f

[19] C.W. Ceram: Wie zwei Weltbestseller entstanden, Hamburg 1974, S. 18 ff

[20] Joachim Ringelnatz: Gesamtausgabe. Hrsg. von Walter Pape, Berlin 1988, Bd. 1, S. 291

[21] Joachim Ringelnatz: Reisebriefe an M., Berlin 1964, S. 13

[22] Joseph A. Kruse: Heines Hamburger Zeit, Hamburg 1972, S. 66

[23] Barthold Hinrich Brockes: Bethlehemitischer Kindermord des Ritters Morino nebst des Herrn Übersetzers eigenen Werken, Hamburg 1727, S. 374

[24] Johann Heinrich Wilhelm Tischbein: Aus meinem Leben. Die Jugend. Ausgewählt von Hans Bender, Frankfurt/M. 1983, S. 58

[25] Matthias Claudius an Carl Philipp Emanuel Bach (1768), in: Bach Programmheft zum 200. Todestag, Hamburg 1988, S. 122

[26] Joachim Maass: a.a.O., S. 190

[27] Franz Fühmann: Herrliches graues Hamburg, in: ... aber die Welt ist unverändert. Ein Almanach. Herausgegeben vom PEN-Zentrum Ost und West, Berlin 1959, S. 387

[28] Georg Christoph Lichtenberg: Schriften und Briefe, Bd. 4, München 1967, S. 328 f

[29] Hans Erich Nossack: a.a.O., S. 92

Spaziergang III

[1] Helmut Heißenbüttel: D'Alemberts Ende, Neuwied 1970, S. 102

[2] Hans Leip: Die unaufhörliche Gartenlust Hamburg 1953, S. 49

219

[3] Horst Janssen: Hinkepott. Autobiographische Hüpferei, Gifkendorf 1987, S. 41 f

[4] Martin Beheim - Schwarzbach: Die Insel Matupi, München 1977, S. 7

[5] Peter Greiner: Wie Bombenleger – Charly leben... Sozialverhalten, Frankfurt/M. 1986, S. 37

[6] Helmut Heißenbüttel: a.a.O., S. 101

[7] Friedrich von Hagedorn: Poetische Werke, 3 Bände, Hamburg 1757, Bd. 3, S. 174 f

[8] Hans Erich Nossack: Pseudoautobiographische Glossen, Frankfurt/M. 1971, S. 58

[9] Toni Cassirer: Mein Leben mit Ernst Cassirer, Hildesheim 1981, S. 126

[10] Aby M. Warburg: Schlangenritual. Ein Reisebericht, Berlin 1988, S. 55

[11] Eckart Kleßmann: Geschichte der Stadt Hamburg, Hamburg 1981, S. 36

[12] Friedrich von Hagedorn: a.a.O., S. 176 f

[13] August Bebel: Die Frau und der Sozialismus, Hannover 1974, S. 315

[14] Ders.: a.a.O., S. 355

[15] Wolfgang Borchert: Das Gesamtwerk, Hamburg 1959, S. 49

[16] Ders.: a.a.O., S. 72

[17] Empfehlenswert sind die autobiographischen Aufzeichnungen Ernst Thälmanns „Zwischen Erinnerung und Erwartung", Frankfurt/M. 1977

[18] Walter Jens: Der Blinde, Hamburg 1951, S. 7

Spaziergang IV

[1] Joachim Ringelnatz: Briefe. Herausgegeben von Walter Pape, Berlin 1988, S. 312

[2] Ders.: a.a.O., S. 315

[3] Zitiert nach Hermann Vinke: Carl von Ossietzky, Hamburg 1978, S. 160

[4] Stefan Wehowsky: Ein gepeinigter Aufklärer, Süddeutsche Zeitung, München, 10./11. Dezember 1988, S. 145

[5] Hans Sarkowicz: Auf dem Sessel der Reichsschrifttumskammer, Frankfurter Allgemeine Zeitung, 3. September 1988

[6] Arno Schmidt: Aus dem Leben eines Fauns, Frankfurt/M. 1971, S. 41 f

[7] Alexander Kluge/Oskar Negt: Geschichte und Eigensinn, Frankfurt/M. 1981, S. 1148

[8] Würdigung von Ida Ehre, 1988

[9] Hubert Fichte: Detlevs Imitationen – „Grünspan", Hamburg 1971, S. 135

[10] Wolfgang Borchert: Das Gesamtwerk, Hamburg 1959, S. 320

[11] Ders.: a.a.O., S. 165

[12] Thomas Freemann: Hans Henny Jahnn, Hamburg 1986, S. 237

[13] Ernst Schnabel: Der sechste Gesang, Frankfurt/M. 1957, S. 7

[14] Axel Eggebrecht: Der halbe Weg, Hamburg 1975, S. 321

[15] Helmut Heißenbüttel: Textbuch 8, Stuttgart 1985, S. 51

[16] Peter Rühmkorf: Die Jahre die Ihr kennt. Anfälle u. Erinnerungen, Hamburg 1972, S. 139

[17] Hans Erich Nossack: Pseudoautobiographische Glossen, Frankfurt/M. 1971, S. 150

[18] Ders.: Der Untergang, Hamburg 1981, S. 70

[19] Ders.: a.a.O., S. 135

[20] Hans Leip: Hamburg Juli 1943, Hamburg 1963 (ohne Seite)

Spaziergang V

[1] Arno Schmidt: Aus dem Leben eines Fauns, Frankfurt/M. 1973, S. 97

[2] Hubert Fichte: Versuch über die Pubertät, Hamburg 1974, S. 26 f

[3] Über das Leben der Elise Lensing siehe Sibylle Knauss: Ach Elise oder Lieben ist ein einsames Geschäft, Hamburg 1981

[4] Friedrich Hebbel: Die Nibelungen, in: Hebbel Gesamtausgabe, Tempel-Klassiker. Hrsg. von Moritz Heimann, Leipzig o.J., Bd. 3, S. 106

[5] Arno Schmidt: a.a.O., S. 101

[6] Alfred Lichtwark: Brief an Gustav Pauli. Zitiert nach Alfred Lichtwark: Kunst ins Leben. Alfred Lichtwarks Wirken für die Kunsthalle Hamburg, Hamburg 1987, S. 158

[7] Ders.: Übungen in der Betrachtung von Kunstwerken, Hamburg 1986, S. 25

[8] Ders.: Kunst ins Leben, a.a.O., S. 143 (Nachwort)

[9] Ingeborg Schnack: Rainer Maria Rilke. Chronik seines Lebens und Werkes, Frankfurt/M. 1975, S. 94

[10] Näheres dazu in Werner Hofmann: Die Grundlagen der modernen Kunst, Stuttgart 1987

[11] Franz Josef Degenhardt: Zum zehnjährigen Bestehen des Lit 1985 (Faltblatt)

[12] Hubert Fichte: Detlevs Imitationen – „Grünspan", Hamburg 1971, S. 9

[13] Gustaf Gründgens: Briefe. Aufsätze. Reden, München 1970, S. 247

[14] Peter Rühmkorf: Die Jahre die Ihr kennt. Anfälle und Erinnerungen, Hamburg 1972, S. 213

[15] Erich Fried: Am Rande unserer Lebenszeit, Berlin 1987, S. 15

16 Joachim Ringelnatz: Und auf einmal steht es neben Dir. Gesammelte Gedichte, Berlin 1964, S. 98

17 Zitiert nach Karl V. Krogmann: Geliebtes Hamburg, Hamburg 1955, S. 61

18 Edgar Maass: Das große Feuer, Berlin 1939, S. 22

19 Diese Aufzeichnungen einer Hamburger höheren Tochter im 18. Jahrhundert sind 1987 unter dem Titel „Ich will aber nicht murren" erschienen.

20 James Krüss: Nele oder Das Wunderkind, Ravensburg 1987, S. 23

21 Peggy Parnass: Hamburg, in: Hamburg. Menschen wie Schiffe. Herausgegeben von Charlotte Ueckert und Jürgen Beißner, Hamburg 1988, S. 119

22 Vera Möller: Klein Erna. Ganz dumme Geschichten, Hamburg 1982, S. 28 f

23 Hans Fallada: Wer einmal aus dem Blechnapf frißt, Hamburg 1952, S. 210

24 Ders.: a.a.O.

25 Joachim Maass: Die unwiederbringliche Zeit, Frankfurt/M. 1985, S. 120

26 Der Koran, 37. Sure (Vers 39–47). Aus dem Persischen übertragen von Max Henning, Stuttgart 1960

27 Ulla Hahn: Fest auf der Alster, in: Hamburg. Menschen wie Schiffe, a.a.O., S. 41

Spaziergang VI

1 Stendhal: Das Leben des Henry Bruland. Gesammelte Werke in Einzelbänden. Herausgegeben von Manfred Naumann, Berlin 1982, S. 326

2 Detlev von Liliencron: Gedichte, Stuttgart 1911, S. 7 ff

3 Joachim Ringelnatz: Gesammelte Gedichte, Berlin 1964, S. 80

4 Rudolf Kinau: De beste Freid, Hamburg 1970, S. 10

5 Zitiert nach Heinrich Sieveking: Georg Heinrich Sieveking, Berlin 1913, S. 464

6 Josepha Dürk-Kaulbach: Erinnerungen an Wilhelm von Kaulbach, München 1921, S. 147 f

7 Peter Rühmkorf: Lütt bei Lütt. Övelgönne, in: MERIAN-Hamburg, Hamburg 1972, S. 31

8 Hans Leip: Jan Himp und die kleine Brise, Hamburg 1967, S. 28 f

9 Wolf Biermann: Deutschland. Ein Wintermärchen, Berlin 1972, S. 30

10 Eberhard von Wiese: Hamburg. Menschenschicksale, Berlin 1967, S. 267

11 Peter Rühmkorf: Die Jahre die Ihr kennt. Anfälle und Erinnerungen, Hamburg 1972, S. 38

12 Zitiert nach Heinrich Heine: Schöne Wiege meiner Leiden. Zusammengestellt von Walther Vontin, Hamburg 1981, S. 34 f

13 Ders.: a.a.O., S. 206

14 Ders.: Sonnenuntergang, in: Heinrich Heine, Sämtliche Schriften in 12 Bänden. Herausgegeben von Klaus Briegleb, Bd. 1, Frankfurt/M. 1981, S. 526

15 Ders.: a.a.O.

16 Friedrich Gottlieb Klopstock: Gedichte. Ausgewählt von Peter Rühmkorf, Frankfurt/M. 1969, S. 51

Spaziergang VII

1 Gert Ueding: Hoffmann und Campe. Ein deutscher Verlag, Hamburg 1981, S. 552

2 Siegfried Lenz: Leute von Hamburg, Hamburg 1968, S. 6

3 Otto Ernst: Appelschnut, Hamburg 1968, S. 5

4 Caspar Voght: Caspar Voght und sein Hamburger Freundeskreis. Briefe aus einem tätigen Leben, Teil 3, Hamburg 1967, S. 224

5 Ernst Barlach: Ein selbsterzähltes Leben, München 1964, S. 26

6 Dirks Paulun: Libhes Hamburch! Schenkich Dihr. Poetischer Blumenstrauß in Missingsch, Hamburg 1972, S. 7

7 Gorch Fock: Seefahrt ist not!, Hamburg 1917, S. 5

8 Arno Schmidt: Nobodaddy's Kinder, Zürich 1985, S. 207

9 Alice Schmidt, in: Die Rübe. Magazin für kulinarische Kultur, Zürich 1988, S. 121 (Auszug aus den Tagebüchern von Alice Schmidt)

10 Peter Rühmkorf: Die Jahre die Ihr kennt. Anfälle u. Erinnerungen, Hamburg 1972, S. 245

11 Brigitte Kronauer: Rita Münster, Stuttgart 1984, S. 7

Spaziergang VIII

1 Zitiert nach Günther Grundmann (Hrsg.): Die Bau- und Kunstdenkmale der Freien und Hansestadt Hamburg, Hamburg 1970, S. 223

2 Thomas Freemann: Hans Henny Jahnn, Hamburg 1986, S. 19

3 Ders.: a.a.O., S. 551

4 Walter Muschg: Hans Henny Jahnn. Eine Auswahl aus seinem Werk, Olten 1959, S. 554

5 Alfred Andersch: Brüder, in: Mein Verschwinden in Providence. Erzählungen, Zürich 1971, S. 15

6 Horst Janssen: Querbeet, München 1982, S. 186

7 Thomas Ayck: Der Zeichner Horst Janssen, in: Hundert Hamburger Gedichte, Hamburg 1983, S. 26

8 Walter Kempowski: Herzlich Willkommen, Hamburg 1984, S. 117

9 Wolfgang Borchert: Das Gesamtwerk, Hamburg 1959, S. 93

10 Hans Leip: Straße nach Paradeis, in: Geliebter Strom. Ein Buch über die Niederelbe. Herausgegeben von Bernhard Meyer-Marwitz, Hamburg 1949, S. 50

11 Golo Mann: Eine Jugend in Deutschland, Frankfurt/M. 1986, S. 459

12 Wilhelm M. Busch: St. Pauli, Hamburg 1971, S. 51

13 Detlev von Liliencron, zitiert nach: MERIAN-Hamburg, Hamburg 1972, S. 34

14 Siegfried Lenz: Deutschstunde, Hamburg 1968, S. 8

15 Richard Dehmel: Dichtungen, Briefe, Dokumente. Herausgegeben von Paul Johannes Schindler, Hamburg 1963, S. 221

16 Eva-Maria Alves: Neigung zum Fluß, Frankfurt/M. 1981, S. 162

Spaziergang IX

1 Zitiert nach: Ernst Theodor Echtermeyer: Deutsche Gedichte von den Anfängen bis zur Gegenwart. Neugestaltet von Benno von Wiese, Düsseldorf 1957, S. 109 f

2 Ralph Giordano: Ein Roman – dem Leben abgetrotzt, in: MERIAN-Hamburg, Hamburg 1988, S. 72 f

3 Ders.: Die Bertinis, Frankfurt/M. 1985, S. 137

4 Harry Graf Kessler, zitiert nach: Christian Hacke: Gegen den deutschen Fleiß, in der „Zeit" Nr. 45, Hamburg 1988, S. 54

5 Fritz Schumacher, zitiert nach: 450 Jahre „Gelehrtenschule des Johanneum zu Hamburg 1979", Hamburg 1979, S. 90

6 Egbert Kossak: Schumachers Stadtplanung, in: Industriekultur in Hamburg. Herausgegeben von Volker Plagemann, München 1984, S. 43

7 Martin Opitz, zitiert nach: Echtermeyer, a.a.O., S. 85 f

8 Johann Christoph Gottsched: Schriften zu Theorie und Praxis aufklärender Natur. Herausgegeben von Uwe-K. Ketelsen, Hamburg 1970, S. 121

9 Renate Lengwenus/Martin Peters: Als Hamburg nobel war, Hamburg 1974, S. 1

10 Willi Bredel: Wie ich Schriftsteller wurde. Vorwort zu „Maschinenfabrik N.&K.", Berlin 1982, S. 5 f

11 Friedrich Hölderlin: „Diotima", in: Gedichte. Herausgegeben und mit Erläuterungen versehen von Jochen Schmidt, Frankfurt/M. 1969, S. 30

12 Egbert Kossak: a.a.O., S. 45

13 Friedrich Hölderlin: Hälfte des Lebens, in: a.a.O., S. 134 f

Spaziergang X

1 Johann Wilhelm Cordes, zitiert nach: Michael Goecke/Helmut Schoenfeld: Ohlsdorf-Führer, Hamburg 1977, S. 44

2 Samuel Beckett: Erste Liebe, Frankfurt/M. 1970, S. 9 f

3 Wolfgang Borchert: Das Gesamtwerk, Hamburg 1959, S. 74

4 Zitiert nach: Friedrichs Theaterlexikon. Herausgegeben von Henning Rischbieter, Hannover 1969, S. 374

5 Alfred Kerr: Die Welt im Drama, Köln 1954, S. 591

6 Philipp Otto Runge: Von den Machandelboom, zitiert nach: Runge in seiner Zeit, Hamburg 1977, S. 28

7 Rainer Maria Rilke: Gesammelte Gedichte, Frankfurt/M. 1962, S. 441

8 Julius Campe: Brief an Heinrich Heine, 14. Februar 1836, zitiert nach: Carl Brinitzer: Das streitbare Leben des Julius Campe, Hamburg 1962, S. 5

9 Gustav Falke: Ohlsens Gang, Hamburg 1908, S. 290

10 Hans-Günther Freitag: Von Mönckeberg bis Hagenbeck, Hamburg 1973, S. 86

11 Wolfgang Borchert: a.a.O., S. 10

12 „La Paloma", Text: Helmut Käutner

Baedeckers Reisehandbücher, Hamburg 1987

Bau- und Kunstdenkmale der Freien und Hansestadt Hamburg, Bd. 2 Herausgegeben von Günther Grundmann, Hamburg 1970

Borchert, Wolfgang: Das Gesamtwerk, Hamburg 1959

Claudius, Matthias: Werke. Herausgegeben von Urban Roedl, Stuttgart 1966

Dehio, Georg: Handbuch der Deutschen Kunstdenkmäler. Hamburg/Schleswig-Holstein, München 1971

dtv MERIAN Reiseführer Hamburg, München 1983

Deutsche Lyrik. Vom Mittelalter bis zur Gegenwart. Form und Geschichte, 2 Bde. Herausgegeben von Benno von Wiese, Düsseldorf o.J.

Fichte, Hubert: Die Palette (1968), Frankfurt/M. 1981

Ders.: Detlevs Imitationen-„Grünspan", Hamburg 1971

Ders.: Versuch über die Pubertät, Hamburg 1974

Freemann, Thomas: Hans Henny Jahnn, Hamburg 1986

Hagedorn, Friedrich von: Poetische Werke, 3 Bde., Hamburg 1757

Hamburg, Menschen wie Schiffe. Herausgegeben von Charlotte Ueckert und Jürgen Beißner, Hamburg 1988

Heine, Heinrich: Sämtliche Schriften in 12 Bdn. Herausgegeben von Klaus Briegleb, Frankfurt/M. 1985

Heißenbüttel, Helmut: D'Alemberts Ende, Neuwied 1970

Ders.: Textbuch 8, Stuttgart 1985

Hoffmann, Paul Th.: Die Elbchaussee. Ihre Landsitze, Menschen, Schicksale, Hamburg o.J.

Industriekultur in Hamburg. Herausgegeben von Volker Plagemann, München 1984

Janssen, Horst: Hinkepott. Autobiographische Hüpferei in Briefen und Aufsätzen, Gifkendorf 1987

Ders.: Querbeet, München 1982

Kleßmann, Eckart: Geschichte der Stadt Hamburg, Hamburg 1981

Leip, Hans: Die unaufhörliche Gartenlust, Hamburg 1953

Ders.: Hamburg Juli 1943, Hamburg 1963

Ders.: Jan Himp und die kleine Brise, Hamburg 1967

Lessing, Gotthold Ephraim: Hamburgische Dramaturgie (1767), Frankfurt/M. 1986

Maass, Edgar: Das große Feuer, Berlin 1939

Maass, Joachim: Die unwiederbringliche Zeit, Frankfurt/M. 1985

MERIAN Hamburg 9/25, Hamburg 1972

MERIAN Hamburg 10/41, Hamburg 1988

Meyer-Marwitz, Bernhard: Das Hamburg-Buch, Hamburg 1981

Nossack, Hans Erich: Um es kurz zu machen. Miniaturen, Frankfurt/M. 1975

Ders.: Pseudoautobiographische Glossen, Frankfurt/M. 1971

Ders.: Der Untergang, Hamburg 1981

Oppens, Edith: Hamburg, München 1981

P.E.N.-Schriftstellerlexikon BRD, München 1982

Ringelnatz, Joachim: Gesamtausgabe. Herausgegeben von Walter Pape, Berlin 1988

Rühmkorf, Peter: Die Jahre die Ihr kennt. Anfälle und Erinnerungen, Hamburg 1972

Schmidt, Arno: Aus dem Leben eines Fauns, Frankfurt/M. 1971

Ders.: Nobodaddy's Kinder, Zürich 1985

Ueding, Gert: Hoffmann und Campe. Ein deutscher Verlag, Hamburg 1981

Vinke, Hermann: Carl von Ossietzky, Hamburg 1978

Seite 24
Helmut Heißenbüttel, D'Alemberts Ende, Neu-
wied 1970, mit freundlicher Genehmigung des
Autors
Seite 40
Hubert Fichte, Die Palette, © Rowohlt Verlag
GmbH, Reinbek bei Hamburg 1968, Abdruck
mit freundlicher Genehmigung der S. Fischer
Verlags GmbH, Frankfurt/M.
Seite 46
Joachim Ringelnatz, Letztes Wort an eine
Spröde, aus: Ders., Das Gesamtwerk in sieben
Bänden, © 1994 by Diogenes Verlag AG,
Zürich
Seite 92
Helmut Heißenbüttel, Ohnedaßgedicht, aus:
Ders., Textbuch 8. 1981–1985, © Klett-Cotta,
Stuttgart 1985
Seite 104
Erich Fried, Liebesantwort, aus: Ders.: Am
Rande unserer Lebenszeit, mit freundlicher
Genehmigung der Wagenbach Verlags GmbH,
Berlin 1987, NA 1996
Seite 111
Ulla Hahn, Fest auf der Alster, aus: Dies.,
Unerhörte Nähe, © Deutsche Verlags-Anstalt
GmbH, Stuttgart 1988
Seite 125
Joachim Ringelnatz, Die Weihnachtsfeier des
Seemanns Kuttel Daddeldu, aus: Ders., Das
Gesamtwerk in sieben Bänden, © 1994 by
Diogenes Verlag AG, Zürich
Seite 134
Wolf Biermann, Deutschland. Ein Wintermär-
chen, aus: Ders., Nachlaß I, © Kiepenheuer
& Witsch, Köln 1977

Seite 173
Thomas Ayck, Der Zeichner Horst Janssen,
aus: Hundert Hamburger Gedichte, Hamburg
1983, mit freundlicher Genehmigung von Bär-
bel Ayck
Seite 177
Wolfgang Borchert, Die Elbe, aus: Ders., Das
Gesamtwerk, © Rowohlt Verlag, Hamburg
1949
Seite 178
Hans Leip, Straße nach Paradeis, mit freund-
licher Genehmigung von Kathrin Leip
Seite 185
Eva-Maria Alves, Neigung zum Fluß, aus:
Dies., Neigung zum Fluß, S. 162, © Suhr-
kamp Verlag, Frankfurt/M. 1981
Seite 198
Willi Bredel, Wie ich Schriftsteller wurde,
aus: Ders., „Maschinenfabrik N.&K." (Vor-
wort), © Pahl-Rugenstein Verlag, Köln
Seite 209
Rainer Maria Rilke, Die erste Elegie, aus:
Ders., Werke in drei Bänden. Duineser Ele-
gien, S. 441, © Insel Verlag Frankfurt/M.
1966
Seite 212
Wolfgang Borchert, In Hamburg, aus: Ders.,
Das Gesamtwerk, © Rowohlt Verlag, Ham-
burg 1949
Seite 213
Helmut Käutner, La Paloma, © Wiener Bo-
hème Verlag, München

Impressum

Die Deutsche Bibliothek -
CIP-Einheitsaufnahme

Hamburg: Spaziergänge / Anna Brenken;
Egbert Kossak. – 6., überarb. und aktualisierte
Aufl. – Hamburg: Ellert und Richter, 1996
ISBN 3-89234-095-1
NE: Brenken, Anna; Kossak, Egbert

© Ellert & Richter Verlag GmbH
Hamburg 1989
6. überarb. und aktualisierte Auflage 1996

Text: Anna Brenken, Hamburg
Fotos: Egbert Kossak, Hamburg
Karten: Vermessungsamt Baubehörde Hamburg
Lektorat: Elisabeth Heise, Hamburg
Gestaltung: Hartmut Brückner, Bremen
Satz: Atelier Schümann, Grafik und Satztechnik
GmbH, Hamburg
Lithographie: Rüdiger & Doepner, Bremen
Druck: C.H. Wäser, Bad Segeberg
Bindearbeiten: Buchbinderei Büge, Celle